Die Erfindung der Deutschen

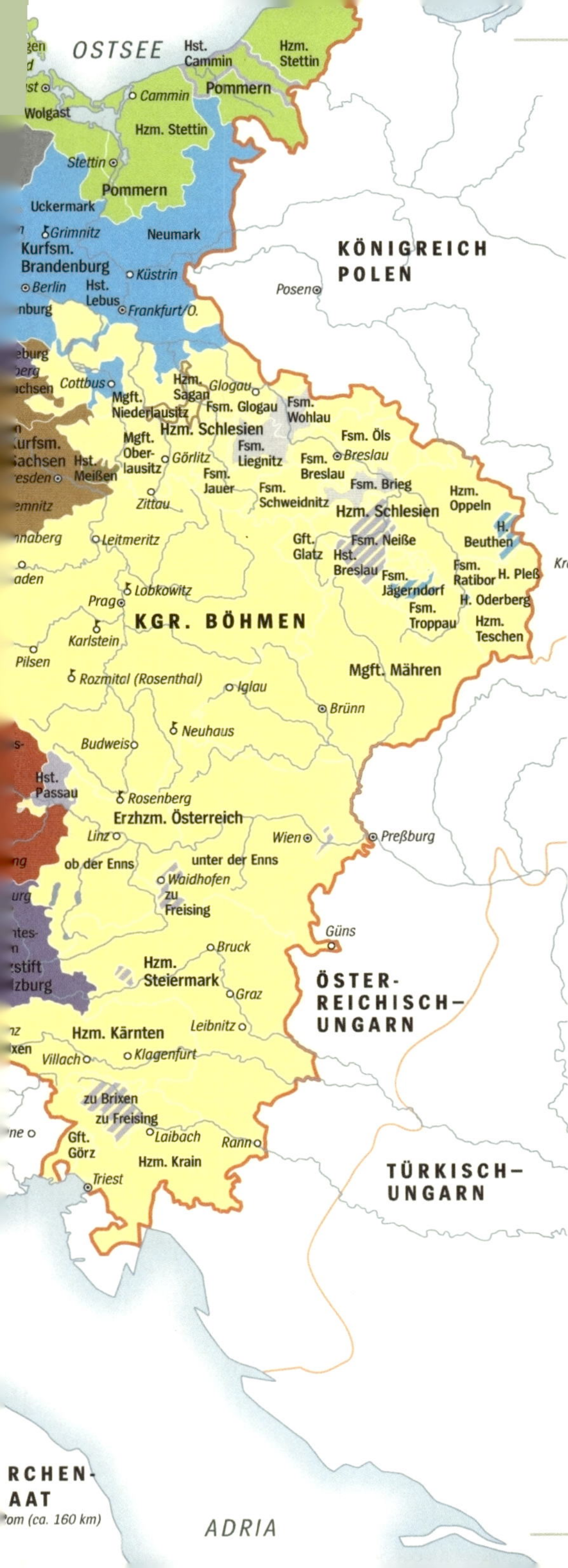

Das Heilige Römische Reich Deutscher Nation

um 1547

Territorien der großen Adelsdynastien

Habsburg
- Österreichische Linie
- Spanische Linie

Wittelsbach
- Bayerische Linie
- Pfälzische Linie

Hohenzollern
- Brandenburgische Linie
- Fränkische/Schwäb. Linie

Wettiner
- Albertinische Linie n. 1547
- Ernestinische Linie n. 1547

- Geistliche Gebiete
- Reichsstädte

Abkürzungen
A.: Abtei; **Erzst.:** Erzstift; **Freigft.:** Freigrafschaft; **Fsm.:** Fürstentum; **Gft.:** Grafschaft; **Grfsm.:** Großfürstentum; **Grhzm.:** Großherzogtum; **H.:** Herrschaft, **Hst.:** Hochstift; **Hzm.:** Herzogtum; **kgl.:** königlich; **Kgr.:** Königreich; **Kurfsm.:** Kurfürstentum; **Ld.:** Land; **Lgft.:** Landgrafschaft; **Mgft.:** Markgrafschaft; **Pr.:** Probstei

Kartengrundlage (z. T. vereinfacht): Putzger – Historischer Weltatlas, 103. Auflage, Cornelsen Verlag, Berlin 2005, S. 94/95

100 km

Klaus Wiegrefe und Dietmar Pieper (Hg.)

Die Erfindung der Deutschen

Wie wir wurden, was wir sind

Karen Andresen, Ralf Beste, Susanne Beyer,
Harald Biermann, Jochen Bölsche,
Georg Bönisch, Martin Doerry, Manfred Ertel,
Jan Friedmann, Lothar Gall, Carsten Holm,
Alexander Jung, Hans Michael Kloth,
Ulrike Knöfel, Dieter Langewiesche,
Walter Mayr, Joachim Mohr, Ute Planert,
Johannes Saltzwedel, Elke Schmitter,
Mathias Schreiber, Ulrich Schwarz,
Alexander Smoltczyk, Hans-Ulrich Stoldt,
Merlind Theile, Rainer Traub,
Hans-Ulrich Wehler, Heinrich August Winkler

Deutsche Verlags-Anstalt

FSC
Mix
Produktgruppe aus vorbildlich bewirtschafteten Wäldern und anderen kontrollierten Herkünften

Zert.-Nr. SGS-COC-1940
www.fsc.org

Verlagsgruppe Random House FSC-DEU-0100
Das für dieses Buch verwendete FSC-zertifizierte Papier *Munken Premium* liefert Arctic Paper Munkedals AB, Schweden.

3. Auflage 2007

Typographie und Satz: DVA/Brigitte Müller
Gesetzt aus der Minion und der Stone Sans
Druck und Bindung: GGP Media GmbH, Pößneck
Printed in Germany
ISBN: 978-3-421-04318-4

www.dva.de

Inhalt

Teil 3: BEGEISTERUNG FÜR DAS VATERLAND

Teil 4: DER NATIONALSTAAT ENTSTEHT

VORWORT

Wirtschaftlich ein Riese, politisch ein Zwerg, das war die Rolle, in der sich die Bundesrepublik Deutschland bis weit in die neunziger Jahre hinein im Kreis der Nationen heimisch fühlte. Der Fall der Mauer, die Wiedervereinigung und das Ende des Kalten Krieges hatten das Land zwar aus seiner jahrzehntelangen Rand- und Frontlage befreit. Doch die Last der Vergangenheit wog moralisch und politisch noch immer so schwer, dass die Regierenden in Bonn und später Berlin gut daran taten, sich in Fragen von internationaler Bedeutung Zurückhaltung aufzuerlegen. Und auch der Blick zurück in die Geschichte war kaum möglich, ohne die Verbrechen des Nationalsozialismus eingehend zu betrachten.

Ein spürbarer Wandel begann nach dem Regierungswechsel von Helmut Kohl zu Gerhard Schröder 1998. Die Beteiligung deutscher Soldaten am Kosovo-Krieg und die Afghanistan-Mission der Bundeswehr wurden zu Wegmarken, die auch für ein neues Selbstverständnis stehen. Zu Beginn des 21. Jahrhunderts hat Deutschland wieder die Bühne der Weltpolitik betreten.

Besonders sichtbar wurde das während der ersten Jahreshälfte 2007, als die EU-Präsidentschaft und der G8-Vorsitz zeitgleich in deutsche Hände kamen und Berlin damit ins Zentrum der großen Diplomatie rückte. Das Land, an der Spitze die in der DDR aufgewachsene Kanzlerin Angela Merkel, und seine Hauptstadt haben sich von den traumatischen Erfahrungen der Kriege und Diktaturen so weit befreit, dass niemand mehr auf die Idee kommen kann, hier würde neues Unheil ausgebrütet. Das bedeutet nicht, dass die Schrecken der NS-Vergangenheit dem Vergessen anheim fallen. Aber sie stehen nicht mehr unausweichlich im Mittelpunkt jeder ausführlichen Beschäftigung mit der Geschichte der Deutschen.

Im vorliegenden, auf einer Serie im SPIEGEL aufbauenden Band nimmt die Frage breiten Raum ein, wie aus einem lockeren Bündnis von Stämmen, die eher zufällig in einem Reich vereint waren, ein Volk werden konnte, das dann, viele Jahrhunderte später, als Nation in einem Nationalstaat zusammenfand. SPIEGEL-Redakteure und führende Historiker wie Heinrich August Winkler, Hans-Ulrich Wehler oder Lothar Gall beschreiben und analysieren den wechselvollen deutschen Weg vom Heiligen Römischen Reich des Mittelalters bis in die Gegenwart hinein. Überragende Persönlichkeiten wie der Erfinder Johannes Gutenberg, der Reformator Martin Luther oder der erste Reichskanzler Otto von Bismarck treten dem Leser ebenso plastisch vor Augen wie die entscheidenden sprachlichen und kulturellen Entwicklungen, nicht zu vergessen die Kriege, die das Land verwüstet und geprägt haben.

Deutlich wird in der Zusammenschau auch, wie sehr das Deutschland des Alten Reiches ein multikultureller „melting pot" war, ein Schmelztiegel, in dem Franken und Bayern, Friesen und Slawen, Sachsen und Alemannen allmählich eine neue, übergeordnete Identität fanden, ohne ihre traditionellen Eigenheiten ganz zu verlieren. Und die Frage stellt sich, ohne dass sie hier leichthin zu beantworten ist, ob die millionenfache Einwanderung in das Deutschland von heute als Auftakt einer gleichartigen Verschmelzung verstanden werden kann.

Wir danken allen Autoren und all denen, die sämtliche Texte auf dem Weg zur Drucklegung begleitet haben, vor allem Hans-Ulrich Stoldt und den Kollegen des von ihm mit geleiteten Ressorts Deutsche Politik, Georg Bönisch, Per Hinrichs, Hans-Michael Kloth und Merlind Theile sowie den kenntnisreichen und stresserprobten Sekretärinnen Merve Japes, Judica Klages und Cornelia Rump. In bewährter Weise haben zahlreiche Dokumentare historische Informationen aufbereitet, Texte überprüft und, wo nötig, Fehler korrigiert. Besonders zu nennen sind Heiko Buschke, Johannes Eltzschig und Stefan Storz sowie Viola Broecker, Sandra Öfner und Anika Zeller. Den Kollegen in der Grafik, Gernot Matzke und Cornelia Baumermann, danken wir für Karten und Schaubilder, dem Team um Stefan Kiefer für das Titelbild, Johanna Bartikowski und Heiko Paulsen für das Beschaffen der Literatur, Ulrike Preuß für die Koordination des Projekts, der Schlussredaktion für ihre gewohnte Sorgfalt und Thomas Schäfer für seine jederzeitige Übersicht.

EINLEITUNG

GEBURT EINER NATION

Mehr als 60 Jahre nach Kriegsende rückt die Geschichte der Deutschen neu in den Blick. Ihr wechselvoller Werdegang mit seinen Verirrungen und Glanztaten zeigt: Der Nationalstaat ist kein natürliches Ergebnis der historischen Umstände, sondern eine Erfindung.

Von Dietmar Pieper und Klaus Wiegrefe

Der Kalender meinte es gut mit Deutschland. Während in der Silvesternacht die Raketen in den Himmel stiegen, wurde Berlin zu einer Welthauptstadt auf Zeit. Gleich zwei bedeutende Ämter hatte das Land mit dem Jahreswechsel 2006/2007 übernommen: Die Präsidentschaft der EU (für ein halbes Jahr) und den Vorsitz der G8, der wichtigsten Industriestaaten der Erde (für ein Jahr).

Schön für Angela Merkel, dass sie nur gut ein Jahr zuvor ins Kanzleramt eingezogen war. Regierungschefs und Staatsoberhäupter aus allen Erdteilen erwiesen nun der EU-Präsidentin und G8-Vorsitzenden die Ehre, sie vertrauten ihr Geheimnisse an und holten ihren Rat ein. Etwas Monarchisches legte sich über den sonst so nüchternen Regierungsalltag.

Mehr symbolischer Glanz – und wohl auch mehr reale Macht – kann einem deutschen Politiker im ersten Jahrzehnt des 21. Jahrhunderts nicht zuteilwerden. Dass die Kanzlerin Macht und Glanz zu schätzen weiß, verrät sie allein dadurch, dass sie ein Bild auf ihren Schreibtisch gestellt hat, das eine der glanzvollsten Machthaberinnen der Geschichte zeigt: Katharina die Große, die Zarin, die als deutsche Prinzessin in Stettin geboren wurde und im Zeitalter der Aufklärung über Russland herrschte.

Natürlich ist Merkels Macht nur geliehen. Es ist die Macht des Landes, das sie regiert, eines Landes, dessen Gewicht nicht mehr nur nach seiner Wirtschaftskraft bemessen wird. Zwar ist zu spüren: Die Deutschen, die einmal von der Macht besessen waren und sich deshalb lange ziemlich kleinmachen mussten, tun sich noch etwas schwer mit ihrer neuen Rolle auf der Weltbühne.

Aber sie gewöhnen sich daran, ihre politische Statur ist deutlich gewachsen. Sie kümmern sich um die Krisenherde im Nahen Osten, sie schicken ihre Soldaten nach Afghanistan und Afrika. „Als Faktor der Weltpolitik ist Deutschland wieder da", schrieb der britische „Economist".

So hat sich allmählich etwas eingestellt, was Merkels Vorgänger gern als „Normalität" bezeichnet hat. Gerhard Schröder wurde noch teils heftig für diese Wortwahl kritisiert, als hätte er brachial herbeiregieren wollen, was sich nicht herbeiregieren lässt: „das Ende der Nachkriegszeit". Hitler und der Holocaust schienen noch immer stärker als die deutsche Gegenwart.

Das ist vorbei. Letzte Zweifel dürften im Fahnenmeer während der Fußball-WM im vergangenen Sommer untergegangen sein. Die Geschichte bleibt zwar präsent, und die Gefahr kollektiver Vergesslichkeit erscheint gering, aber die Nazi-Verbrechen, der Krieg und die Folgen sind keine täglich spürbare Last mehr für das Land. Und wenn die Bindekraft der Vergangenheit nachlässt, ist die Zukunft offener, der Spielraum größer. Es gibt kein politisches Programm mehr, das zwingend abgearbeitet werden müsste. Westbindung, Aussöhnung mit Frankreich und Polen, Wiedervereinigung, europäische Gemeinschaft – das alles gehört zur deutschen Wirklichkeit und weckt kaum noch Leidenschaften.

Wenn die Zukunft der Nation größere Veränderungen bringen sollte (und irgendwann wird es sie geben), so ist heute zum ersten Mal seit Jahrzehnten völlig offen, welche das sein werden. Das Land wird damit nicht geschichtslos, aber die zwölf Jahre von 1933 bis 1945 sind für die Entscheidungen der Gegenwart und die Entwicklungen von morgen nicht mehr ausschlaggebend.

Im gleichen Maße hat die Dominanz der NS-Zeit auch beim Blick zurück in die Geschichte nachgelassen. Wer die nationale Identität und ihre historischen Wurzeln näher kennenlernen will, bleibt nicht mehr unausweichlich am monolithischen Block der Nazi-Ära hängen. Nachdem die intensive Beschäftigung damit 60 Jahre später sämtliche Verbrechen noch einmal vergegenwärtigt hat, in Filmen, Ausstellungen und Lebenserinnerungen, hat die

Bewegungsfreiheit auch bei Expeditionen in die Vergangenheit deutlich zugenommen.

Die Antwort auf die alte Frage, wie die Deutschen wurden, was sie sind, wird dadurch nicht einfacher. Aber das Bild erhält eine neue Farbigkeit und Tiefenschärfe. Und man kann erkennen: Eine weitverbreitete Gewissheit erweist sich als Fehldeutung.

Denn der Nationalstaat, in dem sich die Deutschen 17 Jahre nach der Wiedervereinigung im Großen und Ganzen so eingerichtet haben, als wäre er unerschütterlich und ewig – er ist keineswegs das natürliche, im Weltenlauf angelegte Ziel der Geschichte.

Dennoch gibt es in der globalen Politik heute keine ordnende Größe, die wichtiger wäre als der Nationalstaat, allen länderübergreifenden Bündnissen und Gemeinschaften zum Trotz. Wie stark der Glaube an die stabilisierende Kraft des Nationalgedankens ist, beweisen die Bemühungen der Europäer und Amerikaner, in Afghanistan, auch im Irak oder im Kongo „Nation-Building“ zu betreiben. Soldaten, zivile Helfer und kleine lokale Eliten unternehmen den Versuch, die Menschen aus ihren stammesgesellschaftlichen Strukturen zu lösen, ein Bewusstsein der Zusammengehörigkeit zu schaffen und sie auf eine Zentralgewalt zu verpflichten. Es sind große, wahrscheinlich vermessene Pläne, die wohl scheitern werden.

Dass der Weg zur nationalen Einheit höchst langwierig und mühevoll sein kann, zeigt exemplarisch die deutsche Geschichte in den über tausend Jahren von Karl dem Großen zu Bismarck: Aus einem lockeren Bündnis von Stämmen, die verschiedene Sprachen sprechen, entsteht ein Volk, das sich zunächst als Sprach- und Kulturgemeinschaft entdeckt und dann in einer Nation, schließlich auch in einem Nationalstaat politisch zusammenfindet.

Noch vor weniger als zwei Jahrhunderten konnten die meisten Deutschen wenig mit der Idee anfangen, sie sollten in einem gemeinsamen Staat leben. Er wisse „nit, worauf das hinaussollte“, erklärte freimütig ein junger Handwerker, als ihn Freiburger Studenten in den Jahren um 1830 von der deutschen Einheit zu überzeugen suchten. Die Menschen fühlten sich als Protestanten oder Katholiken, Arbeiter oder Bauern, und sie sprachen von Bayern oder Hessen als „meine Nation“, ohne dass jemand darin einen Missklang vernommen hätte. Der Begriff „natio" (lateinisch Geburt) fand in der mittelalterlichen Verwaltungssprache Verwendung und erhielt erst später einen politischen Sinn.

Mit der deutschen Nationalbewegung Anfang des 19. Jahrhunderts begann die entscheidende Neudeutung. Es waren zunächst nur Schriftsteller, Journalisten, Theologen und Lehrer, darunter so prominente Männer wie Turnvater Friedrich Ludwig Jahn (1778 bis 1852), der Dichter Ernst Moritz Arndt (1769 bis 1860) oder der Philosoph Johann Gottlieb Fichte (1762 bis 1814).

Sie predigten den Leuten, es sei „die höchste Religion", das „Vaterland lieber zu haben als Herren und Fürsten, als Väter und Mütter, als Weiber und Kinder" (Arndt). Sie behaupteten, die Deutschen hätten eine Mission als „Weltbeglücker" (Jahn) und müssten das Menschengeschlecht „zu reinen und edlen Geistern" formen (Fichte). Sie stifteten Identität, indem sie ein Geschichtsbild verbreiteten, das mit der realen Vergangenheit nur wenig zu tun hatte.

In der Idee des Nationalstaats steckte erhebliche Sprengkraft. Die typisch deutsche Kleinstaaterei sollte ein Ende haben, der herrschende Adel von der politischen Bühne abtreten. Die Nationalisten – nach den Maßstäben der Zeit linke Revoluzzer – verlangten eine Demokratisierung des Landes. Es ist dieser Gestaltungsdrang, der „Anspruch auf politische Selbstbestimmung", der nach Auffassung des Nationalismusforschers Peter Alter aus einem Volk eine Nation macht. Als aber Deutschland 1871 unter Otto von Bismarck zum Nationalstaat wurde, haftete der Reichsgründung sogleich ein Geburtsfehler an: Die Einheit kam von oben, autoritär.

Die aufgeschobene Freiheitsfrage erwies sich als enorme Belastung für das „Nation-Building" der Deutschen. Denn die westlichen Werte von Menschenrechten und Demokratie spielten in der neuen nationalen Identität keine Rolle. In Schulen und Universitäten, beim Militär oder auch durch Hunderte von Denkmälern wurde den Deutschen vermittelt, der junge Nationalstaat sei die Erfüllung ihrer Geschichte.

Am Ende des Jahrhunderts fühlten sich Menschen, die als Sachsen oder Württemberger geboren worden waren, dieser Idee der deutschen Nation verpflichtet. Sie waren bereit, für diese Idee Opfer zu bringen, sogar zu sterben. Wissenschaftler sprechen in diesem Zusammenhang von einer „Erfindung" der Nation. Denn was Fichte, Arndt und ihre Nachfolger verbreiteten, war ein konstruiertes Weltbild, zusammengesetzt aus Geschichtslegenden, Erwähltheitsglauben und der Vorstellung einer deutschen Mission. Erst dieses Weltbild, unterfüttert vom rasanten wirtschaftlichen Aufstieg des Kaiserreichs, brachte Bayern, Schwaben oder Hamburger dazu, sich primär als Deutsche zu verstehen. Der Nationalismus schafft sich seine Nationen selbst, hat der britische Philosoph Ernest Gellner das Phänomen beschrieben, das nicht nur in Deutschland zu beobachten ist.

Viele Grundannahmen über die Geschichte sind bis heute den Mythen des 19. Jahrhunderts verhaftet. Das beginnt bei den Anfängen deutscher Historie. Um ihren Landsleuten den Eindruck zu vermitteln, sie gehörten schon deshalb politisch zusammen, weil sie gleicher Herkunft seien, verbreiteten die führenden Köpfe der Nationalbewegung, es habe die Deutschen schon während der Völkerwanderung gegeben. Sie hätten sich dann niedergelassen und – da sie sich nach einem Staat sehnten – ein Reich gegründet.

Nichts davon ist richtig.

Dass es Deutsche gibt, ist zuerst den Vorfahren der heutigen Italiener aufgefallen. Das war zur Zeit Ottos des Großen (912 bis 973), der auch Nord- und Mittelitalien regierte. Infolgedessen kamen immer häufiger Heeresaufgebote aus dem Norden über die Alpen. Und die Südländer beobachteten, dass die Besucher manches gemein hatten. Sie gaben den Fremdlingen den Namen „Teutonici", in Anlehnung an die Teutonen, die vor Christi Geburt über die Römer hergefallen waren. Bald schon fand die lateinische Bezeichnung Verbreitung, obwohl sich Franken, Bayern oder Thüringer zunächst keineswegs als Angehörige eines Volkes empfunden hatten. Von den über zehn Millionen Menschen, die im Hochmittelalter auf dem Gebiet der heutigen Bundesrepublik siedelten, beschäftigten sich allerdings nur einige hundert Adelige und Geistliche mit Fragen deutscher Identität; und mit politischen Forderungen waren solche Überlegungen nicht verbunden.

Das änderte sich erstmals zur Wende vom 15. zum 16. Jahrhundert, als Humanisten wie Ulrich von Hutten zum Kampf gegen Rom aufriefen. Die Gelehrten berauschten sich an einem imaginären Bild von „Teutschland". Sie waren stolz auf Erfindungen, die Deutsche gemacht hatten, wie etwa den Buchdruck mit beweglichen Lettern. Sie konstruierten eine Geschichte der Deutschen, die bis in die Antike reichte, weil alt als edel galt.

Schon damals zeigte sich, dass die Menschen vor allem in Krisen- und Umbruchzeiten für die nationale Idee empfänglich sind, weil der Bedarf an Sinndeutung dann groß ist. Die Angst vor den Türken, die 1453 Konstantinopel erobert hatten und nun immer näher kamen, mobilisierte die Menschen.

Allerdings verflüchtigte sich das Ergebnis solcher Nationalisierungsschübe wieder, als 1517 Martin Luther aus Wittenberg der römischen Kirche den Gehorsam aufkündigte. Für die Masse der Deutschen ging es fortan um eine religiöse Frage: Wer ist mit dem neuen Glauben, und wer ist gegen ihn? Das schon zuvor aus vielen Kleinstaaten bestehende Reich wurde nun auch konfessionell gespalten. 1618 begann der Dreißigjährige Krieg. Fast die Hälfte der Deutschen wurde Schätzungen zufolge damals erschlagen, ertränkt, zu Tode gefoltert. Ganze Landstriche verödeten.

An der politischen Zerrissenheit änderte sich nach dem Friedensschluss von 1648 wenig. Doch die sich nun entwickelnden deutschen Territorialstaaten benötigten Experten und bildeten daher Beamte, Juristen, Theologen oder Mediziner aus. Es begann die Zeit der Aufklärung, und überkommene Weltbilder erodierten. Die neue Elite suchte daher nach Bindungen und fand sie in der gemeinsamen Kultur, insbesondere der gemeinsamen Sprache.

Überall entstanden zwischen 1720 und 1770 Gesellschaften, die sich die Pflege der deutschen Sprache zu eigen machten. Man bemühte sich um ein deutsches „Nationaltheater" oder eine deutsche „National-Literatur" – in Abgrenzung zum Adel, der Französisch sprach und sich der Mode des Versailler Hofes unterwarf.

Die Welt befand sich im Umbruch. In England begann die industrielle Revolution, in den USA und Frankreich standen politische Revolutionen bevor, Deutschland erlebte um 1770 eine große

Hungerkrise. Die Menschen ahnten, dass das Überkommene keinen Bestand haben würde.

Dichter und Denker beschäftigten sich nun mit der Frage, was unter „Vaterland" und „Nation" zu verstehen sei. Es gab Reichspatrioten wie Friedrich Carl von Moser, die in der Erneuerung des morschgewordenen Heiligen Römischen Reichs die Zukunft der Deutschen sahen. Andere wie Johann Wolfgang Goethe nahmen den Begriff „Vaterland" für ihre Heimat in Anspruch; bei dem Dichter war es die freie Reichsstadt Frankfurt. Den Deutschen gab der Weltbürger Goethe gemeinsam mit Friedrich Schiller 1796 den Rat, auf eine Nation zu verzichten: „Zur Nation euch zu bilden, ihr hoffet es, / Deutsche, vergebens; / Bildet, ihr könnt es, dafür freier zu / Menschen euch aus."

Das war gut gemeint, doch auch ein wenig realitätsfremd. Denn die Französische Revolution, die den modernen Nationalismus begründete, ging zur Zeit des Dichterworts bereits in ihr siebtes Jahr. Was sich in Paris zutrug, war wahrlich epochal. Erstmals ließ sich beobachten, welche Wucht die nationale Idee entwickeln konnte, wenn sie zur „verbindlichen Sinngebungs- und Rechtfertigungsinstanz" wurde, analysiert der Historiker Heinrich August Winkler. Frankreich stieg zum modernsten und mächtigsten Staat Europas auf. Napoleons Armeen fegten über den alten Kontinent hinweg, auch über die rückständigen deutschen Einzelstaaten, die der Imperator neu ordnete, was zur Auflösung des Heiligen Römischen Reiches führte.

In Preußen machte die vernichtende Niederlage bei Jena und Auerstedt 1806 den Weg frei für die Reformer um den Freiherrn vom Stein. Sie übernahmen manches von der revolutionären Besatzungsmacht, auf deren Vertreibung sie eigentlich zielten. In einer Hinsicht war Preußens König Friedrich Wilhelm III. allerdings entschlossen, nicht dem französischen Vorbild zu folgen: Er wollte keinen deutschen Nationalstaat gründen, der zahlreiche Herrscherhäuser aus den erblichen Positionen gefegt hätte.

An dieser Konstellation änderte sich auch nichts nach der Niederlage Napoleons. Der Wiener Kongress bestätigte 1815 die Vielstaatlichkeit Deutschlands. Wer fortan die deutsche Einheit forderte, riskierte in Preußen und Österreich, politisch verfolgt zu werden. Es war vermutlich diese wiederholte Erfahrung der Ohnmacht – erst gegenüber Napoleon, dann gegenüber dessen Bezwingern –, die in der deutschen Nationalbewegung „Machtträume erzeugte, die nur ein Allmächtiger verwirklichen konnte", wie Winkler schreibt.

Überzeugt von der Überlegenheit des deutschen Geists und voller Verachtung für Minderheiten, bot die nationale Bewegung bald ein Bild, das bei den Nachbarn wenig Sympathie hervorrief. Zum Kriterium der Zugehörigkeit wählten die Nationalen die deutsche Sprache („so weit die deutsche Zunge klingt"), und entsprechend definierten Arndt und andere die Grenzen ihres Wunschlands „von der Nordsee bis zu den Karpaten, von der Ostsee bis zu den Alpen und der Weichsel". So war es die großdeutsche, den deutschsprachigen Teil Österreichs einbeziehende Lösung, die vielen vorschwebte. Auch das Elsass und Lothringen sollten hinzukommen – unabhängig vom Willen der dort lebenden Menschen. Diese Vermessenheit stellte fortan eine ständige Gefahr für den Frieden in Europa dar.

Eine der großen Leistungen des preußischen Ministerpräsidenten Bismarck lag darin, dass es ihm mit seiner Reichsgründung 1871 gelang, die Menschen nördlich der Alpen zumindest zeitweise für die sogenannte kleindeutsche Lösung zu gewinnen. Für viele Zeitgenossen war das ein geradezu revolutionärer Schritt, denn die Habsburger-Macht hatte jahrhundertelang den deutschen Kaiser gestellt.

Allerdings hätte die Erfindung der deutschen Nation kaum eine solche Resonanz gefunden, wenn sie nicht mit einer grundlegenden Umwälzung der Gesellschaft einhergegangen wäre. Alte Bindungen lösten sich. Man durfte sich in Preußen seit Beginn des 19. Jahrhunderts niederlassen, wo man wollte, heiraten, wen man wollte, ein Gewerbe ohne Erlaubnis der Zünfte betreiben. Die Menschen wurden mobiler und erlebten – insbesondere aufgrund des 1833/34 gegründeten Zollvereins – das spätere Deutschland als wirtschaftliche Einheit.

Die nationale Idee trug dazu bei, dass die Gesellschaft intakt blieb. Experten wie der Tübinger Historiker Dieter Langewiesche sehen darin die Stärke der Nation, weil es in den letzten zwei

Jahrhunderten „keine andere Idee gegeben hat, die Menschen so wirkungsmächtig zu einem Kollektiv zusammenfasst, das handlungsfähig ist". Das Kaiserreich wurde zu einem der wirtschaftlich modernsten Staaten Europas.

Auch zu einem der aggressivsten. Der Weg in den Ersten Weltkrieg war vielleicht nicht unausweichlich, aber konsequent. Nach der deutschen Niederlage 1918 stellten vor allem konservative Intellektuelle die Frage neu, was Deutschland eigentlich sei und wer dazugehöre. Da die k. u. k. Monarchie zerbrochen war und viele Menschen in Österreich sich dem Reich anschließen wollten, schien erstmals eine großdeutsche Lösung möglich. Doch die Siegermächte legten ihr Veto ein. Der Popularität des großdeutschen Gedankens tat dies keinen Abbruch, und man kann darin das Bestreben erkennen, den als schändlich empfundenen Ausgang des Ersten Weltkriegs zu kompensieren.

Auch die NSDAP forderte 1920 im ersten Punkt ihres Parteiprogramms, alle Deutschen sollten in einem Großdeutschland zusammenleben, und die von Adolf Hitler nach seinem Machtantritt betriebene aggressive Außenpolitik schien zunächst auf die Erfüllung dieses Wahlversprechens zu zielen. Fotos vom sogenannten Anschluss Österreichs 1938 zeigen begeisterte Massen in Wien, und nicht wenige Historiker gehen davon aus, dass Hitler bei freien Wahlen damals einen überwältigenden Sieg errungen hätte.

Der Diktator präsentierte sich insofern als glühender Nationalist. Doch das von ihm insgeheim angestrebte mörderische Rasseimperium hatte mit den überkommenen Vorstellungen von Deutschland wenig zu tun. Er wollte Gebiete zum „Dritten Reich" schlagen, die ohne jeden Bezug zu Deutschland waren. Deutsche sollten seiner Vision zufolge in der Ukraine bis hin zur Krim siedeln. Einen beträchtlichen Teil der Deutschen – Juden, Linke, Behinderte und auch viele gläubige Christen – ließ er umbringen, oder er beabsichtigte ihre Ermordung nach dem „Endsieg".

Die Hybris und die Verbrechen der Nazis diskreditierten nach 1945 nicht nur Deutschland, sondern jede Form von Nationalismus, auch den Nationalstaat. Als die Supermächte USA und Sowjetunion das Reich des Gegners aufteilten, fanden sie ohne

Schwierigkeiten auf beiden Seiten der Demarkationslinie Deutsche, die bereit waren, die nationale Einheit zurückzustellen, um einen eigenen Staat aufzubauen.

Vor allem die nachwachsenden Bundesbürger empfanden sich vor dem Mauerfall als postnational. Das zusammenrückende Westeuropa schien ihnen als Heimat nicht zu groß. Der deutschen Einheit fühlten sich immer weniger Menschen verbunden; 1986 erklärten 37 Prozent der befragten Westdeutschen, dass sie unter „Nation" nur die Bundesrepublik verstünden.

In der DDR war dies anders. Der von der SED propagierte proletarische Internationalismus stieß auf wenig Zustimmung. Wie einst im 19. Jahrhundert versprachen sich hier viele Menschen von der Einheit auch die Freiheit. Als 1989 die Mauer fiel, skandierten die Demonstranten bald: „Wir sind ein Volk!" Aber welches Volk? Was in der alten Bundesrepublik verdrängt worden war, rückte nach der Wiedervereinigung ins Zentrum der nationalen Debatte: Deutschland war zum Einwanderungsland geworden.

So tauchte, kaum war die territoriale Frage gelöst, gleich ein Identitätsproblem auf, das die Republik noch eine Weile beschäftigen wird. Wer ist Deutscher? Darauf gibt es keine einfache Antwort mehr. 1999 hat die rot-grüne Regierung das Staatsangehörigkeitsrecht zwar modernisiert und Einbürgerungen deutlich erleichtert. Aber zwischen Rechtsansprüchen und gelebter Integration besteht ein erheblicher Unterschied.

Bemerkenswert ist das Ergebnis einer aktuellen Umfrage von TNS Forschung für den SPIEGEL. Danach äußert nur noch die Hälfte der Befragten die Ansicht, ein Deutscher sei vor allem jemand mit deutschen Vorfahren, so wie es das alte Staatsangehörigkeitsrecht von 1913 als Regelfall festgeschrieben hatte. Eine Mehrheit der Bürger findet es dagegen richtig, jemanden als Deutschen zu sehen, wenn er sich zum Grundgesetz und zu deutschen Werten bekennt, auch wenn er keinen deutschen Pass besitzt.

So könnte es sein, dass sich am Ende ein Gedanke durchsetzt, der schon vor mehr als 1000 Jahren Franken, Sachsen und Alemannen einander nähergebracht hat: Wer hier lebt, in denselben Grenzen, regiert von derselben Staatsgewalt, der gehört auch dazu.

SPRACHLICHES MULTIKULTI

Kein anderes Volk in Europa ist unter so vielen Namen bekannt wie die Deutschen.

Von Dietmar Pieper

Wer die Deutschen sind, wissen die Deutschen selbst nicht so genau. Wie ein übriggebliebenes Puzzlestück liegt das Land in der Mitte Europas und pflegt etwas missmutig seinen inneren Multikulturalismus: Bajuwaren gegen Fischköppe, Schwaben gegen Rheinländer, Sachsen gegen Preußen. Für waschechte Nordlichter fängt Süddeutschland irgendwo hinter Hannover an, und von Saarbrücken aus liegt Paris nicht nur geografisch einiges näher als Rostock. Deutschland hat zwar mehr Nachbarländer, als jedes andere Land in Europa. Aber obwohl die Deutschen immer gern einmal gucken, was die anderen sagen, sind die Nachbarn bei der Frage, wer sie eigentlich sind, keine große Hilfe.

Jeder macht sich sein eigenes Bild. Die Unterschiede beginnen ganz elementar bei den Namen, unter denen die Deutschen anderswo bekannt sind. Das geht bunt durcheinander – viel bunter als bei jeder anderen Nation Europas.

Während España überall mit verwandten Vokabeln wie Spanien, Spain, Espagne bezeichnet wird oder la France mit Francia, Frankreich, France, leben rings um Deutschland herum Menschen, die mit „Deutschland" nichts anfangen können, weil sie keine Ahnung haben, was gemeint ist.

Für Polen, Tschechen, Russen und andere Slawen sind die Deutschen seit alters her die Stummen, also „niemcy" (polnisch), „nemec" (tschechisch) oder „nemzy" (russisch). Die Vorfahren der Osteuropäer rechneten es ihren westlichen Nachbarn offenbar nicht als Artikulationsvermögen an, dass sie unverständliche Laute ausstießen. Dieses Weltbild ist in den slawischen Sprachen konserviert. Ähnlich sahen schon die alten Griechen in allen Fremden „Barbaren", also Stammelnde.

Weiter auf der Landkarte im Uhrzeigersinn: nach Italien. Dort liebt man das Volk in den Wäldern nördlich der Alpen offenbar so sehr, dass man sich gleich unter zwei verschiedenen Namen mit ihm beschäftigt: Das Land nennen die Italiener „Germania", nach lateinischer Sitte (der sich auch die Engländer angeschlossen haben). Für die Sprache und den, der sie spricht, verwenden sie das Wort „tedesco", das denselben Ursprung hat wie das Wort „deutsch", obwohl das auf den ersten Blick nicht leicht zu erkennen ist. Es liegen auch einige Lautverschiebungen dazwischen: Auf Althochdeutsch bedeutete „diutisk" einen, der die Sprache des Volkes spricht, also kein gelehrtes Latein.

Von den Ufern aus, die Italien westlich gegenüberliegen, fällt ein anderer Blick auf Deutschland. „Alemania" und „Allemagne" hält man in Spanien und Frankreich für die passenden Bezeichnungen (ähnlich in Portugal und der Türkei). Was den Stamm der Alemannen, der sich sonst nur mit der alemannischen „Fasnet" einen Namen gemacht hat, dazu befähigt, für alle Deutschen zu stehen, kann niemand so richtig erklären.

Und nun nach Norden, zu den Finnen. Sie nennen Deutschland „Saksa", was in deutschen Ohren natürlich sofort wie „Sachsen" klingt. Aber die meisten Finnen denken bei „Saksa" zuallererst an „sakset", ihrem Wort für Schere. Und sie nehmen an, dass ursprünglich fahrende Scherenschleifer aus Deutschland Pate für den Landesnamen gestanden haben.

Des Rätsels Lösung lautet: Zwischen den Sachsen und dem finnischen Wort für Schere gibt es einen etymologischen Zusammenhang aus alten Zeiten. Der Name des deutschen Stammes „wird mit sahs, nämlich Kurzschwert, in Verbindung gesetzt, das dann als charakteristische Waffe erschiene", heißt es im „Grimmschen Wörterbuch". Im Altschwedischen bedeutet „sax" bereits auch Schere, und von Schweden nach Finnland ist es nicht weit.

Bleiben auf der anderen Seite der Ostsee noch zwei der kleinsten Völker Europas, die sich eine sprachliche Extratour erlauben. Die Letten nennen Deutschland „Vacija", die Litauer „Vokietija"; beide Vokabeln stammen von einer gemeinsamen Urform ab. Sprachwissenschaftler kennen drei Erklärungen dafür: Nach der ersten gehen die Bezeichnungen auf einen Landstrich in Südschweden zurück. Nach der zweiten, wahrscheinlichsten, steckt in beiden Wörtern die indoeuropäische Grundform „wequ-“ (sprechen), die sich zum Beispiel im Sanskrit als „vakti“ oder im Lateinischen als „vox“ wiederfindet.

Anschaulicher ist die dritte Erklärung, die der litauische Volksmund überliefert hat: Danach besteht das Wort „Vokietis“ (der Deutsche) aus den Teilen „Vo!“ (Holla!) und „kietas“ (hart). Verschmolzen und mit einer neuen Bedeutung versehen wurden sie, so die Geschichte, in der Schlacht von Tannenberg 1410, in der Litauer und Polen die Deutschordensritter besiegten. Da die aber nicht so leicht niederzuschlagen gewesen seien, hätten die litauischen Kämpfer erstaunt ausgerufen: „Holla, sind die hart!“

„DIE NATION SCHAFFT FREIHEIT"

Der Tübinger Historiker Dieter Langewiesche über die kriegerischen Ursprünge der meisten Nationalstaaten, die noch junge Geschichte der nationalen Idee und die europäische Einigung

Das Gespräch führten Martin Doerry und Klaus Wiegrefe

SPIEGEL: Professor Langewiesche, wir erleben seit Jahren eine Renaissance der Nation und des Nationalstaats, die einst als Ursache der Weltkriege geächtet waren. Nach dem Fall des Kommunismus haben Ukrainer, Weißrussen oder Kroaten eigene Staaten gegründet. In Afrika, im Kosovo oder in Afghanistan betreiben Uno und teilweise auch Nato sogenanntes Nation-Building. Was macht die Faszination der Nation und des Nationalstaats aus?

LANGEWIESCHE: Die Menschen versprechen sich davon Schutz gegenüber Einmischung von außen, etwa durch mächtige Nachbarn, und dann Selbstbestimmung nach innen, also die Entscheidung darüber, wie man sich entwickelt. Die Nation ist ein Instrument, um Ressourcen zu verteilen: Machtressourcen, aber auch das, was gemeinsam erwirtschaftet wird, der Zugang der Bevölkerung zur Kultur. Das wird alles unter dem Etikett Nation verhandelt.

SPIEGEL: Aber solche abstrakten Überlegungen haben doch nicht Slowenen, Slowaken oder Ukrainer bewogen, in den neunziger Jahren eigene Nationalstaaten zu gründen.

LANGEWIESCHE: Da ging es um Freiheit, darin können Sie auch eine Ressource sehen, die die Nation zuteilt.

SPIEGEL: Was erhoffen sich denn Ihrer Ansicht nach westliche Politiker oder UNO-Mitarbeiter, die Nation-Building in Afghanistan betreiben?

LANGEWIESCHE: Wenn man auf die letzten zwei Jahrhunderte blickt, muss man sagen, dass es keine andere Idee gegeben hat, die

Menschen so wirkungsmächtig zu einem Kollektiv zusammenfasst, das handlungsfähig ist. Das hat nur die Nation geschafft. Und darauf setzen heutige Staatenbauer. Sie wollen eine Gesellschaft schaffen, die Strukturen und Institutionen aufbaut, ein Parlament, eine Verwaltung, eine funktionierende Wirtschaft.

SPIEGEL: Ohne Nation geht das nicht?

LANGEWIESCHE: Ich sehe bislang keine Alternative. Gesellschaften, die keine Nationen bilden, zerfallen in Gruppen anderer Art, etwa in Stämme, die nicht fähig sind, ein – über die eigene Gruppe hinausgehendes – Zusammengehörigkeitsbewusstsein zu entwickeln und dann auch Institutionen zu schaffen. Die Nation ist ja ein Institutionenbauer.

SPIEGEL: Die Nation bringt uns die Freiheit und bewahrt uns vor Stammesanarchie? Ihr Urteil klingt reichlich milde?

LANGEWIESCHE: Nein, Nationen sind immer auch Aggressionsmaschinen: Das hat das 20. Jahrhundert mit seinen beiden Weltkriegen mehr als deutlich gezeigt. Man kann das Gute an der Nation nicht vom Schlechten fein säuberlich trennen.

SPIEGEL: Das sehen manche Beobachter heute anders.

LANGEWIESCHE: Es ist die Hauptaufgabe von Nationen, nach innen zusammenzufassen, und das verlangt Abgrenzung nach außen. Teilweise ist das durchaus rational. Es muss festgelegt werden, wer das Parlament wählt, wer hat Anspruch auf das, was die Mitglieder einer Nation erwirtschaftet haben. Leider haben viele Nationalstaaten in der Vergangenheit auch eigene Bürger ausgegrenzt, etwa Juden oder Sozialisten oder nationale Minderheiten. Und die Nationalstaaten haben immer wieder versagt, eine friedliche Lösung zu finden, wenn mehrere das gleiche Territorium beanspruchten. Denn Nationen definieren sich auch über Territorium, und das wird schnell zum heiligen Boden. Da lässt sich

DIETER LANGEWIESCHE
zählt zu den führenden Experten für die Geschichte des Liberalismus und Nationalismus in Deutschland. Der überzeugte Europäer hält Fremdenfeindlichkeit und Kriege für integrale Bestandteile der Nationsbildung. Langewiesche ist Professor für Neuere Geschichte an der Universität Tübingen und wurde 1996 mit dem renommierten Leibniz-Preis ausgezeichnet.

nicht mehr vernünftig darüber diskutieren, ob man das umstrittene Gebiet wirklich braucht.

SPIEGEL: Sie haben einmal den Krieg als Vater der Nationen und der Nationalstaaten bezeichnet.

LANGEWIESCHE: Weil fast alle Nationalstaaten – Italien, Deutschland, Polen, Ungarn und viele andere – aus Kriegen hervorgegangen sind. Zum Teil lag das an den konkurrierenden Ansprüchen der Großmächte. Und an der emotionalen Kraft, die von Kriegen ausgeht. Bismarck konnte das Deutsche Reich 1871 erst nach einem Sieg über Frankreich gründen. Bei den Vielvölkerreichen der Habsburger oder des Zaren hingegen strebten nationale Minderheiten nach einem eigenen Staat, und es gab damals keine Mechanismen, die sich daraus ergebenden Konflikte friedlich zu regeln.

SPIEGEL: War das vorher anders?

LANGEWIESCHE: Die Herrscher des 18. Jahrhunderts haben Kriege wie ein Duell geführt. Man gewann oder verlor, musste möglicherweise Territorien abtreten, und damit war die Sache geregelt. Der Nationalstaat hat jedoch oft Schwierigkeiten, Kriege zu beenden. Er muss ja seine Bürger emotional erreichen, um sie zu mobilisieren. Im Ersten Weltkrieg wurden alle Nationen derart aufgeputscht, weil die Herrscherhäuser die riesigen Verluste rechtfertigen mussten. Da stilisierte man den Krieg zum heiligen Kampf. Dann Frieden ohne Sieg zu schließen, ist besonders schwer.

SPIEGEL: Wird die Nation in einer solchen Situation zum Religionsersatz?

LANGEWIESCHE: Das sehe ich nicht. Die Nation ersetzt nicht die Religion oder deren Institutionen, sondern nutzt diese in Krisenzeiten, um Menschen zu mobilisieren. Im Ersten Weltkrieg haben sich alle Religionsgemeinschaften mit ihrer Nation identifiziert und den Krieg gerechtfertigt.

SPIEGEL: Oder befriedigt die Nation ein Bedürfnis des Menschen nach einer Identität, die in größeren Zusammenhängen aufgeht?

LANGEWIESCHE: Dagegen spricht, dass die Idee der modernen Nation ein Produkt der Ära der Französischen Revolution Ende des 18. Jahrhunderts ist. Insofern ist die Nation ein historisches

Geschöpf, und damit muss man als Historiker sagen: Sie kann auch ein endliches Geschöpf sein.
SPIEGEL: Was hält denn Nationen zusammen?
LANGEWIESCHE: Das ist unterschiedlich, aber sicherlich ein gemeinsames Geschichtsbewusstsein. Die Nation ist eine Erinnerungsgemeinschaft, man kann aus ihr daher auch nicht einfach austreten. Ohne eine solche historische Grundlage kann die Nation nicht entstehen.
SPIEGEL: Die gemeinsame Sprache spielt eine untergeordnete Rolle?
LANGEWIESCHE: Elias Canetti schreibt in seinem berühmten Buch „Masse und Macht", dass keiner für ein Wörterbuch kämpft. Das ist überzeugend. Er definiert die Nation stattdessen als eine emotionale Gesinnungsgemeinschaft.
SPIEGEL: Gilt das denn auch für uns im 21. Jahrhundert? Haben wir in unserem pluralen Deutschland heute eine Gesinnungsgemeinschaft?
LANGEWIESCHE: Man darf nicht glauben, dass die Nation mit ihrem Homogenisierungsdrang religiöse oder politische Gegensätze außer Kraft setzt. Das ist nicht der Fall. Aber die Nation gehört zu jenen Kräften, die es ermöglichen, dass solche Auseinandersetzungen ausgefochten werden, ohne dass alles auseinanderfällt. Nun sagen viele: Dafür braucht man nicht die Idee der Nation, sondern dazu reicht ein Verfassungsgefüge. Da ist auch etwas daran. Aber offensichtlich genügt das den Menschen in Krisenzeiten nicht.
SPIEGEL: Der von Dolf Sternberger und Jürgen Habermas für die alte Bundesrepublik postulierte Verfassungspatriotismus entwickelt nicht genügend Bindekraft?
LANGEWIESCHE: Ich fürchte, nein, auch wenn es mir lieber wäre.
SPIEGEL: Es fällt auf, dass die alten Demokratien – Frankreich oder Großbritannien – Nationalstaaten sind. Ist die Nation oder der Nationalstaat eine Voraussetzung für die Demokratie?
LANGEWIESCHE: Es gibt zumindest nur wenige Fälle, wo es nicht so war. Etwa das klassische Griechenland und dann die alte Bundesrepublik. Die Idee der Nation hatte man zwar in Bonn nicht

aufgegeben, aber sie stand nicht im Zentrum des Staatsverständnisses.
SPIEGEL: Wenn Massendemokratie und Nationalstaat so eng verkoppelt sind, wie beurteilen Sie dann die Chancen, eine europäische Nation zu bilden?
LANGEWIESCHE: Man kann die Entwicklung der EU nicht in Analogie zu der Entwicklung sehen, wie wir sie von Nationalstaaten kennen. Die EU ist weltgeschichtlich betrachtet etwas völlig Neues. Noch nie haben Staaten freiwillig an eine höhere Instanz in wachsendem Maße zentrale Kompetenzen abgegeben.
SPIEGEL: Was bedeutet das für eine europäische Identität?
LANGEWIESCHE: Umfragen zeigen, dass es in den Kernstaaten der EU ein Europabewusstsein gibt, das sich neben dem nationalen Bewusstsein hält. Offensichtlich können Menschen verschiedene Bindungen gleichzeitig eingehen. Das war ja auch in früheren Zeiten so. Denken Sie an Deutschland: Auch nach der Reichsgründung 1871 konnte man Bayer und Deutscher sein, das konnte manchmal auch in einen Konflikt geraten, aber in den Gefährdungssituationen war man dann deutsch.
SPIEGEL: Es bleibt offen, warum Menschen, die sich nie gesehen haben, nie miteinander gesprochen haben, von sich behaupten, der gleichen Nation anzugehören, und sogar bereit sind, für diese Nation zu sterben.
LANGEWIESCHE: Man sollte nicht den Zwang unterschätzen, der auf einen Soldaten zukommt, der einberufen wird. Andererseits haben Sie insoweit recht, als in Europa die Gesellschaften im 19. und 20. Jahrhundert die Kriege grundsätzlich akzeptiert haben. Ich erkläre mir das damit, dass der moderne Nationalstaat jene Einrichtung ist, die das ganze Leben organisiert bis hin zu den Sozialleistungen. Was soll denn an dessen Stelle treten? Und wenn dieses Gebilde gefährdet ist, dann sind die Menschen bereit, Opfer zu bringen. Schließlich geht der moderne Staat von der Idee der Volkssouveränität aus, und die Nation ist gewissermaßen das Angebot, wie man sich damit identifizieren kann. Die Nation ist insofern das Äquivalent zur Idee der Volkssouveränität.
SPIEGEL: Aber nehmen wir den Deutsch-Französischen Krieg von 1870/71. Da gab es noch keinen modernen Wohlfahrtsstaat, und

dennoch sind die Deutschen ohne Murren gegen die Franzosen gezogen.
LANGEWIESCHE: Weil ihnen vermittelt wurde, Frankreich habe Deutschlands Ehre gekränkt. Da gibt es ganz ergreifende Zeugnisse, wenn etwa ein bayerischer Patriot, der immer gegen den Nationalstaat war, im Parlament erklärt: „Jetzt komme ich mir vor wie der Prophet, der ausgezogen war, um zu fluchen, und er musste segnen." Weil er meinte, dieses Deutschland werde angegriffen. Die ungemein starke emotionale Bindung an die Nation bis hin zur Bereitschaft zum Töten ist im Übrigen kein Tagesphänomen. In unserem Alltag begegnen wir der Nation nicht. Die Nation ist als großes Identifikationsgebilde etwas für den seltenen Augenblick, eine Krise etwa …
SPIEGEL: … oder eine Fußballweltmeisterschaft?
LANGEWIESCHE: Ja, auch den euphorischen Augenblick. Natürlich gibt es einen banalen Nationalismus, der uns über den Wetterbericht, die Nachrichtenkarte, die Flagge vermittelt wird. Aber dabei verlangt niemand von uns eine Entscheidung. Die nationale Rolle wird nur gelegentlich aufgerufen, dann aber kräftig.
SPIEGEL: Glauben Sie, dass sich die Deutschen heute in einer Kriegssituation in gleicher Weise mit der Nation identifizieren würden, wie sie es etwa am Beginn des Ersten Weltkriegs 1914 getan haben?
LANGEWIESCHE: Das glaube ich wohl. Wenn dieses Deutschland im EU-Verband so gefährdet wäre, dass die Gesellschaft überzeugt ist, da müssen wir uns wehren, dann wäre die Identifikation auch da. Ob wir uns genauso verhalten würden, ist eine andere Frage. Ich hoffe, dass man etwas aus der Situation von 1914, diesem Abgleiten in den Krieg, gelernt hat.
SPIEGEL: Also nehmen wir an, ein Terrorregime feuerte Raketen auf Deutschland ab.
LANGEWIESCHE: Das wäre dann vermutlich die Stunde der deutschen Nation und wohl auch der EU-Identifikation.
SPIEGEL: Der Kulturphilosoph Ernest Gellner behauptet, die Nation ist eine Konstruktion von Intellektuellen im 19. Jahrhundert. Was halten Sie von dieser These?
LANGEWIESCHE: Wenn man das richtig versteht, bedeutet es

im Kern, die Nation ist nicht historisch zwangsläufig, und dem stimme ich zu. Schauen Sie nach Frankreich. Die Bauern sind erst Ende des 19. Jahrhunderts, vielleicht erst im Ersten Weltkrieg bewusst Teil der französischen Nation geworden. Die haben vorher in anderen Zusammenhängen gelebt, in regionalen, in lokalen. Und es waren in der Tat vor allem die Gebildeten, die Intellektuellen, die die nationale Idee formuliert und für ihre Verbreitung gesorgt haben.

SPIEGEL: Das klingt so, als wenn einige wenige auf dem Reißbrett eine solche Idee entwarfen.

LANGEWIESCHE: Das ist in vielen ungeheuer komplizierten Prozessen geschehen. Wir schauen immer gern auf diejenigen, die sich schriftlich geäußert haben: Professoren, Schriftsteller, Journalisten. Aber es gibt noch vieles andere. Nehmen Sie etwa in der ersten Hälfte des 19. Jahrhunderts in Deutschland die Turner-, die Sänger- oder die Schützenvereine. Die Leute haben sich nicht organisiert aus nationalem Interesse, aber die haben sich dann mit Sängern, Turnern oder Schützen aus anderen deutschen Staaten zusammengetan, etwa Sängerfeste gefeiert, und haben sich dabei als Nation erlebt. Da gab es keine Intellektuellen, die das gesteuert haben. Oder schauen Sie auf den Zollverein …

SPIEGEL: Also die 1833/34 gegründete Zollunion zahlreicher deutscher Staaten.

LANGEWIESCHE: Ja. Da werden neue Bestimmungen erlassen, und der Handwerker in einer Region weiß, er konkurriert jetzt mit Kollegen in anderen Regionen, hat dort neue Absatzmärkte. Dabei entsteht Nationalbewusstsein, weil man sich als Deutscher entdeckt, der in diesem ökonomischen Raum handelt.

SPIEGEL: Lange Zeit ist behauptet worden, ein massiver Franzosenhass der Deutschen sei einer der Hauptursachen für die Bildung der deutschen Nation im 19. Jahrhundert. Wie sehen Sie das?

LANGEWIESCHE: Das kann man schon deshalb nicht so sagen, weil in der Napoleonischen Ära die große Mehrheit der Bevölkerung überhaupt nicht in nationalen Kategorien gedacht hat. Da gab es kein feindliches Nationalbewusstsein gegenüber Frankreich.

SPIEGEL: Also keine Erbfeindschaft?
LANGEWIESCHE: Nein. Das ist eine nachträgliche Konstruktion.
SPIEGEL: Wenn Sie die Nation und den Nationalstaat nicht als unausweichlich erachten, warum ist 1871 dann das Reich aus den vielen Einzelstaaten hervorgegangen?
LANGEWIESCHE: Zwangsläufig war das nicht. Der Deutsche Bund war auf dem Weg, viele Bereiche zu vereinheitlichen und hat ja auch vieles vorbereitet: Ein Allgemeines deutsches Handelsgesetzbuch, die Auswanderungsgesetze, gemeinsame Münzen und Maße. Aber die Fürsten des Deutschen Bundes haben einen kapitalen Fehler begangen: Sie haben der Nation die Mitbestimmung verweigert in Gestalt eines Parlaments. Das war das Todesurteil im Ansehen der Nation. Als es dann zu den Kriegen gegen Dänemark, Österreich und Frankreich kam, verloren die Fürsten der deutschen Einzelstaaten in der Bevölkerung Schritt für Schritt ihren Rückhalt, während Bismarck – der nun wirklich kein Demokrat war – gesehen hat, was die Nation will und das gezielt nutzte.
SPIEGEL: Der Nationalismus ist die mächtigste politische Kraft der letzten 200 Jahre gewesen. Glauben Sie, dass er sich im Angesicht der Globalisierung wird behaupten können?
LANGEWIESCHE: Ich vermute, dass der Nationalstaat die wichtigste Institution bleiben wird, um die Auswirkungen zu dämpfen. Aber das könnte auch die Aufgabe der EU werden.
SPIEGEL: Und wenn der Nationalstaat das nicht schafft, wird er sich dann auflösen?
LANGEWIESCHE: Er wird jedenfalls enorm an Bindekraft verlieren.
SPIEGEL: Professor Langewiesche, wir danken Ihnen für dieses Gespräch.

TEIL 1

DER WEG IN DIE GESCHICHTE

AM ANFANG WAR DAS REICH

Die Stämme, die dort lebten, wo heute Deutschland liegt, konnten nicht miteinander sprechen und hatten wenig füreinander übrig. Aber seit 843 waren sie unter einem König vereint – und verschmolzen zu einem Volk.

Von Klaus Wiegrefe

Völker entstehen nicht in einem Jahr oder gar an einem bestimmten Tag. Und so lässt sich auch nicht ein Zeitpunkt bestimmen, an dem die Menschen an Elbe, Rhein und Donau zu Deutschen wurden. Wenn man allerdings ein Ereignis benennen möchte, ohne das vermutlich alles anders gekommen wäre, dann ist es die Schlacht von Fontenoy, geschlagen von Tausenden Rittern am 25. Juni 841 südlich von Auxerre.

Drei Enkel Karls des Großen traten dort mit ihren Truppen an, weil sie über das Erbe stritten: auf der einen Seite Kaiser Lothar, auf der anderen seine Brüder Ludwig, König von Bayern, und Karl, König im westlichen Teil des Reiches.

Das Ergebnis war grauenhaft:

„Felder starren, Wälder starren, Sümpfe auch von Blute rot", berichtete ein Chronist, der in der ersten Reihe focht und „allein von vielen übrig" blieb. Niemals seien die Gebote des Christentums derart verletzt worden: „Verflucht sei der Tag, gestrichen aus dem Kreis des Jahres, ausgeschabt aus dem Gedächtnis! Mit ihm auch die Nacht, die bittere Nacht, die allzu harte Nacht, in der die Helden fielen."

Mehrere tausend Opfer soll das Hauen und Stechen gehabt haben, und mit Blick auf das 20. Jahrhundert mag es wie ein Menetekel erscheinen, dass auf diese Weise alles anfing. Denn das fränkische Imperium Karls des Großen, bis heute Symbol für die Einheit Europas, zerbrach infolge der Schlacht. Die Brüder teilten den Vielvölkerstaat auf, der den Großteil der gesamten

Christenheit umfasst hatte. König Ludwig erhielt den östlichen Part, und sein ostfränkisches Reich wurde zum „Ausgangspunkt“ (Historiker Rolf Große) für etwas ganz Neues: Deutschland und die Deutschen.

In der sanften Hügellandschaft des heute französischen Burgund begann damit jene Kausalkette, ohne die es das zahlenmäßig größte Volk West- und Mitteleuropas nicht gegeben hätte, nicht seine Leistungen, den Buchdruck, den „Faust“, den Otto-Motor, aber auch nicht die Verbrechen, die Weltkriege und den Holocaust.

Früher haben Wissenschaftler geglaubt – und so lernten es auch Generationen in den Schulen –, einst habe zwischen Alpen und Nordsee das Volk der Deutschen gesiedelt, das sein Schicksal in die Hand nahm, sich einen König wählte und ein Reich gründete. Eine romantische Vorstellung.

Heute weiß man: Die Ethnogenese, wie Experten das Entstehen von Völkern bezeichnen, ist bei den Deutschen in umgekehrter Reihenfolge verlaufen. Am Anfang war das Reich, erst darin entstand ein Volk.

Die Menschen empfanden sich zu Zeiten von Lothar, Ludwig und Karl nämlich keineswegs als Deutsche, sondern als Franken („Freie“), Alemannen („die Gesamtheit der Männer“) oder Baiuwaren („Männer aus Böhmen“). Das Wort „deutsch“ war nur in einer Vorform bekannt, dem lateinischen „theodiscus“. Es leitete sich vom fränkischen „theoda“ (gleich Volk) ab, und gemeint waren damit die Sprachen der einfachen Leute, die das Lateinische nicht beherrschten: Fränkisch, aber auch Englisch, Gotisch oder Normannisch.

Erst das ostfränkische Imperium bot einen verlässlichen Rahmen, innerhalb dessen die deutschen Stämme – alles eigenständige Völker – in einem Jahrhunderte währenden Prozess zu einem neuen Volk zusammenwuchsen: Es war der ostfränkische Königshof, der die Mächtigen aus allen Teilen des Reichs anzog und unter ihnen ein gemeinsames Bewusstsein schuf.

Im ostfränkischen Reich agierte die Kirche über Stammesgrenzen hinweg und gewöhnte die Gläubigen des späteren Deutschland daran, sich als Einheit zu sehen. Intellektuelle aus der ostfränkischen Führungsschicht erfanden Varianten einer gemeinsamen Geschichte, die Orientierung boten und ein Zusammengehörigkeitsgefühl vermittelten, zunächst auf der Ebene der Stämme, dann auch übergreifend.

Märchenhafte Erzählungen kamen auf diese Weise zustande, etwa dass Deutsch aus biblischen Zeiten stamme und die Deutschen Nachfahren der legendären Trojaner seien. Mittelalterliche Geschichtsschreiber verbreiteten solche Mär, und wer so etwas hörte, konnte leicht annehmen, die verschiedenen Stämme seien gleicher Herkunft gewesen.

Am Ende verschmolzen die Geschlechter aus Bayern, Sachsen, Thüringen oder Schwaben, so dass sie schließlich mehr miteinander gemein hatten als jedes von ihnen mit den Slawen im Osten und den Romanen im Westen: die Sprache, die Kultur, die Geschichte und dann auch die Gewissheit, sich von anderen Völkern zu unterscheiden und eine Einheit zu bilden.

Niemand hatte das im Detail geplant, kein Kaiser, kein König, kein Edelmann. Und doch war es mehr als nur ein Zufall, denn das Werden der Deutschen erfolgte in Schüben, und für jeden dieser Schübe gab es auch politische Gründe: Die ostfränkischen Herrscher wollten die Integration ihres Reichs vorantreiben; selbstbewusste Stände und Städte wiesen später die Ansprüche Roms zurück. Die verschiedenen Stämme verschmolzen so zu einem Volk, und aus ihm wuchs – indem es sich politisch artikulierte – eine Nation.

Die meisten der später so genannten Deutschen werden diese Entwicklung allerdings nicht bewusst registriert haben. Es waren fast alle des Lesens unkundige Bauern, ihnen fehlten zunächst sogar für abstrakte Dinge – etwa Freiheit – buchstäblich die Worte. Kaum vorstellbar, dass man bei einem solchen Horizont über das Deutschsein nachdachte. Sie „schlitterten in ihr nationales Dasein, ohne es zu merken und ohne es zu erstreben“, urteilt der Historiker Johannes Fried in seinem meisterhaften Werk „Der Weg in die Geschichte“.

Im Blickfeld des Forschers lebten etwas mehr als 3,5 Millionen Menschen – so viele bewohnten das neugegründete ostfränkische Reich. Beinahe menschenleere Wälder und Sümpfe erstreckten sich zwischen Harz und Rhein, an Elbe und Saale. Nur eine einzige Heerstraße führte vom Rhein zu den Sachsen, die im heutigen Norddeutschland siedelten.

Das Leben war kurz, hart und gefährlich, erfüllt von apokalyptischen Ängsten vor Blitz und Donner, Hungersnöten oder Sonnenfinsternissen. Die Chroniken zeugen von einer archaischen Gesellschaft mit Blutrache und Faustrecht, von prügelnden Mönchen und sadistischen Monarchen, die persönlich Augen ausstachen oder Nasen abschnitten. Viele Menschen hausten mit Schweinen in Holzhütten, deren Fenster mit Fellen abgedichtet wurden.

Einzig dort, wo einst die Römer geherrscht hatten, an Rhein, Mosel und Donau, fanden Reisende Reste von Zivilisation vor. Um die römischen Gründungen Mainz, Trier oder Regensburg zogen sich Wegenetze, man baute Wein an, und Kinder besuchten Schulen.

An der Spitze des neuen Imperiums stand Ludwig (806 bis 876), einer der Sieger von Fontenoy, später genannt „der Deutsche". Er war ein Mann von „stattlichem Wuchs", mit „Augen, die wie Sterne strahlten". Die Zeitgenossen rühmten seine Tapferkeit, weil er nach einem Unfall 50 Kilometer ohne „Seufzer oder Klagelaut" ritt, „obwohl das Krachen der zerbrochenen und aneinanderreibenden Rippen von einigen gehört wurde".

Der König herrschte über einen Kunststaat ohne gesicherte Grenzen und mit Untertanen, die wenig verband. Ihre Vorfahren hatten sich irgendwann in den dunklen Jahrhunderten nach Christi Geburt zu Stämmen zusammengeschlossen und waren sesshaft geworden: am Anfang die Franken, dann auch Alemannen, Bayern, Thüringer und Sachsen.

Historiker haben es später als Ludwigs größte Leistung bezeichnet, das neue Imperium bewahrt zu haben. Nach außen hin war das freilich nicht allzu schwer. Niemand erhob Ansprüche auf das karge Wald- und Wiesenreich; die Wikinger überfielen bezeichnenderweise lieber die benachbarten Westfranken. Und nach innen hielt Ludwig manchen mächtigen Stammesfürsten bei Laune, indem er ihn gewähren ließ.

Der Monarch wäre wohl darüber verwundert gewesen, hätte man ihn damals als „Deutschen" gerühmt, denn er fühlte sich dem Erbe

Karls des Großen verpflichtet. Trotz der Schlacht von Fontenoy kamen er und die Regenten der anderen beiden Nachfolgereiche allein 58-mal zwischen 844 und 877 zusammen; 885 wurden das Ost- und das Westfrankenreich – aus dem Frankreich entstand – sogar wiedervereinigt, allerdings nur für wenige Jahre.

Es blieb dann bei der Trennung. Im Frühmittelalter konnten nicht einmal Könige lesen und schreiben, sondern fast nur Kirchenleute. Erinnerungen verblassen in einer schriftlosen Gesellschaft schnell, und so nahm mit jeder Generation die Zahl derjenigen ab, die sich in die Zeit Karls des Großen zurücksehnten.

Landbesitz jenseits der Grenzen ging mit den Jahren verloren; immer weniger Adlige heirateten Partner aus einem der anderen beiden Nachfolgeterritorien des Karls-Reiches. Die Menschen registrierten, dass sie sich in Sprachen aus unterschiedlichen Sprachfamilien verständigten: aus der romanischen im westfränkischen Reich, aus der germanischen im ostfränkischen Reich.

Und während die Teilreiche langsam auseinanderdrifteten, entwickelte der ostfränkische Königshof eine eigene Dynamik, die ihn zum „wichtigsten Wirkfaktor" (Historiker Fried) bei der Entstehung der Deutschen werden ließ. Er stellte sicher, dass die Reichsfürsten und damit auch die Untertanen über einen langen Zeitraum hinweg zusammenblieben und zu einem politischen Verband verschmolzen. Der König war das Symbol des Reichs und „Schützer der Schätze, Rächer der Verbrechen, Spender der Ehren", wie ein Chronist notierte.

Wer nach Macht und Einfluss strebte, wer Titel und Besitzungen erwerben wollte, musste die Nähe zum König suchen. Denn Ludwig und seine Nachfolger verfügten über den Kronschatz. Der König bekam zudem den Löwenanteil bei neuen Eroberungen (etwa im Osten); und ihm stand schließlich das herrenlose Land zu. Und die Herrscher nutzten ihren Fundus, um Granden aus Bayern und anderswo an sich zu binden.

Dabei herrschten unter den hochadligen Familien am Hofe Zustände wie bei den Nibelungen: Bruder kämpfte gegen Bruder, Onkel gegen Neffe, Vater gegen Sohn, und auch Ehefrauen, Mütter und Töchter mischten mit. Der Sinn stehe nur nach „betrügen und übertreffen", bedauerte ein Zeitgenosse die Zustände.

Der mittelalterliche Staat wurde durch wechselseitige Treueeide zusammengehalten, die eine Lebenszeit hielten: unten zwischen Bauern und Grundherren, oben zwischen Rittern und Landesherren, Reichsfürsten und Kaisern. Starb ein Hochadliger, kam der Intrigantenstadel in Bewegung.

Für viele Menschen erwies sich dieses System als Plage. Die Kriege zwischen den hohen Herren verwüsteten das Land. Soweit es in den Fehden um den Thron ging, belegten sie allerdings auch, dass sich die Kontrahenten dem Königreich zugehörig fühlten, denn sonst hätten sie nicht nach der Krone gestrebt. Sie versuchten nicht, sich abzuspalten, eigene Reiche zu gründen oder bei anderen Königen anzudocken, auch dann nicht, wenn sie im Machtkampf verloren hatten.

Das ostfränkische Reich blieb infolgedessen bestehen. Die Stabilität des politischen Zusammenschlusses erzeugte, wie Fried urteilt, einen „kontinuierlichen Integrationsdruck". Es waren entscheidende Jahre für die Entstehung Deutschlands. Wie entscheidend, zeigte sich, als 918 einer der Nachfolger Ludwigs auf dem Thron ohne Erben starb.

Zu den mächtigen Geschlechtern der Zeit zählten die Liudolfinger aus Sachsen, später Ottonen genannt. Sklavenhandel hatte sie reich werden lassen; sächsische Edle raubten häufig Kinder aus slawischen Gebieten jenseits der Elbe und verkauften sie über Mittelsmänner in den Orient.

Heute würde niemand daran zweifeln, dass der Machtbereich der

Die Nibelungensage

Sie gilt als deutsche Urerzählung und wurde häufig für Propaganda missbraucht. Den im Zweiten Weltkrieg bei Stalingrad eingeschlossenen deutschen Soldaten riefen die Nazis zu, sie sollten sich wehren wie die belagerten Nibelungen in Etzels Burg, die ihren Durst angeblich mit Blut löschten. Um 1200 hatte ein unbekannter Dichter die Sage niedergeschrieben. Sie greift verschiedene nordeuropäische Erzählungen auf. Einige Figuren sind historisch bezeugt. Nachweislich gab es auch ein Reich der Burgunden (= Nibelungen) am Mittelrhein, das 436 unterging.

Ottonen an Elbe und Weser zu den deutschen Kernlanden zählt. Doch damals erinnerten sich sächsische Anführer daran, dass Karl der Große die Sachsen erst gut hundert Jahre zuvor unterworfen hatte, in einem 30 Jahre währenden Krieg mit Massendeportationen, Folter und einer blutigen Missionierung. Dennoch nutzten die Sachsen das Machtvakuum nicht, um sich vom Reich zu lösen. Oberhaupt Heinrich ließ sich vielmehr selbst in Fritzlar von den führenden Adligen zum König Heinrich I. wählen – ein für die deutsche Geschichte einschneidendes Ereignis, denn erstmals bestieg ein Mann den Thron, der nicht zu den Franken zählte, die bis dahin das Reich dominiert hatten. In Vielvölkerstaaten werden solche Ereignisse aufmerksam registriert; nun konnten auch andere Nicht-Franken hoffen, einmal Herrscher zu werden. Das stärkte den Zusammenhalt.

Allerdings haben sich die Liudolfinger darum bemüht, den fränkischen Charakter des Reichs zu wahren. Von Heinrichs Sohn Otto I. weiß man, dass er ganz bewusst die Unterschiede zwischen Sachsen und Franken zu überwinden suchte. Otto wählte 936 Aachen für sich als Krönungsort, weil dort Karl der Große – Urvater der Franken – residiert hatte. An seinem Krönungstag trug er den enganliegenden Rock der Franken und nicht die Tracht der Sachsen. Die Inthronisation verlief nach fränkischer Sitte. Ein Chronist beschrieb später die Zeremonie in der Aachener Pfalz:

„Und als man dorthin gekommen war, versammelten sich die Herzöge und die Ersten der Grafen mit der Schar der vornehmsten Ritter in dem Säulenhof, der mit der Basilika verbunden ist, und sie setzten den neuen Herrscher auf einen hier aufgestellten Thronsessel; hier huldigten sie ihm, gelobten ihm Treue und versprachen ihm Hilfe gegen alle seine Feinde und machten ihn so nach ihrem Brauch zum König."

Währenddessen wartete der Mainzer Erzbischof mit Priestern und „dem ganzen Volk" in der Basilika, in die Otto dann eintrat. Der Kirchenfürst berührte mit seiner Linken die Rechte des Monarchen, schritt zur Mitte des Raums und forderte die Menschen in den umlaufenden Säulengängen auf, die rechte Hand zu heben, sollte ihnen die Wahl gefallen: „Darauf hob alles Volk die

Rechte in die Höhe und wünschte mit lautem Zuruf dem neuen Herrscher Heil.“

Solche Gesten und Symbole wirkten wie Kitt zwischen den Stämmen. Unverkennbar war die Ethnogenese der Deutschen auch Ergebnis mittelalterlicher Machtpolitik.

Im Alltag muss das Zusammenwachsen ein ziemlich beschwerlicher Prozess gewesen sein, denn das Verhältnis der Untertanen zueinander war offenbar durch wüste Vorurteile geprägt, vielleicht auch bedingt durch die vielen Fehden, die man austrug. Schwaben galten als dämlich, Hessen als tollkühn, Sachsen als wild. Besonders schlecht war mittelalterlichen Quellen zufolge der Ruf der Bayern: räuberisch und geizig, trunksüchtig und gefräßig.

Kein Wunder, dass unter den Rittern oft blutiger Streit ausbrach, wenn der König zum Krieg gegen auswärtige Mächte rief. Die Truppen lagerten und kämpften in Stammesverbänden, da gab schnell ein Wort das andere. Heinrich I. und seine Nachfolger verlangten den Streitern auch deshalb vor Schlachten heilige Eide ab, dass sie einander nicht im Stich ließen, was freilich nicht immer wirkte.

Unter den bis zu 10 000 Rittern und Mannen des Fußvolks scheint sich dann aber doch eine Art „Wir-Gefühl“ herausgebildet zu haben. Das erwies sich insbesondere im Kampf gegen die Ungarn, damals ein heidnisches Reitervolk, dessen Überfälle Angst und Schrecken verbreiteten. Sie würden Blut trinken und die Herzen ihrer Gefangenen herausreißen und verschlingen, berichtete ein Zeitgenosse über die wilden Steppenkrieger, „kein Jammern konnte sie erweichen, keine Regung des Mitleids sie rühren“. Jahraus, jahrein plagten sie das Königreich.

Vermutlich 926 beschloss Heinrich I., den Angriffen ein Ende zu setzen. Er befahl, landesweit Burgen zu befestigen, in die sich die Bevölkerung im Falle einer Attacke retten konnte. Mönche beteten für das Heil der Kämpfer, und zwar unabhängig von der Stammeszugehörigkeit. 933 wurden die Ungarn an der Unstrut geschlagen, gut 20 Jahre später vernichtete Heinrichs Sohn Otto I. das ungarische Heer auf dem Lechfeld endgültig und erwarb sich damit den Beinamen „der Große“. Es waren solche Ereignisse und die von den Ottonen verbreitete Erinnerung daran, die zu einer gemeinsamen Identität beitrugen.

Die Möglichkeiten der Monarchen, auf ihre Untertanen einzuwirken, waren dabei allerdings begrenzt, denn es gab weder eine zentrale Verwaltung noch Schulen oder Medien, um das Bewusstsein der Bevölkerung zu prägen. Die Ottonen etwa pflegten einen „ambulanten Regierungsstil", so der Historiker Große vom Deutschen Historischen Institut Paris. Auf Pferd und Wagen zogen die Könige in langen Trecks mit ihrem tausend Mann und wenige Frauen umfassenden Hofstaat von Pfalz zu Pfalz, loyale Truppen stets in der Nähe. Dort hielten die Herrscher dann Gerichts- und Hoftage ab. Waren die Vorräte aufgebraucht, ging es weiter. Den König solle man zum Freund, nicht zum Gast haben, sagte damals ein Sprichwort.

Wissenschaftler haben inzwischen die Routen der Herrscher rekonstruiert. In einem Großteil des Imperiums ließen sich diese nicht blicken. In dichter besiedelten Gebieten waren sie hingegen oft, teilweise jährlich präsent – Mainz, Speyer, Worms, Regensburg, Goslar – und stärkten so das Gemeinschaftsbewusstsein.

Bei aller Suche nach Anzeichen des Zusammenwachsens darf man freilich nicht aus dem Blick verlieren, dass es sich um einen graduellen Prozess handelte. Die Bauern und Handwerker orientierten sich an ihren Dörfern und Städten, nicht an einem Deutschland, von dem damals niemand hätte sagen können, wo es einmal liegen wird. Wenn es nicht die Einheit des Reichs gegeben hätte, die alles zusammenhielt, wären möglicherweise die deutschen Stämme in anderen Ethnien aufgegangen – so wie die im Mittelalter auf Rügen oder Zingst siedelnden Slawen allmählich von den Deutschen assimiliert wurden.

Es war also noch alles ungefestigt, als Otto I., ein stattlicher Mann mit rotschimmernden Augen, nach 15 Jahren Reichsherrschaft 951 zusätzlich König der Lombardei wurde und eine lombardische Königin-Witwe freite. Besitzungen im heutigen Norditalien kamen infolgedessen zum Reich, und das war es, was den Sachsen interessierte. Denn er – der sich keineswegs als Deutscher verstand – wollte Karl dem Großen nacheifern und strebte daher nach der Kaiserwürde, die seit einigen Jahrzehnten verwaist war und nur vom Papst in Rom vergeben werden konnte. Einfluss in Italien brachte ihn dem erhofften Ziel näher.

Als Papst Johannes XII., ein Lebemann auf dem Petersthron, in Bedrängnis geriet, bat er Otto um Hilfe. Mit einem gewaltigen Heer zog der 49-jährige Monarch über den Brenner, ließ sich am 2. Februar 962 in der St.-Peters-Basilika „in wunderbarem Ornat" (Chronist Liudprand von Cremona) krönen und schlug dann die Widersacher des Papstes in die Flucht.

Otto nannte sich fortan Herrscher des Römischen Reichs, obwohl dieses einige Jahrhunderte zuvor untergegangen war. Schon Karl der Große hatte einen solchen Titel getragen. Einem unter Christen verbreiteten Glauben zufolge zögerte der Fortbestand des Römischen Reichs den Weltuntergang hinaus. Der Prophet Daniel aus dem Alten Testament hatte nämlich vier Weltreiche vorausgesagt; dann würde der Antichrist kommen. Nach damaliger Zählung galt das Römische Reich als das vierte Imperium; Otto rettete also nach dieser Lesart die Menschheit – und erhob damit den Anspruch, über allen anderen Herrschern Europas zu stehen.

Ob der Griff nach der Kaiserkrone das Zusammenwachsen der Deutschen beschleunigte oder verzögerte, lässt sich nicht eindeutig beurteilen: Die neuen – kaiserlichen – Verpflichtungen der deutschen Könige ließen diese häufig südlich der Alpen weilen. Die Reichsfürsten nutzten die Gelegenheit und bauten ihre Macht aus. Hunderte Klein- und Kleinststaaten bildeten sich allmählich heraus. Die politische Zerrissenheit Deutschlands zeichnete sich ab.

Andererseits beförderten die Italienfahrten der deutschen Monarchen mit ihren Tausenden Begleitern das Gemeinschaftsbewusstsein. Denn in Italien – in der Fremde – wurden Alemannen, Bayern, Sachsen oder Franken als Einheit wahrgenommen und begannen, sich auch selbst so zu sehen. Das Kaisertum, urteilt der Berliner Historiker Joachim Ehlers, verhalf einem Denken zum Durchbruch, das die Stammesverbände „als Gemeinschaft der Deutschen begriff".

Bezeichnenderweise fielen die ersten nachweisbaren Sätze, in denen ein deutsches Selbstbewusstsein zum Ausdruck kam, 1001 in Rom. Ein Enkel Ottos des Großen wandte sich an rebellierende Römer mit den Worten: „Seid ihr nicht meine Römer? Euretwegen habe ich doch mein Vaterland, meine Verwandten, verlassen! Aus

Liebe zu euch habe ich meine Sachsen und alle Deutschen, mein Blut, preisgegeben!“

Die Südländer mochten die Herrscher aus dem Norden nicht sonderlich. „Schrecklich war ihr Anblick, krumm ihr Gang, wenn sie daherkamen“, notierte Benedikt von S. Andrea. Seine Landsleute nannten die ungeliebten Fremden „Theodisci“ oder „Teutonici“ – eine Anspielung auf die Teutonen, die einst über die Römer hergefallen waren. Damit gab es einen (lateinischen) Namen für die Vorfahren der heutigen Deutschen, der auch nördlich der Alpen Verbreitung fand.

Römer und Mailänder sahen in den „Teutonici“ eine zusammengehörende Gruppe, weil diese sich scheinbar einer gemeinsamen Sprache bedienten. In Wirklichkeit finden sich zahlreiche Belege, dass die „Teutonici“ einander nicht verstanden, weil die Unterschiede zwischen den Dialekten zu groß waren. Da es keine gemeinsame deutsche Schriftsprache gab, mussten Urkunden sogar übersetzt werden. Experten wie Peter Wiesinger aus Wien weisen denn auch den sprachlichen Verhältnissen „wenig nationale Einigungskraft“ zu.

Vielmehr erwies sich die Kirche im Frühmittelalter als die – neben dem Königtum – wohl bedeutendste Klammer des Reichs. Man kann darin eine Ironie der Geschichte sehen; ausgerechnet jene Institution trieb die Ethnogenese voran, die sich für das Heil der gesamten Menschheit zuständig erklärte.

Die Kirchenprovinzen überschritten Stammesgrenzen; der Mainzer Erzbischof etwa residierte über ein Gebiet, das von den Alpen bis vor Hamburg reichte. Der Dienst für den Herrn vereinte Menschen aus allen Regionen in Bischofsresidenzen oder in Klöstern wie der berühmten Benediktiner-Abtei in Sankt Gallen, deren Besitz zum Teil über das ganze Land verstreut war. Ein Bayer wurde Erzbischof in Trier, ein Franke Erzbischof in Köln.

Auf die Loyalität der Kirchenfürsten konnten die Ottonen zählen. Sie – und nicht der Papst – beriefen Bischöfe oder Reichsäbte und kleideten sie mit dem Amtsornat ein. Investitur – Einkleidung – wurde diese Personalpolitik genannt.

Doch 1046 übernahmen Reformer die Macht in Rom; die Kirchenzentrale war damals in katastrophalem Zustand. Mehrere Päpste hatten miteinander konkurriert, Ämterkauf war an der Tagesordnung gewesen. Immer selbstbewusster traten die Erneuerer auf, auch den deutschen Monarchen gegenüber. Reform-Papst Gregor VII. schrieb 1075 an den damals regierenden König Heinrich IV. aus dem Haus der Salier, er entbiete „Gruß und apostolischen Segen", vorausgesetzt, der Monarch „gehorcht dem Apostolischen Stuhl, wie es einem christlichen König ziemt". Als Heinrich IV. weiterhin Bischöfe nach Gusto einsetzen wollte, kam es zum Eklat: Der Oberhirte exkommunizierte den König. Er entband damit alle Untertanen Heinrichs vom Treueeid und verbot sogar, dem Herrscher zu dienen.

In Briefen an die Höfe Europas sprach das Kirchenoberhaupt vom „deutschen König", und das war abfällig gemeint. Heinrich sollte sich auf die Regionen beschränken, in denen „Teutonici" lebten, also auf das Reichsgebiet nördlich der Alpen. Kaiser hätte Heinrich dann nicht mehr werden können.

Wohl nichts trug damals so zur Verbreitung des Wortes „Teutonici" bei wie die päpstlichen Schriften. Auch deshalb datieren Historiker den ersten Schub der deutschen Nationsbildung auf die Jahrtausendwende. Denn schon bald benutzten viele, die den Machtanspruch der Kaiser bestritten, den „politischen Kampfbegriff" (Historiker Heinz Thomas): innenpolitische Oppositionelle ebenso wie konkurrierende Mächte. Das Bewusstsein unter den Deutschen, innerhalb des Reichs mit seinen vielen Völkern eine Einheit zu bilden, nahm zu und wurde politisiert.

Als deutsche Fürsten ebenfalls gegen Heinrich mobilmachten, lenkte der Monarch ein. Er pilgerte nach Italien zum Papst, um Reue zu zeigen. Da seine innenpolitischen Gegner die gut zugänglichen Pässe sperrten, musste der König mitten im Winter den gefährlichen Weg über die Westalpen wählen: „Sie krochen bald auf Händen und Füßen vorwärts, bald stützten sie sich auf die Schultern ihrer Führer, manchmal auch, wenn ihr Fuß auf dem glatten Boden ausglitt, fielen sie hin und rutschten ein ganzes Stück hinunter." So steht es in den Annalen des Lampert von Hersfeld.

In Canossa erwartete der Papst seinen Gegenspieler. Drei Tage soll der Kaiser „unbeschuht und in wollener Kleidung" im Burghof Buße getan haben; das berichtete zumindest die päpstliche Seite. Gregor hob den Bann schließlich auf. Der Streit über die Investitur wurde später mit einem Kompromiss beigelegt.

Für die Zeitgenossen war das Nachgeben Heinrichs ein folgenreiches Ereignis. Denn die Könige, von denen einige zuvor behauptet hatten, als „Vertreter Gottes" zu handeln, wurden mit dem Investiturstreit zu gewöhnlichen Laien. Die deutschen Kirchenfürsten nutzten diese Schwäche, um auf ihren Gütern auch politisch zu herrschen. Schon bald entstanden im Reich Dutzende Kirchenstaaten. Die Kleinstaaterei wurde auf unabsehbare Zeit zum Kennzeichen der deutschen Politik. Die Zeit des Investiturstreits gilt denn auch als eine verpasste Chance, um den gleichen Weg bei der Nationsbildung einzuschlagen wie etwa in Frankreich, wo die Kapetinger einen Nationalstaat mit einem machtvollen Regenten an der Spitze etablierten.

Die Vorfahren der Deutschen lebten stattdessen in einem locker gegliederten Reich mit vielen Völkern gemeinsam; sie siedelten schon bald über die Reichsgrenzen hinaus bis ins heutige Ostpreußen. Schon die Ausdehnung – des Reichs wie des Sprachraums – erschwerte das Zusammenwachsen. Und während die Île-de-France um Paris rasch zum kulturellen Zentrum aufstieg, fehlte es den Deutschen an einer vergleichbaren „Zentrallandschaft", auf die sich alle hinorientierten. Das Werden der Deutschen zog sich hin.

Sicher ist: Die meisten Menschen lebten und starben in unmittelbarer Nähe ihres Geburtsorts. Allerdings überschritten auch Zigtausende die Grenzen und lernten fremde Kulturen kennen: wandernde Gesellen, reisende Kaufleute, Wallfahrer und Kreuzzügler. Und die Menschen verhielten sich schon damals in der Ferne so, wie man es heute kennt: Sie scharten sich um die eigenen Landsleute. Die „Erfahrungen in der Fremde und gegen Fremde" waren „identitätsstiftend", schreibt der Heidelberger Mediävist Bernd Schneidmüller.

Als die Kreuzfahrer nach der Eroberung Antiochias 1098 über die Beute stritten, sortierten sich die Parteien sofort nach Volkszugehörigkeit. Chronist Radulf von Caen berichtet: „Wer hinzukam und dieselbe Sprache wie eine der Parteien redete, teilte mit ihr zusammen Schläge aus oder wurde unschuldig gemeinsam mit ihr verprügelt."

Deutsche Truppen nannten die Briten „perfide" – eine Schmähbezeichnung, die sich bis in die deutsche Propaganda im Ersten Weltkrieg hielt. Die Deutschen galten wiederum bei den anderen als wilde Schläger. 1181 drängte der Abt von Siegburg darauf, einen deutschen Erzbischof heiligzusprechen. Ein italienischer Kardinal spottete: „Aus deinem Land pflegen tapfere Krieger zu kommen, ich wundere mich, dass es bei euch auch Heilige geben soll."

Vor allem Franzosen und Deutschen gerieten oft aneinander. Die Deutschen seien ihm und seinen Landsleuten „unerträglich", stöhnte der französische Geschichtsschreiber Odo von Deuil (um 1100 bis 1162). Der Abt Ekkehard von Aura (gestorben nach 1125) notierte sogar, es gebe einen „naturgemäßen Hass" zwischen den Brudervölkern.

Für Wissenschaftler wie Ludwig Schmugge aus Zürich sind solche Fundstellen nicht erstaunlich. Feindbilder gehören dazu, wenn sich sogenannte In Groups bilden oder ausweiten. Und das taten die Deutschen.

Kleriker, Juristen, Publizisten, Geschichtsschreiber begannen im Mittelalter über den Werdegang der Deutschen nachzudenken. Darin steckt bereits die Annahme, dass es so etwas wie eine deutsche Geschichte gab. Wissenschaftler glauben denn auch, dass sich bald nach der ersten Jahrtausendwende erstmals eine Art Nationalgefühl herausgebildet hat.

Siegfried Müller

Im Hochmittelalter wuchs die auf deutschem Boden lebende Bevölkerung stetig an – bis die gebräuchlichen Rufnamen nicht mehr ausreichten, um einzelne Personen zu identifizieren. Weil immer mehr Menschen Siegfried oder Eberhard hießen, setzten sich ab dem 12. Jahrhundert ausgehend von den Städten allmählich Nachnamen durch, die etwa den Herkunftsort (Munzinger) oder den Beruf (Müller) bezeichneten. Erst im 19. Jahrhundert war die Verbreitung von Nachnamen im gesamten deutschsprachigen Raum abgeschlossen.

Wilde Geschichten über die Herkunft der Deutschen machten die Runde, oft verwoben mit antiken Mythen, und es scheint, dass mit politischer Absicht gezielt Legenden in die Welt gesetzt wurden, etwa das Annolied von 1080.

In der Lobeshymne auf Bischof Anno II. von Köln wird nämlich behauptet, dass römische Senatoren einst den edlen Cäsar loswerden wollten. Sie schickten ihn daher „wider Diutschiu lant". Der Imperator besiegte jedoch angeblich nacheinander Schwaben, Bayern, Sachsen und Franken und kehrte nach Rom zurück. Dort warfen intrigante Gegenspieler ihm vor, Legionen unnötig geopfert zu haben. Da machte sich Cäsar erneut nach Norden auf. Dieses Mal jedoch bat er die deutschen Fürsten („die dar in riche warin") um Hilfe gegen die ungetreuen Römer. Gemeinsam vertrieb man den Senat, und Cäsar herrschte fortan als Kaiser. Die 878 Verse enthielten eine politische Botschaft: Cäsar habe die Kaiserwürde den Deutschen zu verdanken, und diese hätten schon deshalb einen Anspruch auf den Imperatorenthron.

Es lässt sich nicht sagen, wie viele Menschen so etwas geglaubt haben. Aber Wissenschaftler, die Nationenbildungen analysieren, halten ein Geschichtsbewusstsein für eine unabdingbare Voraussetzung. Der Stolz auf Erreichtes in der Vergangenheit oder der Glaube an eine gemeinsame Herkunft verbindet.

Die deutschen Dynastien haben jedenfalls die „translatio imperii" – so hieß die Doktrin, der zufolge die Führung des Reichs von den Römern an die Deutschen übergegangen sei und nur ein Deutscher Kaiser werden dürfe – gegen Konkurrenten aus Paris und anderswo mit Geschick ins Feld geführt.

Vor allem die Staufer aus Schwaben, seit 1155 auf dem Kaiserthron, sahen sich als „Herren der Welt". Heinrich VI. (1165 bis 1197) erhob Ansprüche auf Tunis und Tripolis, wollte Frankreich beherrschen und das Oströmische Reich erobern. Sein früher Tod – er starb mit 31 Jahren an Malaria – ersparte Europa vermutlich manchen Feldzug.

Heinrichs Vater, Friedrich I., genannt Barbarossa, hatte sogar darauf gedrängt, den Papst bestimmen zu dürfen, was schließlich am Widerstand seiner Gegenspieler im In- und Ausland scheiterte. „Wer hat denn die Deutschen zu Richtern über die Nationen eingesetzt? Wer hat diesen rohen und gewalttätigen Menschen das Recht gegeben, dass sie nach Willkür einen Herrn über die Häupter der Menschenkinder setzen?“, empörte sich der englische Bischof Johann von Salisbury.

Solche Sätze können den Eindruck erwecken, die Staufer hätten nationale Anliegen verfolgt. Dem war nicht so. Friedrich Barbarossa und sein innenpolitischer Gegenspieler aus der Familie der Welfen zögerten nicht, Engländer und Franzosen in ihren Machtkampf zu ziehen. Über die Besetzung des deutschen Throns wurde später sogar im Ausland entschieden. Erst der Sieg der Franzosen über die Engländer 1214 bei Bouvines in Flandern machte den Weg frei für den Staufer Friedrich II.

Der Enkel Barbarossas wuchs in Sizilien auf, damals ein Schmelztopf der Kulturen. Auf der Insel errichtete er den wohl modernsten Staat Europas mit einer straffen Verwaltung und arabischen Wissenschaftlern am Hofe. Über die Alpen ist er nur zweimal gezogen, und er versetzte dabei seine Untertanen in Erstaunen, weil er mit Elefanten, Kamelen und einer Giraffe reiste. „Stupor mundi“, das „Staunen der Welt“, wurde er genannt. Mit Deutschland und den Deutschen hatte er wenig im Sinn.

Zerrieben zwischen Weltmachtanspruch und aufmüpfigen heimischen Fürsten, gaben die Staufer die Privilegien der Krone aus der Hand. Friedrich II. verzichtete auf Gesetzgebung und Justiz in großen Teilen des Reiches und trat dem König zustehende wirtschaftliche Sonderrechte ab, um die Nachfolge seines Sohns durchzusetzen.

Doch alle Versuche, ein Erbkaisertum einzurichten, scheiterten. Die Staufer und ihre Nachfolger mussten sich weiterhin wählen lassen, und die zeitweise gut hundert wahlberechtigten Reichsfürsten achteten darauf, dass keine Familie zu lange regierte und zu viel Macht erlangte. Die große Dynastie wie die Plantagenets in England und die Kapetinger in Frankreich, an die sich nationales Bewusstsein anlagern konnte, fehlt daher in der mittelalterlichen deutschen Geschichte.

An ihre Stelle ist die Sprache getreten, und die Gelehrten sehen darin einen wesentlichen Unterschied zu Frankreich: Das deutsche Wir-Bewusstsein, urteilt der Baseler Literaturhistoriker Rüdiger

Schnell, war ethnisch, das der Franzosen territorial geprägt. Der Unterschied zeigte sich schon bei der Namensbildung. Zuerst gab es das Wort „la France“, und wer dort lebte, war ein „François“. Weiter östlich hingegen sprach man von „Diutisce“; der Begriff „Teutschland“ für die Gebiete, in denen Deutschsprachige wohnten, bürgerte sich später ein.

Als deutsche Publizisten am Ende des Mittelalters über den Verlauf der Grenzen nachdachten, argumentierten sie daher, das „gantz Teütschland“ reiche „so weit die Teütsch spraach gehet“ – eine folgenreiche Festlegung. Denn der deutsche Sprachraum umfasste schon damals einen beträchtlichen Teil Europas. Die im 19. und 20. Jahrhundert von großdeutschen Ideologen (wie Adolf Hitler) erhobene Forderung, alle Deutschen in einem Staat zu einen, lief infolgedessen darauf hinaus, den mächtigsten Staat des Alten Kontinents zu schaffen.

Doch im Mittelalter passte die Aufwertung der Sprache in die Zeit. In lateinischen Wörterbüchern und Texten für den Grammatikunterricht mehrten sich deutsche Wörter. 1235 wurde erstmals ein Reichsgesetz auch in deutscher Fassung erlassen. Und der „Sachsenspiegel“, die damals bedeutendste Sammlung des Gewohnheitsrechts, enthält Sätze wie: „Iewelk man, den man sculdeget, mach wol weigeren to antwardene, men ne sculdege ene an der sprake de ene angeboren is.“

Zu Neuhochdeutsch:

„Jeder Mann, der beschuldigt wird, kann wohl die Antwort verweigern, wenn man ihn nicht in der Sprache beschuldigt, die ihm angestammt ist.“

Der Aufschwung des Deutschen hatte strukturelle Gründe. Immer mehr Städte blühten auf und brachten ein selbstbewusstes Bürgertum hervor, das im Appell an die übergeordnete Idee der Nation eine Möglichkeit sah, sich vor den Begehrlichkeiten der Fürsten und Grafen zu schützen, wie der Hamburger Historiker Sven Tode berichtet.

Universitäten wurden gegründet, 1348 auch die erste deutsche Hochschule in Prag. Die Zahl der Analphabeten nahm ab, und daher wurden zahlreiche Texte jetzt auf Deutsch verfasst. Dann revolutionierte Gutenberg die Druckkunst, Bücher und Flugblätter wurden ein Massengut. Die mittelalterliche Welt zerbrach, und mit dem Bildungsstand änderte sich im 15. Jahrhundert auch das Verhältnis der Deutschen zur eigenen Nation.

Der Wandel lässt sich daran ablesen, dass die öffentliche Meinung es nicht mehr als abwertend empfand, wenn der Kaiser vom Ausland als „deutsch“ bezeichnet wurde. Während des Investiturstreits im 11. Jahrhundert hatte man es als Demütigung wahrgenommen, um 1480 sahen Fürsten, Bürgermeister, Gelehrte darin eine Auszeichnung. Voller Stolz fügten die Schreiber der Kanzleien dem Titel „Heiliges Römisches Reich“ den Zusatz „Deutscher Nation“ an. Monarchen des Reichs, die sich in der neuen Zeit zu oft in Italien aufhielten, riskierten sogar ihren Sturz, weil sie das „Vaterland“ vernachlässigten.

Ausdrücklich musste Karl V. bei seiner Wahl zum Kaiser 1519 versprechen, alle Reichsämter mit Deutschen zu besetzen. Um Karls Kandidatur abzusichern, hatte seine Tante Margarethe von Savoyen bezeichnenderweise getrickst. Sie ließ deutsche Briefe von Karl herumzeigen, die belegen sollten, dass der in Gent geborene spanische König der deutschen Sprache mächtig sei; dabei hatte Karl die Worte nur nachgemalt.

Die Fähigkeit nahm zu, die eigene Identität zu reflektieren. Der Nationsbegriff wurde zur politischen Welteinteilung gebraucht – und er wurde gezielt zur politischen Propaganda eingesetzt. Nachdem die Türken 1453 Konstantinopel erobert hatten, stritten die Kurfürsten und der kaiserliche Sekretär auf dem Reichstag in Regensburg über die richtigen Schritte zur Gegenwehr – und beide Seiten warfen sich vor, die deutsche Nation im Stich zu lassen.

Bald darauf trommelten die Kaiserlichen im Krieg gegen die Burgunder, man müsse deren Fremdherrschaft abwehren, es gehe um Wohl und Wehe der Nation. Erstmals nach Jahrzehnten schickten Fürsten, Adel, Städte aus allen Himmelsrichtungen ihre Truppen.

Auch deutsche Kirchenleute taten sich zusammen, weil sie sich von der Zentrale in Rom übervorteilt fühlten. Rasch wurde daraus ein ständeübergreifender Protest gegen das fremde – italienische – Papsttum. An der Spitze der Bewegung stand eine kleine Gruppe

Gelehrter aus dem Kreis der sogenannten Humanisten, zumeist aus den süddeutschen Reichsstädten. Statt am Weltbild der Kirche orientierten sich diese Intellektuellen an antiken Idealen und warben für die Veredelung des Menschen durch Bildung. Was bei ihnen als antirömischer Protest begann, lud sich rasch national auf.

Die Männer (es war keine Frau darunter) feierten das Deutschtum in einer Weise, die gelegentlich ans 20. Jahrhundert erinnert. Der Elsässer Jakob Wimpfeling etwa prahlte, dass die Deutschen auf der ganzen Welt keine Rivalen zu fürchten brauchten. Und ein anderer Humanist forderte, alle deutschen Siedlungsgebiete bis hin nach Siebenbürgen im heutigen Rumänien von Fremdherrschaft zu befreien – de facto die deutsche Vorherrschaft in Europa.

Aber es gab auch sympathische Züge von Nationalstolz. Die Humanisten plädierten für einen Wettbewerb der Nationen und freuten sich, dass ein Deutscher – Gutenberg – die beweglichen Lettern erfunden hatte. Und sie begeisterten sich in einer Weise für die deutsche Sprache, dass sich Kaiser Friedrich III. (1415 bis 1493) von der Euphorie anstecken ließ und nach antikem Vorbild einen Wettbewerb für deutsche Dichtung ausrief. Der Sieger bekam einen Lorbeerkranz. Man wird nie wissen, wie die deutsche Geschichte verlaufen wäre, wenn solche Humanisten mit ihrer Mischung aus Nationalstolz und Chauvinismus die weiteren Ereignisse bestimmt hätten.

Es sei etwas Köstliches um das Glück, Deutscher zu sein und im gesegneten deutschen Land zu wohnen, jubelte Wimpfeling. Diese Zeilen erschienen 1502, und Wimpfeling ahnte nicht, dass die tiefste Spaltung Deutschlands in seiner Geschichte unmittelbar bevorstand: durch die Reformation.

„FATER UNSEER"

Der „Codex Abrogans", das älteste deutsche Buch

Von Klaus Wiegrefe

Die Mönche waren sich des großen Augenblicks offenkundig nicht bewusst. Sie wählten Pergament mit Löchern, die von Insektenstichen stammten. Sie schmückten nur wenige Buchstaben mit Ornamenten, anders als bei Prachthandschriften, wie sie sonst im Mittelalter entstanden. Sie banden die 320 Seiten zwischen hölzerne Buchdeckel, die billigste Variante.

Heute ist der Band unbezahlbar, denn es handelt sich um das erste Buch in deutscher Sprache. Es liegt hinter Stahltüren verschlossen im ehemaligen Weinkeller der Klosterbibliothek St. Gallen. Wer darin blättern möchte, muss Handschuhe überziehen, damit das Fett der Haut nicht die Schrift beschädigt. Mit einer Kordel beschwert man dann die aufgeschlagenen Seiten; es ist streng verboten, diese mit der Hand herunterzudrücken.

Aus Sicht der Kirchenleute des 8. Jahrhunderts enthält das wertvolle Stück einen Gebrauchstext. Sie wollten ihr Latein verbessern und griffen dazu auf den Inhalt eines Synonym-Wörterbuchs in der Sprache der Römer zurück. Zu den lateinischen Begriffen notierten sie dann Übersetzungen, etwa „samftmoati" („sanftmütig") für „humilis" oder „frihals" („Befreiung") für „libera". Gut 3200 althochdeutsche Wörter sind auf diese Weise überliefert. Und da am Ende noch einige leere Blätter übrig waren und auch schadhaftes Pergament einen Wert hatte, kritzelten die Mönche ein lateinisches Traktat, das Glaubensbekenntnis sowie ein Vaterunser zwischen die Löcher. Dessen erste Zeilen („Vater unser im Himmel. Geheiligt werde Dein Name. Dein Reich komme. Dein Wille geschehe, wie im Himmel so auf Erden") lesen sich wie folgt:

„Fater unseer thu pist in himile uuihi namun dinan. qhueme rihhi din uuerde uuillo diin so in himile sosa in erdu."

Experten vermuten, dass das Wörterbuch nach 750 im Südwesten des deutschen Sprachraums, vielleicht im Elsass, entstand. Nach St. Gallen kam es wahrscheinlich, weil das Kloster im Frühmittelalter ein Zentrum europäischer Hochkultur war. Alemannische Adlige hatten dem Stift große Besitzungen geschenkt; sie wollten ihr Eigentum dem Zugriff des karolingischen Reiches entziehen, das die Franken dominierten, und zugleich etwas für ihr Seelenheil tun.

Bald war der Konvent so wohlhabend, dass er sich ein Skriptorium, eine Schreibwerkstatt, leisten konnte, in der zeitweise Dutzende Mönche Bücher verfassten. „Ganze Schafherden sind hier verarbeitet worden", sagt Theres Flury, wissenschaftliche Bibliothekarin in St. Gallen. Je mehr Bücher – und damit Wissen – gesammelt wurden, umso größer war die Anziehungskraft auf die klugen Köpfe der Zeit. Das 9. Jahrhundert gilt denn auch, so Flury, als goldenes Zeitalter der Abtei.

Die Bildung lastete damals auf den Schultern der Kirche. Mönche übernahmen es, Wörter aus dem Fränkischen oder Bayerischen erstmals niederzuschreiben, was keine einfache Aufgabe war. Die „rohe Sprache" des Volkes verlange „drei u nebeneinander", klagte etwa Otfried von Weißenburg, ein Priestermönch und Schriftsteller.

Der bäuerliche Alltag prägte die Ausdrucksweise. Wörter für Dinge, die man nicht kannte, übernahm man. Von den Römern stammen die Lehnwörter Birne oder Kirsche; von den schmiedekundigen Kelten kommen Bezeichnungen wie Ofen und Blei. Für abstrakte lateinische Begriffe mussten die Mönche Wörter erfinden. Bei „misericordia" verfielen sie auf mindestens neun Varianten, darunter „Miltnissa" und „Irbarmherzi", ehe sich irgendwann „Barmherzigkeit" durchsetzte.

Auch in dem ältesten deutschen Buch sind Spuren mönchischer Kreativität zu entdecken. Es zeigt sich schon beim ersten Eintrag „Abrogans" („sich aufhebend" oder „abbittend"), der dem Codex in Fachkreisen den Namen gab. Die Verfasser übersetzten es als „dheomodi", zu Neudeutsch demütig.

ERFUNDENE AHNEN

Was der römische Autor Cornelius Tacitus über die Germanen schrieb, war reine Fiktion.

Von Georg Bönisch

Ruck, zuck sollte es gehen, ran an den Feind und weg. Dem Kommando der SS war ein außergewöhnlicher Auftrag erteilt worden: Papiere zu stehlen, ganz alte Papiere.

Ort des geplanten Zugriffs im Oktober 1943 war der Palazzo des Grafen Balleani bei Jesi nahe Ancona, 15 Kilometer von der Adria entfernt. Gerade waren aus Verbündeten Feinde geworden; Hitlers Truppen hatten einen Großteil Italiens besetzt, aus dem Süden rückten alliierte Befreier heran.

Und so drang im fünften Kriegsjahr die SS Richtung Küste vor, um eine Handschrift ins Reich zu holen. Es handelte sich um ein schmales Werk des römischen Schriftstellers Cornelius Tacitus, das die meisten Verfechter klassischer Bildung nur unter seinem Kurznamen kennen – „Germania". Der richtige Titel lautet länger: „De origine et situ Germanorum" (Über die Herkunft und die Lage der Germanen).

Schon die deutschen Humanisten des 15. Jahrhunderts, dann auch die Nationalisten des 19. Jahrhunderts hielten große Stücke auf das Büchlein. Und auch heute noch ist hierzulande die Überzeugung verwurzelt, Tacitus habe historisch korrekt von den Ursprüngen Deutschlands berichtet, mit einem Mann im Mittelpunkt, den er nur wenig später in seinen „Annales" beschrieb: Arminius, der edle Recke, der für die vermeintliche Einheit seines vermeintlichen Volkes und für dessen vermeintliche Tugenden stand – Tapferkeit, Treue, Tüchtigkeit.

Unter Arminius' Befehl war im Jahre 9 nach Christi Geburt eine römische Armee mit wohl 20 000 Soldaten besiegt worden, die Quinctilius Varus angeführt hatte; das stimmt. Richtig ist auch, dass alsbald in Rom der greise Kaiser Augustus wehklagte: „Varus, gib die Legionen zurück!"

Umstritten ist hingegen immer noch, wo denn diese Schlacht mit über 10 000 Toten stattfand. Es könnte im Teutoburger Wald gewesen sein. Oder am Kalkrieser Berg bei Osnabrück.

Gänzlich daneben jedoch liegt, was der Altertumsforscher Eduard Norden vor fast 100 Jahren über die „Germania“ schrieb: dass sie nämlich „unserem Volke als Patengeschenk in die Wiege seiner vaterländischen Geschichte gelegt“ worden sei.

Was Tacitus als Land zwischen „Rhein und Donau“ verortete, ist ein „Konstrukt“, sagt der Geschichtsforscher Michael Werner. „Ein Volk, das sich Germanen nannte“, ergänzt dessen Kollege Walter Pohl, „hat es vielleicht nie gegeben.“ Und damit können sie auch kaum die ersten Deutschen gewesen sein. Wo heute Deutschland liegt, gab es Friesen, Semnonen, Chatten, auch Sugambrer, Triboker, Vangionen oder Ubier – und Cherusker, deren Anführer zeitweilig eben Arminius war.

Dass Tacitus „Germanien“ aller Wahrscheinlichkeit nach nicht kannte, ist längst historische Erkenntnis. Was er schrieb über dessen Bewohner, hatte er ganz offenbar, so der Publizist Werner M. Doyé, einem „Fundus ethnografischer Topoi“ entnommen, die seit den Griechen für die Beschreibung barbarischer Völker üblich waren – und deshalb ohne jeden Beweiswert sind.

Vielleicht wäre die „Germania“ zu Staub geworden, hätte nicht ein Mönch Mitte des 9. Jahrhunderts eine Abschrift angefertigt, ob vom Original, ob von einer Kopie. Dieses Papier schlummerte noch einmal sechs Jahrhunderte lang im Archiv – bis 1425. Da meldete der findige Manuskriptjäger Poggio Bracciolini einem Freund nach Rom, er habe in einem deutschen Kloster die Tacitus-Schrift studiert. Papst Nikolaus V., immer scharf darauf, interessante Dokumente für die vatikanische Bibliothek zu ergattern, schickte einen Rechercheur nach Norden – Enoch von Ascoli, Spezialist für antike Texte.

Tatsächlich kehrte dieser mit der „Germania“ nach Rom zurück, sein Auftraggeber aber war mittlerweile verstorben. Weil Enoch nach der langen Reise dringend Geld brauchte, verkaufte er sie einem Interessenten aus Perugia, der den Text abschreiben und 1470 in Venedig drucken ließ; hier verlieren sich die Spuren des Kloster-Manuskripts. Die Abschrift jedoch wurde in der Bibliothek jenes Palazzos nahe Jesi deponiert – und von der lateinischen Ortsbezeichnung hat sie auch ihren Namen: „Codex Aesinas".

Einer der Ersten, der mit der phantastischen „Germania" Politik machte, war der Dichter und päpstliche Gesandte Giovanni Campano. Auf dem Reichstag zu Regensburg 1471 umgarnte Campano die Gastgeber, indem er eine hintersinnige Rede über die deutsche Geschichte hielt – schließlich habe schon Tacitus die militärischen Fähigkeiten der Germanen gelobt und deren Freiheitsliebe. Mit dieser Schmeichelei wollte der gelehrte Mann nur eines erreichen: die deutsche „Nation" gewinnen für den Kampf gegen die Türken.

Was er wirklich von den Menschen im Norden hielt, schrieb er in Briefen nieder – nämlich nichts. Auch die Nachfahren der Germanen seien kulturlos, ihr Essen übel, das Wetter entsetzlich. Solcherlei Herablassungen waren es, die den Patriotismus der Humanisten befeuerten, vor allem bei Conrad Celtis, einem wichtigen Intellektuellen seiner Zeit. Fast 1500 Jahre lang hatten die Germanen und ihr Chefstratege Arminius kaum Interesse gefunden, nun aber wurden sie, sagt Pohl, verklärt – bis hinein ins „heroische Gegenbild zum bedauerlichen Zustand des Reiches".

Celtis drängte seine Landsleute, Arminius' Schatten beschwörend: „Macht euch, deutsche Männer, die Sinnesart eurer Ahnen zu eigen. Wendet eure Augen zu den Bastionen Deutschlands und fügt seine zerrissenen und auseinandergezogenen Grenzen wieder zusammen." Arminius stieg auf zum „Befreier Germaniens", dessen militärische Leistung gleichgesetzt wurde mit der eines Alexander des Großen.

Als dann auch Celtis' Humanistenkollege Ulrich von Hutten um 1515 bei einem Rom-Besuch in den „Annales" von den vermeintlichen Taten in grauer Vorzeit las, entwarf er gar das Bild eines ersten Helden deutscher Geschichte. Beleg für ihn war die Tacitus-Bewertung, jener Arminius habe es gewagt, das „römische Volk auf dem Höhepunkt seiner Macht anzugreifen" – und nicht „etwa in seinen ersten Anfängen, wie andere Könige und Heerführer es taten". Hutten orientierte sich an der Varusschlacht; es war Arminius' größter Sieg, ansonsten hatte er nur wenig Erfolg.

Es gehört in die Zwangsläufigkeit nationaler Geschichte, dass der lateinische Namen Arminius eingedeutscht wurde. Plötzlich war er da – Hermann nämlich, Hermann der Cherusker. Vielleicht war Martin Luther der Urheber. Über „Arminio“ schrieb er nämlich: „Wenn ich ein poet wer, so wolt ich den celebriren. Ich hab in von hertzen lib. Hat hertzog herman geheissen.“

Germania – dieser Begriff wurde seinerzeit schlankweg erklärt als Verdichtung von „verum germen nobilitatis“, was übersetzt heißt: „wahrer Keim aller Vortrefflichkeit“. Und besonders vortrefflich schien den Kommentatoren der Renaissance der Hinweis von Tacitus, Germanen seien „nicht durch die Zuwanderung anderer Völker vermischt“ worden – ein Gedanke, der später ideologische Stoßkraft erhielt und, so formuliert es der britische Forscher Simon Schama, in der „tödlichen Obsession der Nazi-Tyrannei“ sein Ende fand.

Die Nazis schufen in ihrer SS ein eigenes Amt, das sich auch mit dem falschen Wurzelwerk der deutschen Vergangenheit beschäftigte: „Ahnenerbe“ hieß es. Und vermutlich waren dessen „Forscher“ begierig, den „Codex Aesinas“ in die Hände zu bekommen.

Der Trupp aber, der 1943 im Palazzo Balleani aufkreuzte, fand nichts, die „Germania“ war anderswo versteckt; heute liegt sie in der Nationalbibliothek zu Rom. Wohl aus Wut, berichteten später Familienangehörige, hätten die SS-Leute das Mobiliar zerstört, Gemälde, Fresken und Mosaiken – Wandalen gleich. Und dieses Wort besitzt eine eigenartige Symbolkraft.

BESUCH AUS DER GRAUZONE

Die Geschichte der Deutschen ist ohne Slawen nicht denkbar: Die Heiden aus dem Osten kamen aus dem Dunkel der europäischen Welt und hinterließen einen Hauch von Kultur und Demokratie.

Von Manfred Ertel

So müssen sich frühe deutsche Christen das Jüngste Gericht oder zumindest den heiligen Zorn Gottes vorgestellt haben: Wilde Horden fallen über unschuldige Lehnsherren, Bauern und ihre Familien her. Hütten und Äcker werden niedergebrannt, Vieh und Menschen massakriert. Zurück bleiben Verwüstung, Tod und Teufel.

Es ist das Jahr 983, als das Römische Reich in deutschen Landen derart in seinen Festen erschüttert wird. Am 29. Juni steht der Bischofssitz Havelberg nahe der Elbe, am 1. Juli der von Brandenburg in Flammen.

Die „Barbaren“ aus dem Osten setzten sogar über die Elbe, plünderten das Kloster Kalbe an der Milde, nahe dem heutigen Salzwedel in Sachsen-Anhalt, und zerstörten zahlreiche Dörfer. Sie verwüsteten Hamburg, das Bistum Aldenburg, in Ostholstein gegenüber Fehmarn gelegen, wurde plattgemacht. Nur durch hastige Flucht gen Westen konnten sich viele kirchliche Würdenträger und politische Repräsentanten retten.

So überraschend kommt der Ansturm der Angreifer, dass Geschichtsschreiber noch Jahre später über die Frage philosophieren, „wer sie sind und woher sie kommen“, wie es Bischof Thietmar von Merseburg, Chronist seiner Zeit, Anfang des nächsten Jahrhunderts formulierte.

Der Angriff, der als Wendenaufstand in die Geschichtsbücher einging, wurde geführt vom slawischen Volk der Lutizen. So nannte sich ein Bündnis mehrerer kleinerer Stämme, die bis dahin weitgehend unbeachtet vor allem in Mecklenburg und Vorpommern zwischen unterer Warnow, Peene und Havel siedelten.

Die Lutizen waren Heiden wie die meisten Slawenstämme damals. Sie huldigten Göttern wie Swantewit, dem vierköpfigen Kriegsgott. Seine kolossale Götzenstatue, die auch vor Ernten angebetet wurde, stand in der Jaromarsburg auf Rügen hoch über den Klippen – eine Nachbildung lockt bis heute die Insel-Touristen nach Kap Arkona.

Auch Swarozic wurde besonders gern angehimmelt, ein früher Slawengott des Feuers und des Lichts, der vermutlich in der legendären Kultstätte Rethra verehrt wurde. Dieses hölzerne, mit Götzenstandbildern gespickte Heiligtum lag wohl im Süden des mecklenburgischen Tollensesees.

Wie viele andere Stämme kannte auch der Lutizenbund keine monarchische oder zentralistische Führung. Die slawischen Völker scharten sich vielmehr in kleinen Gruppen um einzelne Burgen, die politische Macht oblag Vollversammlungen. Eine Einschränkung ihrer Autonomie lehnten die Stämme ab und damit auch jede Bevormundung durch König und Kirche. Deshalb wehrten sich die Lutizen gegen alle Bemühungen, die Gebiete östlich der Elbe unter kaiserliche Herrschaft und die Bibel des Papstes zu zwingen. Zuletzt, mit der Axt in der Hand, griffen sie sogar die Heimat der christlichen Eroberer an.

Der Slawenaufstand von 983 war mehr als nur ein Machtkampf um Herrschaftsansprüche. Mit ihm verbreitete sich zugleich die Erkenntnis, dass das Reich der deutschen Monarchen und Kirchenfürsten im 10. Jahrhundert ein höchst fragiles Multikulti-Gemisch war – und keinesfalls ein Deutschland einig Vaterland, wie es später national gesinnte Historiker so gern gesehen hätten. Friesen und Franken zählten dazu, Alemannen, Thüringer oder Bayern, Sachsen und eben auch Slawen. Die meisten von ihnen waren Christen – viele aber nur mit Hilfe des Schwerts bekehrt.

Mit eiserner Hand hatten Karl der Große (747 bis 814) und die ihm nachfolgenden Herrscher die Völker unter die Knute von Kirche und Krone gezwungen. Massentötungen, Deportationen, Zwangstaufen, drakonische Gesetze und „Einkirchungen" in ein engmaschiges Reichskirchensystem – das war das politische Programm, mit dem 200 Jahre lang das Reich erweitert und zusammengehalten wurde.

Mit dem Wendenaufstand fand dieser Kurs ein jähes Ende. Die Slawen schüttelten die deutsche Oberherrschaft für rund 150 Jahre ab – die vielleicht wichtigste Zäsur in der frühen gemeinsamen Geschichte von Deutschen und Slawen.

Diese begann wohl im 6. Jahrhundert. „Gleichsam aus dem Dunkel der Geschichte“, so ein Historiker, wanderten slawische Stämme in Gegenden ein, die von germanischen Stämmen zum Teil lange vorher verlassen worden waren. So kamen zum Beispiel Slawen über Böhmen und Mähren nach Mitteldeutschland. Sie folgten der Elbe bis Magdeburg und schwärmten aus ins Havelland. Andere siedelten sich zwischen Saale und Mulde an oder zogen hoch in den Norden.

Ende des 6., Anfang des 7. Jahrhunderts bildeten die am weitesten vorgedrungenen Slawenvölker, die sogenannten Elbslawen, drei große Familien:

- Die Abodriten (manchmal auch Obodriten genannt) im Norden, zwischen Ostholstein und Mecklenburg,
- die Wilzen in Vorpommern und Ostmecklenburg und
- die Sorben zwischen Elbe und Saale.

Das waren allerdings nur die großen Linien. Tatsächlich gab es „die“ Slawen ebenso wenig wie „die“ Germanen. Historiker registrierten Dutzende slawischer Stämme und Völker im frühen Mittelalter auf einem später zu Deutschland zählenden Gebiet oder in unmittelbarer Nachbarschaft: die Ranen auf Rügen oder die Wolliner am Stettiner Haff, die Wagrier zwischen Trave und Kieler Förde oder die Pomoranen zwischen der Oder- und der

Rügen

Die Ostseeinsel ist ebenso sagen- wie geschichtsumwoben. Zu römischen Zeiten sollen hier die Rugier gesiedelt haben, ein Germanenstamm, es folgten die im Ostseegebiet als Seeräuber gefürchteten Ranen (Slawen), ihr religiöses Zentrum war das heutige Kap Arkona. Dann kamen die Dänen, Schweden und Preußen. Dennoch, die Wortführer der Romantik verklärten die Insel als urdeutsch. Der Dichter und Nationalist Ernst Moritz Arndt, der 1769 hier geboren wurde, pries das „Germanische im höchsten Norden“.

Weichselmündung, die Daleminzier zwischen Mulde und Elbe oder die Ukranen in der Uckermark.

Für rund 50 000 Slawen dürfte die Region zwischen Elbe und Oder um das Jahr 800 ein Zuhause gewesen sein, und es wurden immer mehr. Sie nannten ihre germanischen Nachbarn „Nemzy", die Stummen, weil sie diese nicht verstehen konnten.

Das Abendland nahm von den zersplitterten Stämmen und Stammeslinien der Slawen anfangs kaum Notiz. Die Landstriche jenseits der Elbe galten lange als „Grauzone", so der polnische Historiker Aleksander Gieysztor, eine scheinbar gesichts- und geschichtslose Pufferzone zwischen den beiden großen europäischen Mächten des frühen Mittelalters, dem Frankenreich im Westen und dem Byzantinischen Reich im Südosten des alten Kontinents.

Es war paradoxerweise vor allem „die scheinbar ‚demokratische' Lebensweise der Slawen", so der Greifswalder Professor für osteuropäische Geschichte, Christian Lübke, die das mangelnde Interesse an den Nachbarn im Osten begründete. Ihre losen Stammesgesellschaften bildeten keine geschlossene Macht und waren damit kein ernsthafter politischer Faktor. Sie unterstanden auch keinem allgewaltigen Herrscher, kreierten keine eigenen Epochen oder Zeitenwenden. Frühe Chronisten wie der byzantinische Geschichtsschreiber Prokop von Kaisareia zeigten sich denn auch zuallererst erstaunt über die Fremden, die da offenbar „seit alters her in einer demokratischen Ordnung" lebten.

Nicht viel ist aus dieser wundersamen Zeit überliefert. Noch immer sind die archäologischen Beutestücke im Vergleich zu anderen wissenschaftlichen Erkundungsarbeiten eher dürftig. Nur selten förderten Ausgrabungen Schätze zutage wie jenen, der 1973 in Ralswiek auf Rügen gefunden wurde. Die 2200 orientalischen Silbermünzen und vier Eichenboote aus dem Mittelalter belegen, dass die Insel damals einer der bedeutendsten Handelsplätze entlang der Ostsee war.

Immerhin lassen etliche Ortsnamen östlich der Elbe mit typisch slawischen Endungen, etwa auf -ow wie Wustrow oder Kummerow, auf ein Verschmelzen der beiden Volksgruppen schließen. Für Städte- und Landschaftsnamen, deren Wortstamm vom Begriff

„Wenden“ abgeleitet wird, gilt das ebenso. Wendisch Evern in Niedersachsen ist ein Beispiel, Wenddorf in Sachsen-Anhalt oder Wendisch Waren in Mecklenburg-Vorpommern sind andere.

Wenden – das ist die wohl älteste und populärste Sammelbezeichnung für alle westslawischen Stämme, die sich auf deutschem Boden niederließen. Auch das Wendland, heute wieder Hochburg des Widerstands, diesmal gegen die Atomenergie, bekam von daher seinen Namen. Dort siedelte das Volk der Drewanen, auch Drawänopolaben genannt.

Fast alle größeren Orte im Wendland sind slawischen Ursprungs, was die Anordnung der Hofstellen noch heute deutlich erkennen lässt. Diese sind in der Form eines Halbkreises oder eines Hufeisens um einen runden Platz angelegt, daher spricht man von Rundlingsdörfern. Eine „besondere Stellung“ nahm die Weinberg-Burg in Hitzacker ein, fand der Göttinger Ur- und Frühgeschichtler Karl-Heinz Willroth heraus. Hier konzentrierte sich die politische Macht des Wendlands und „hier entwickelte sich ein bedeutsames wirtschaftliches Leben“ für die Region.

Handwerker, die sich ab dem 8. Jahrhundert nahe der Burg am Elbe-Nebenfluss Jeetzel niederließen, kultivierten eigene Formen der Horn- und Knochenverarbeitung etwa für Kämme oder bei der Glasperlenproduktion. Ein slawisches Idiom, das Drawänopolabisch, war im Wendland – ähnlich wie Sorbisch in der Lausitz heute noch – bis ins 18. Jahrhundert verbreitet.

Wo slawische Einwanderer besiedelte Landstriche vorfanden oder wirtschaftliche Erfordernisse es einfach geboten, funktionierte die gegenseitige Annäherung und Integration oft reibungslos. Die sogenannten Main- und Rednitzwenden lebten schon zu Zeiten Karls des Großen am oberen Mainlauf.

Im Oder-Delta bei Wollin zeugen archäologische Funde von einem Handelsplatz für Christen und Heiden, in dem Sachsen und Slawen, Griechen, Friesen, Dänen und andere Stämme miteinander auskamen. Chronisten wie Adam von Bremen, im 11. Jahrhundert Geschichtsschreiber des Erzbistums Hamburg-Bremen, hielten diese multiethnische Zusammenballung vorübergehend gar für die „größte von allen Städten, die Europa birgt“. Auch zwischen Elbe und Saale lebten Slawen häufig „auf engstem Raum mit deutschen Nachbarn", fand Historiker Lübke heraus, so dass die Begegnung zwischen deutschen Christen und Heiden oft „weitgehend zur Normalität" wurde.

So war es auch mehr als nur eine rhetorische Floskel, als der ehemalige Ministerpräsident Manfred Stolpe vor einigen Jahren seine Brandenburger fragte: „Wer von uns hat keine wendische Großmutter?" Tatsächlich werden die Wurzeln vieler Deutscher vor allem durch ihre Familiennamen dokumentiert. Endungen auf -cki oder die Verkleinerungsform -ke wie bei Dutschke sind geradezu typische Merkmale.

Altehrwürdige deutsche Städte und Örtchen, die in keinem Tourismusführer fehlen, haben ihre historischen Wurzeln in der slawischen Siedlungstradition. Wo heute Winnetou und Old Shatterhand am Bad Segeberger Kalkberg gegen das Böse kämpfen, bauten Slawen 1134 die Siegesburg und begründeten so die Geschichte der heutigen Kreisstadt. Unter den Abodriten entstanden in Starigard (Oldenburg in Holstein) und Wiligard (Mecklenburg) die ältesten Seehäfen der Region.

Man lernte voneinander und profitierte gegenseitig. Ausgrabungen in Oldenburg belegen, dass Slawen von den Franken Rituale früher diplomatischer Kultur übernahmen, mit glanzvollen Gelagen und repräsentativen Geschenken. Slawische Makler verhandelten andererseits bereits im 8. Jahrhundert Geschäfte für das Kloster Lorsch an der Bergstraße, slawische Knechte und Mägde dienten im bayerischen Kloster Kremsmünster.

Deutsche Handwerker wiederum guckten sich Techniken und Künste ab. So lassen Keramikfunde aus dem frühen Mittelalter in Oberfranken eine slawische Handschrift bei Formen und Verzierungen deutlich erkennen. Ohrenschmuck aus Silber, Halsketten aus Glasperlen, gläserne Fingerringe, silberne Armreifen und Schläfenringe mit charakteristischen S-Schleifen – die Slawen waren im Schmuckdesign des Mittelalters durchaus Trendsetter.

Ein entscheidender Wendepunkt für die Freiheit und Ungebundenheit der Westslawen war der Wendenkreuzzug 1147. Zigtausende deutsche und dänische Ritter zogen unter Führung der sächsischen Fürsten Heinrich der Löwe und Albrecht der Bär und im Namen Gottes gegen die Heiden, um sie endgültig zu unterwerfen. Ihnen standen auch mährische Herrscher zur Seite – Christen im Geiste und Slawen im Bruderkampf.

So normal war das Nebeneinander von deutschen Gläubigen und slawischen Heiden damals allerdings schon, dass längst nicht alle der Missionare in Rüstung mit der Zwangschristianisierung glücklich waren. Der Chronist Helmold von Bosau jedenfalls berichtete von mancherlei Widerständen: „Ist nicht das Land, das wir verwüsten, unser Land, und das Volk, das wir bekämpfen, unser eigenes Volk?", protestierten etliche der Kreuzzügler.

Doch der Aufschrei blieb folgenlos. Das Wort von Papst Eugen III. und die Machtinteressen der weltlichen Fürsten wogen schwerer. Deutschlands heutiger Osten wurde deutsch, mehr und mehr Bauern siedelten im Hochmittelalter östlich der Elbe. Die slawischen Stämme mussten sich anpassen oder die Region verlassen. Was blieb, waren die Namen.

DEUTSCHE URSPRÜNGE

843 Mit dem Vertrag von Verdun teilen Kaiser Lothar I. und seine Brüder Ludwig („der Deutsche") und Karl („der Kahle") das fränkische Reich auf. Das bei Lothar verbleibende Gebiet, in dem ein Teil der Bevölkerung romanische Sprachen spricht, fällt später an das ostfränkische Reich, aus dem Deutschland entsteht. Die bis heute bestehende Grenze zwischen romanischen und germanischen Sprachen bildet sich um 1000 heraus.

928/29 Heinrich I. unterwirft die slawischen Heveller in Brandenburg. Schrittweise ordnet sich das Reich die slawischen Stämme zwischen südlicher Ostseeküste und Ostalpen unter. Aufgrund des Bevölkerungswachstums im Westen des Reiches siedeln ab dem 12. Jahrhundert immer mehr Deutsche jenseits von Saale und Elbe. Infolge der Pestepidemie 1348 flacht die Wanderungsbewegung ab.

962 Der deutsche König Otto I. lässt sich vom Papst zum Kaiser des „Römischen Reiches" krönen. Ab 1157 wird das Imperium als „Heilig" bezeichnet. Die deutsche Königs- und Reichsauffassung tritt hinter die römisch-universale Kaiseridee zurück. Im 15. Jahrhundert kommt der Zusatz „deutscher Nation" auf.

1075 Der Investiturstreit beginnt. In Canossa (heute Emilia Romagna) demütigt 1077 Papst Gregor VII. den deutschen König und späteren Kaiser Heinrich IV. Doch der Sturz des Monarchen misslingt. Um Heinrichs Macht auf die Herrschaft über die Deutschen zu reduzieren, bezeichnet ihn das Kirchenoberhaupt in Briefen und Urkunden als „König der Deutschen" – und fördert damit ein deutsches Gemeinschaftsbewusstsein.

1095 Papst Urban II. ruft zum Ersten Kreuzzug auf, sechs weitere Kreuzzüge folgen bis 1291. Die Erfahrungen beim Zusammentreffen mit anderen Europäern, aber auch mit den Muslimen wirken identitätsstiftend.

um 1170 bis 1230 Der Dichter Walther von der Vogelweide, vermutlich in Niederösterreich geboren, bemüht sich gemeinsam mit anderen Literaten um eine von Dialekten weitgehend freie Hochsprache. Die Bevölkerung nimmt sie jedoch nicht an.

Warum soll er seine Zunge „an ander Wort getwungen“, meint ein Chronist aus Thüringen.

1220 und 1231/32 Kaiser Friedrich II. tritt wesentliche Privilegien dauerhaft an die Reichsfürsten ab. Diese treiben in ihren Territorien die Staatsgründung voran. Die Folge: In Deutschland bildet sich im Mittelalter keine königliche Dynastie heraus (wie in Frankreich), die zum Kern eines nationalen Bewusstseins wird.

um 1290 bis 1300 Lübeck übernimmt die Vorherrschaft in der Hanse. Deutsche Kaufleute treten im Ausland geschlossen auf und errichten zahlreiche Handelskontore. Sie leben dort nach eigenem Recht, haben ihre eigene Obrigkeit und entwickeln ein national geprägtes Gemeinschaftsgefühl.

1356 Die Goldene Bulle regelt die Wahl der deutschen Könige durch die sieben Kurfürsten, die in Frankfurt stattfindet. Die Krönung erfolgt zunächst in Aachen, ab 1562 meist ebenfalls in Frankfurt. Die Kurfürsten werden in der Urkunde aufgefordert, ihre Erben (und damit Nachfolger) in Latein, Italienisch und Tschechisch unterrichten zu lassen – das Reich ist schließlich ein Vielvölkerstaat.

um 1450 Johannes Gutenberg erfindet den Buchdruck mit beweglichen Lettern. Ein halbes Jahrhundert später erreicht die Auflage von Druckerzeugnissen bereits über zehn Millionen Exemplare. Das erste Massenmedium ermöglicht später die Verbreitung einer einheitlichen Sprache.

1471 Nach den Einfällen der Türken in der Steiermark und später den Angriffen des burgundischen Herzogs Karl im Westen des Reiches wird in der Öffentlichkeit erstmals ein umfassendes Nationalbewusstsein deutlich. Intellektuelle debattieren über das Wesen und die Grenzen Deutschlands. Es bildet sich ein Konsens, dass die Sprache das entscheidende Kriterium ist.

TEIL 2
EIN VOLK ERKENNT SICH SELBST

VOM SCHLACHTFELD ZUR KULTURNATION

Vereint durch die gemeinsame Sprache, aber gespalten durch die Reformation, arbeiten gebildete Deutsche nach dem Dreißigjährigen Krieg am Aufbau einer nationalen Kultur. Der Weg führte in die Höhen der Weimarer Klassik.

Von Ulrich Schwarz

Im Jahre des Herrn 1521 beginnt auf der zugigen Wartburg oberhalb von Eisenach ein als Junker verkleideter Mönch mit einer kniffligen Fleißarbeit: Martin Luther, den sein Landesherr Friedrich der Weise, Kurfürst von Sachsen, vor den Häschern des Kaisers in Sicherheit gebracht hat, übersetzt das Neue Testament der Bibel ins Deutsche.

Elf Wochen arbeitet der vermeintliche Junker Jörg an dem Werk – eine epochemachende Tat des 39-Jährigen. Mit dieser Übersetzung wird der Reformator zum Vater einer einheitlichen deutschen Schriftsprache. Dank Luther wird das Deutsche im Heiligen Römischen Reich Deutscher Nation literaturfähig – in einer Gesellschaft, in der bis dahin Latein (als Sprache der Wissenschaft) und Französisch (als bevorzugtes Idiom bei Hofe) den Ton angeben. Nur das gemeine Volk spricht in diversen Dialekten.

Die Luther-Bibel ist, dank des Buchdrucks mit beweglichen Lettern, ein Bestseller, wie ihn heute, im totalen Medienzeitalter, Verleger erträumen. Die Heilige Schrift, die für einen halben Gulden – Wochenlohn eines Zimmermannsgesellen – überall im Reich verkauft wird, und so auch für gewöhnliche Untertanen erschwinglich ist, erreicht sensationelle Auflagen. Die ersten 3000 Exemplare sind bereits drei Monate nach Erscheinen im September 1522 vergriffen. Im selben Jahr beginnt der Reformator auch mit der Übersetzung des Alten Testaments. 1534 erscheint seine „gantze Heilige Schrift Deudsch". Bis zu Luthers Tod 1546 wird seine Bibel mehr als 200 000-mal verkauft.

Luther, schwärmt Thomas Mann 400 Jahre später, habe „durch seine gewaltige Bibelübersetzung die deutsche Sprache erst recht geschaffen“. Luthers Deutsch ist kein blutleeres, papiernes Konstrukt, es ist schöpferisch und volksnah. Der Reformator hat, wie er selbst sagt, „dem Volk aufs Maul geschaut“. In der Entwicklung einer nationalen deutschen Kultur ist die Luther-Bibel ein Meilenstein.

Für die kirchliche Obrigkeit hat das Werk noch eine andere, höchst unangenehme Nebenwirkung: Die Hierarchie verliert das Deutungsmonopol über das heilige Buch der Christen. Bislang haben allein die klerikalen Herren nach eigenem Gusto dem gemeinen Christenmenschen erklärt, was in der Bibel stehe, was er mithin zu glauben habe. Fortan kann er selbst nachlesen und sich einen Reim darauf machen, was das Gelesene für seinen Glauben bedeutet. So ist Luthers Bibelwerk auch ein wichtiger Beitrag zur religiösen Emanzipation, zur Gewissensfreiheit und – langfristig – zur politischen Bürgerfreiheit.

Doch für die Entstehung der deutschen Nation ist Martin Luther eine ambivalente Figur. Seine Verwendung der Volkssprache als Mittel der Kommunikation hat, einerseits, das Zusammengehörigkeitsgefühl der Deutschen enorm gestärkt; Protestanten gründeten Schulen und Universitäten, schließlich sollten alle die Bibel lesen können, und der daraus resultierende Bildungsschub machte es vielen erst möglich, dass sie über ihre nationale Identität nachdachten. Das Zerbrechen der christlichen Einheit war eine Voraussetzung dafür, dass Menschen sich nicht mehr nur als christliche Weltbürger, sondern zunehmend national verstanden.

Andererseits hat Luthers Reformation die Deutschen in zwei konfessionelle Lager geteilt und dadurch ihre nationale Einigung nachhaltig verhindert. Golo Mann nennt die Reformation ein „Grundereignis“ der deutschen Geschichte, das das Land „glatt in zwei Hälften gespalten“ hat.

Unter den Weggefährten Luthers gibt es durchaus ein nationales Bewusstsein; am stärksten ausgeprägt ist es bei dem Reichsritter Ulrich von Hutten (1488 bis 1523), einem gebildeten Humanisten. Luthers religiöser Impetus, die Kirche zu erneuern, bleibt dem Adligen zeitlebens fremd. Ulrich von Hutten schwärmt vielmehr von der Geschichte der Deutschen. Für Hutten setzen nicht

Religion und Kirche verbindliche Normen, vielmehr wird für ihn „die Nation zur verbindlichen Sinngebungs- und Rechtfertigungsinstanz“, urteilt der Historiker Heinrich August Winkler.

Auch Hutten ruft, wie Martin Luther, zum Kampf gegen Rom auf, aber aus völlig ungeistlichen Motiven: Er strebt die Freiheit und Einheit des deutschen Reichs an, gelöst von der päpstlichen Vormundschaft. 1519 propagiert er einen nationalen, keinen christlich-universalen Feldzug gegen die Türken, die sich anschicken, den Südosten Europas zu erobern. Der wortgewandte Ritter ruft seine Landsleute auf: „Erbarmt euch übers Vaterland, Ihr werten Teutschen, regt die Hand. Jetzt ist die Zeit, zu heben an. Um Freiheit kriegen. Gott will's han.“

Ulrich von Hutten steht in der Tradition der deutschen Humanisten des 15. Jahrhunderts. Im Jahr 1455 gelangt ein lateinisches Manuskript, das Jahrhunderte hindurch im Kloster Hersfeld gelegen hatte, nach Rom. Es handelt sich um die Schrift des römischen Geschichtsschreibers Cornelius Tacitus über die Germanen, verfasst am Ende des ersten nachchristlichen Jahrhunderts: „De origine et situ Germanorum“.

Die „Germania“, wie sie kurz genannt wird, ist das wichtigste Zeugnis der Antike über das alte Germanien und seine Bewohner. Tacitus beschreibt diese zwar als rohe Barbaren, rühmt aber im selben Atemzug ihre sittliche Reinheit (im Gegensatz zum Sittenverfall der Römer).

Die deutschen Humanisten reagieren auf die „Germania“ mit heller Begeisterung. Sie entnehmen dem Tacitus-Werk die Kunde, dass angeblich alle Deutschen von einem gemeinsamen Urahn abstammen und bis heute eine Blutsgemeinschaft bilden. Die „Germania“ wird zur Bibel eines frühdeutschen Patriotismus – auch für Ulrich von Hutten.

Doch weder Ritter noch Fürsten folgen ihm; die konfessionelle Spaltung überlagert alles. Huttens Appell, die Nation als gemeinsame Basis zu nehmen, geht „ins Leere in einer immer noch patriarchalisch und ständisch geordneten Gesellschaft“ (Historiker Wolfgang Hardtwig). Hutten stirbt 1523 auf der Insel Ufenau in der Schweiz.

Auch Luther lehnt nationale Ideen ab, so wie er die aufrührerischen Predigten seines Confraters Thomas Müntzer im Bauernkrieg als Angriff auf die von Gott eingesetzte weltliche Obrigkeit verdammt. Luther hat mit der deutschen Nation nichts im Sinn, so sehr sich später das protestantisch-preußische Deutschland auch auf ihn berufen mag.

Der Bauernkrieg beendet Luthers Rolle als nationaler Heros, der die auseinanderlaufenden Interessen der Stände und des Volkes hätte zusammenführen können. Luthers Ansatz ist nicht politisch, sondern rein religiös. Er will die Erneuerung der Kirche und ihre Abnabelung vom verderbten Oberhaupt, dem Papst. An der staatlichen Ordnung rüttelt er nicht. Denn sie ist, so wie sie ist, von Gott eingesetzt.

Mit seiner Obrigkeitshörigkeit begründet der Reformator eine unheilige Allianz zwischen Thron und Altar und führt die Kirche in eine neue Gefangenschaft, die bis zum Endes des zweiten Kaiserreichs 1918 andauern wird.

Die Luther-Kirche organisiert sich schon zu Lebzeiten ihres Gründers in Landeskirchen, die deckungsgleich sind mit den Territorien der jeweiligen weltlichen Herrscher. Kein Wunder, dass viele Landesherren nicht nur religiöse, sondern höchst weltliche Interessen an dem neuen Glauben haben. Sie sind auch die Oberherren ihrer Kirche und penibel darauf bedacht, diese Herrschaft auszuüben. Die geistige Befreiung des einzelnen Christenmenschen „war im Luthertum mit weltlicher Knechtschaft erkauft", schreibt der Historiker Franz Borkenau.

1521 wird Luther auf dem Wormser Reichstag als Ketzer verurteilt. Doch der Kaiser, Karl V., versucht nicht ernsthaft, das Verdikt zu vollstrecken und Luther in Haft zu nehmen. Die Nachsicht hat praktische Gründe: Karl V., in ständiger Fehde mit dem französischen König und mit dem Papst, kann sich innenpolitische Querelen nicht leisten. Und die drohen, da die der Reformation zugeneigten Fürsten Luther schützen und sich weigern, den vom Papst mit dem Bann und vom Kaiser mit der Reichsacht belegten Ex-Mönch zu ergreifen.

Die Kluft zwischen den Konfessionen vertieft sich von Jahr zu Jahr und spaltet das Reich immer unversöhnlicher. Auf dem Reichstag zu Speyer 1529 verlangt der Vertreter des Kaisers, sein Bruder Erzherzog Ferdinand von Österreich, erneut, die Fürsten sollten endlich das Wormser Edikt vollstrecken und Luther sowie alle seine Gesinnungsgenossen aus dem Verkehr ziehen. Die lutherisch gesinnten Adligen verlassen daraufhin unter Protest die Versammlung. Seither heißen die Parteigänger der Reformation Protestanten.

Die Einheit des Reichs ist das Papier nicht mehr wert, auf dem sie steht. Das Imperium besteht aus rund 300 Einzelgebilden – Fürstentümern, Reichsstädten, Grafschaften –, hinzu kommen rund 1000 Besitzungen unabhängiger Reichsritter. Vor allem die mächtigen Fürsten sind darauf bedacht, ihre eigene Macht zu sichern und zu mehren. Der Egoismus der Reichsfürsten blockiert eine nationale Staatsbildung. Der Gedanke an eine politisch geeinte Nation hätte ihre Macht nur, zusätzlich zum schwebenden Konfessionsstreit, gefährdet.

Als die katholische Mehrheit auf dem Augsburger Reichstag 1530 erneut die Vollstreckung des Wormser Urteils verlangt, schließen sich die Evangelischen vorsorglich zum Schmalkaldischen Bund zusammen. Krieg liegt in der Luft. Doch er wird erst einmal vertagt, im Osten bedroht der osmanische Sultan Suleiman I., der Prächtige, das Reich. Die Türken-Gefahr zwingt die Kontrahenten zum Stillhalten.

Ein halbes Jahr nach Luthers Tod 1546 bricht der Sturm los. Kaiser Karl V. hat sich mit Papst Paul III. gegen die ketzerischen Protestanten verbündet. Ein Jahr dauert der blutige Konflikt. Am 24. April 1547 wird das Heer des Schmalkaldischen Bundes bei Mühlberg an der Elbe vernichtend geschlagen.

Acht Jahre später, anno 1555, besiegelt ein weiterer Reichstag in Augsburg die konfessionelle Teilung des Reichs. 34 Jahre nach dem Wormser Edikt schließen der Kaiser und die verfeindeten Reichsstände den Augsburger Religionsfrieden. Es ist ein Kompromiss mit verheerenden Folgen nicht nur für die Gewissensfreiheit, sondern auch für die deutsche Einheit. Jeder Landesherr verfügt künftig, welche Konfession in welcher Region gelten soll – nach dem Motto „cuius regio, eius religio". Wem das Land gehört, der bestimmt die Religion. Dies Prinzip vor allem hat die Einheit der Deutschen für lange Zeit blockiert. Wer sich dem vom Staat, sprich: vom Fürsten, verordneten Bekenntnis nicht beugen will, der muss auswandern.

Für mehr als 60 Jahre immerhin sichert der Augsburger Religionsfriede dem Reich eine Verschnaufpause. Doch der konfessionelle Funke glimmt weiter. Für die deutsche Frage hat dieser Hader deprimierende Folgen. „Die beginnende Europäisierung der Welt", urteilt Golo Mann in seiner „Deutschen Geschichte des 19. und 20. Jahrhunderts", läuft an den in konfessionelle Händel verstrickten Teilstaaten des Reichs vorbei. „Die großen Entscheidungen fielen anderswo. Indes die Holländer ihre Republik gründeten, die erste freie Staatenföderation in modernen Zeiten, indes England sein heroisches Duell mit Spanien kämpfte, belauerten sich in Deutschland die protestantischen und katholischen Teilmächte. In dem Augenblick, in dem die angelsächsische Kolonisierung Nordamerikas im Ernst einsetzte, die schicksalsträchtigste Entwicklung der modernen Geschichte, begann Deutschland seinen Dreißigjährigen Krieg."

Zu Anfang des neuen Jahrhunderts haben sich bereits die über den Glauben zerstrittenen Fürsten abermals in ihren jeweiligen Lagern zusammengeschlossen. Wiederholt wird der Landfrieden gebrochen. 1608 gründen zunächst die evangelischen Stände die „Union", ein Jahr später ruft der bayerische Herzog Maximilian die katholische „Liga" ins Leben. 1618 schließlich eskaliert der Konflikt einmal mehr zum Krieg, der insgesamt 30 Jahre wütet.

Anlass ist ein Zwischenfall in Prag. Am 23. Mai 1618 ziehen rund hundert Delegierte der evangelischen böhmischen Stände zur Prager Burg, um bei den lokalen Vertretern des Kaisers handfest gegen ein Versammlungsverbot zu protestieren, begleitet

Reichstag

Von 1495 bis zum Ende des Heiligen Römischen Reiches 1806 ist der Reichstag die Vertretung der Reichsstände. Das Plazet der Kurfürsten, Reichsstädte, hohen Adligen und Geistlichkeit braucht der Kaiser, wenn er Gesetze erlassen, Fürstentümer errichten, Steuern erheben oder das Reichsheer einsetzen will. Während der Reformation ist der Reichstag ein Hauptforum für den Konfessionsstreit. Bis 1594 tagt er an wechselnden Orten, ab da in Regensburg – von 1663 bis 1806 als „immerwährender Reichstag".

von einer großen Menschenmenge. Sie ergreifen zwei kaiserliche Räte und ihren Sekretär und werfen sie nach einem Gerangel aus dem Fenster, mit den Worten: „Nun werden wir uns wider unsere Religionsfeinde rechtschaffen verhalten."

Der Fenstersturz hat, als eine Form der Lynchjustiz, Tradition. Erstmals praktizierten ihn aufgebrachte Hussiten 1419. Sie stürmten das Rathaus in der Prager Neustadt und warfen einen Richter, drei Ratsherren und neun weitere Personen aus dem Fenster. So begannen die Hussitenkriege, die bis 1436 dauerten.

Die drei Kaiserlichen von 1618 kommen, da sie auf einem Misthaufen landen, leicht blessiert davon. Der Krieg aber ist nicht aufzuhalten. Im August 1618 überschreitet ein kaiserliches Heer die böhmische Grenze.

Was als regionales Debakel begonnen hat, weitet sich rasch zum verheerenden Flächenbrand aus. 30 lange Jahre hindurch ziehen die Söldner der Union und der Liga plündernd und mordend durch Deutschland, im Verlauf des Kriegs mischen immer mehr ausländische Mächte in dem deutschen „Bürgerkrieg" mit: Spanien, die Truppen des Schwedenkönigs Gustav Adolf, die Dänen und schließlich die Franzosen.

Der Anlass des Kriegs, der konfessionelle Gegensatz, tritt immer weiter in den Hintergrund, es geht fast nur noch um Macht. Das Leid hat die Bevölkerung zu tragen. Ganze Landstriche werden verwüstet und entvölkert. Bis zu zehn Millionen Menschen kommen in den Kriegswirren um. Brandenburg etwa, eine der am ärgsten gebeutelten Regionen, verliert zwischen einem Drittel und der Hälfte seiner Einwohner. Im Herzogtum Württemberg sinkt die Einwohnerzahl von 450 000 im Jahr 1618 auf 125 000 anno 1645. Das Erzstift Magdeburg, wo die Truppen des katholischen Heerführers Tilly besonders schlimm hausen, verliert fast zwei Drittel seiner Menschen.

„Der Dreißigjährige Krieg", urteilten im 19. Jahrhundert Karl Marx und Friedrich Engels, „hatte zur Folge, dass Deutschland für 200 Jahre aus der Reihe der politisch tätigen Nationen Europas gestrichen wurde." Der Dichter Hans Jacob Christoffel von Grimmelshausen (1622 bis 1676) hat in seinem Schelmenroman „Der Abenteuerliche Simplicissimus" nach Kriegsende den alltäglichen Horror aus der Sicht von Soldaten, Bauern und Kleinbürgern beschrieben. Sein „Simplicissimus“ ist der bedeutendste deutsche Roman des 17. Jahrhunderts.

Die Sehnsucht der Deutschen nach Frieden macht sich in den letzten Kriegsjahren in meist anonymen Flugschriften und Friedensspielen von Literaten Luft. Die Flugschriften gibt es von Beginn des Konflikts an. Doch in den ersten 20 Kriegsjahren sind sie meist von Hass und Hohn auf den Gegner sowie von Hetzpropaganda geprägt. Mehr als tausend solcher Blätter sind erhalten geblieben. Doch in der letzten Kriegsphase beklagen immer mehr Verfasser den elenden Zustand des Reichs und seiner Regionen. Es kommt so etwas wie patriotische Sehnsucht nach einem einigen Deutschland auf.

Der evangelische Pastor und Dichter Johann Rist (1607 bis 1667) aus dem holsteinischen Wedel wehklagt in seinem Spiel vom „Friede wünschenden Teutschland“: „Ja Teutschland, du bist aufrührerisch, streitest wieder dein eignes Haubt mit unmäßigem Fressen und Sauffen Tag und Nacht, und verdirbest dadurch jämmerlich deine eigenen Glieder. Deine Hände wäschest du im Blute und hast nichts anderes als Krieg im Sinn. (…) O Teutschland, Teutschland, alle Treu und Redlichkeit hast du hingweggetrieben, und befleissigest dich des Lügens, Verleumdens und Betrügens.“

Und sein Poeten-Kollege Andreas Gryphius (1616 bis 1664) reimt im Kriegsjahr 1636:

> Wir sind doch nunmehr gantz, ja mehr denn gantz verheeret.
> Die thürme stehen in glut, die kirch ist umgekehret,
> Das rathaus liegt im graus, die starcken sind zerhaun,
> Die jungfern sind geschänd’t, und wo wir hin nur schaun,
> Ist feuer, pest und tod.

Ein anderer, anonymer, Autor fasst seine Sehnsucht in die hoffnungsvollen Verse:

> O ihr vertraute Brüder all,
> In Kreuz, Geduld und Leiden,
> Werd bald mit Lust und Wohlgefall
> Tyrannen sehen scheiden;
> Bald wird des Herren Reich angehn,
> Teutschland wird wieder Frieden sehn.

Doch den meisten vom Horror des Kriegs geschlagenen Menschen ist Teutschland egal. Sie sind völlig ausgelastet damit, ihr nacktes Überleben zu sichern. Für patriotische Gedanken ist keine Zeit. Und nach Kriegsende im Westfälischen Frieden von 1648 wird es nicht besser. Der Landesherr bestimmt in feudalistischer Manier über das Leben seiner Untertanen, sie sind abhängig von ihm, quasi sein Eigentum.

Die Poeten Rist und Gryphius gehören zu einer intellektuellen Minderheit, die sich abseits vom Kriegselend und Schlachtenlärm um die Nation verdient macht. Diese Minderheit organisiert sich in der ersten Hälfte des 17. Jahrhunderts in Sprachgesellschaften nach italienischem Vorbild. Ziel ist, die deutsche Hochsprache und ihre Grammatik zu pflegen, zu vereinheitlichen und sie von fremdsprachigen Einflüssen zu säubern.

Die Sprachgesellschaften tragen so zur Bildung eines nationalen Bewusstseins inmitten einer konfessionell gespaltenen und politisch zersplitterten Gesellschaft bei. 1645 erscheint in Halle „Die deutsche Rechtschreibung", ein Vorläufer des Duden.

Sprachgesellschaften entstehen, unter anderem, in Hamburg, Straßburg, Nürnberg, Königsberg und Weimar. Manche haben nur eine Handvoll Mitglieder. Die größte und bedeutendste mit dem blumig-barocken Namen „Fruchtbringende Gesellschaft" wird 1617, am Vorabend des Dreißigjährigen Krieges, von Adligen auf Schloss Hornstein in Weimar gegründet. Ihr gehören auch Rist und Gryphius an.

Die Fruchtbringende Gesellschaft besteht bis 1680 und zählt insgesamt 890 Mitglieder, die über ganz Deutschland verteilt sind. Die Gesellschafter sehen sich, wenn überhaupt, nur selten. Denn das Reisen ist in den Kriegs- und Nachkriegszeiten beschwerlich und gefährlich. Eine Vollversammlung der Gesellschaft findet in den mehr als 60 Jahren ihres Bestehens nicht statt, allenfalls treffen sich kleine Gruppen zu Tagungen. Die Kommunikation läuft fast ausschließlich über schriftliche Korrespondenz.

Während die Söldner der Kriegsgegner das Land verwüsten und seine Bewohner schänden, entwickeln sich in den Sprachgesellschaften Ansätze eines humanistischen Gesellschaftsmodells: Die Fruchtbringende Gesellschaft etwa nimmt nicht nur Adlige auf, sondern auch Männer aus gehobenen bürgerlichen Kreisen – für die damalige Zeit geradezu revolutionär. Um die Standesunterschiede zu nivellieren, reden sich die Mitglieder ausschließlich mit dem ihnen beim Eintritt zugewiesenen Gesellschaftsnamen an.

Als wichtigste literarische Leistung der Sprachgesellschaft gelten die zahlreichen Übersetzungen aus dem Lateinischen, Italienischen und Französischen, die ihre Mitglieder erarbeitet haben. Dadurch soll die Ausdrucksfähigkeit der deutschen Sprache gesteigert und kultiviert werden. „Die Sprache", so der Historiker Hardtwig, ist für die Mitglieder der Gesellschaften „zugleich Herrschaftsinstrument, Gesittungs- und Disziplinierungsmittel, Klammer der Integration und Ausdruck und Konzentrat eines neuen emphatischen Verständnisses von Kultur".

In den Gesellschaften sammeln sich Angehörige einer neu heranwachsenden Schicht: Beamte, Juristen, Theologen, Mediziner, Professoren. Konfessionelle Unterschiede treten zurück, wichtiger ist die gemeinsame christliche Basis.

Ende des 17. Jahrhunderts erlahmt der Schwung der Sprachgesellschaften, die meisten lösen sich, wie die Fruchtbringende Gesellschaft, auf. Doch der Anstoß wirkt weiter. 1697 findet sich in Leipzig ein Freundeskreis zusammen, der sich ebenfalls um die Pflege der deutschen Sprache und Literatur kümmern will. Der Kreis, der sich später selbstbewusst „Deutsche Gesellschaft" nennt, gewinnt an Bedeutung, als 1727 Johann Christoph Gottsched aus Königsberg die Leitung übernimmt. Gottsched und seine Freunde beklagen, dass Deutschland erst mit großer Verspätung begonnen hat, sich mit sich selbst als Nation zu beschäftigen – anders als etwa Italiener und Franzosen, die seit Jahrhunderten eine eigene Hochkultur besitzen. Angesichts des Entwicklungsvorsprungs fürchtet Gottsched, ab 1734 ordentlicher Philosophieprofessor an der Leipziger Uni, eine Überfremdung der gesamten deutschen Kultur, vor allem durch das Französische, das im Reich die Sprache des Hochadels ist.

Nach dem Vorbild in Leipzig entstehen weitere „Deutsche Gesellschaften", seit den dreißiger Jahren des 18. Jahrhunderts vor allem in Universitätsstädten, etwa in Jena, Göttingen, Greifswald, Königsberg, Erlangen und Helmstedt. Dass der Zulauf vor allem an den Hochschulen groß ist, hat einen einfachen Grund: Anders als die Sprachgesellschaften nehmen die „Deutschen Gesellschaften" auch Studenten auf. Sie bilden neben Beamten im höfischen oder staatlichen Dienst, Angehörigen des Adels sowie dem gehobenen Bürgertum das Rückgrat der Vereinigung.

So vergrößert sich der Kreis jener Deutschen, die über die Gemeinsamkeiten deutscher Kultur jenseits der Kleinstaaterei nachdenken. Diese Gruppe ist nicht mehr vom Standesdenken geprägt, der Adel spielt eine immer geringere Rolle. Auf dem Umweg über die Sprachkultur zielen die Vereine „ausdrücklich auf die Beförderung der Deutschen Ehre".

Die „Deutschen Gesellschaften" sind viel straffer organisiert als ihre Vorgänger: Die Mitglieder treffen sich zu wöchentlichen Sitzungen, sie debattieren über literarische Texte, treten öffentlich auf, halten Reden zu Luthers Sterbetag oder zum hundertjährigen Jubiläum des Westfälischen Friedens und schaffen so eine erhöhte Aufmerksamkeit für die nationale Frage. Von den Mitgliedern verlangen sie Tugenden wie Bürgerlichkeit, Redlichkeit und Patriotismus.

Im Zeitalter der Aufklärung wächst in den deutschen Landen eine neue bürgerliche Bildungsschicht heran, die die Blütezeit der deutschen Geistesgeschichte zwischen 1770 und 1830 vorbereitet. Diese Bildungsbürger organisieren sich in Akademien, Freimaurerlogen, Lesegemeinschaften oder Patriotischen Gesellschaften. Die Hamburger „Patriotische Gesellschaft" von 1765 ist noch heute aktiv.

Die „Deutsche Bewegung" formiert sich zudem länderübergreifend und ist so vom Schicksal des Reichs unabhängig. Sie ist noch keine nationale Bewegung im engeren Sinn, hat kein politisches Programm und keine politische Macht.

Dichter und Denker wie Herder und Lessing befassen sich mit der Frage der deutschen Nation und ihrem desolaten Zustand. Eine verbreitete Stimmung trifft der Staatsrechtler Friedrich Carl von Moser. In der Schrift „Von dem Deutschen Nationalgeist" schreibt er 1765: „Wir sind Ein Volk, von Einem Namen und Sprache, unter Einem gemeinsamen Oberhaupt, an innerer Kraft und Stärke das erste Reich in Europa, dessen Königskronen auf deutschen Häuptern glänzen, doch so wie wir sind, sind wir schon Jahrhunderte hindurch ein Rätsel politischer Verfassung, ein Raub der Nachbarn, ein Gegenstand ihrer Spöttereien, uneinig unter uns selbst, unempfindlich gegen die Ehre unseres Namens, ein großes und gleichwohl verachtetes, ein in der Möglichkeit glückliches, in der Tat selbst aber sehr bedauernswürdiges Volk."

Um das Reich ist es in der Mitte des 18. Jahrhunderts schlechter bestellt denn je. Das haben Kaiser und Fürsten nicht zuletzt den Kurfürsten von Brandenburg und ihren Auseinandersetzungen mit den Habsburgern zu verdanken. Durch Erbschaft fiel das Herzogtum Preußen, das außerhalb des Reichsgebietes lag, an Brandenburg. 1701 schwingt Kurfürst Friedrich III. sich zum König auf. Künftig bildet die preußische Krone die Klammer für alle Provinzen des Hohenzollernstaats. Sein Sohn und Nachfolger Friedrich Wilhelm I., der Soldatenkönig, baut in seinem Beritt einen pietistischen Verwaltungsstaat mit einer geordneten Finanzverwaltung auf, in dem die Militärs eine beherrschende Rolle spielen. Preußen wird in ganz Europa vor allem wegen seiner Beamten als vorbildlich bewundert. Sie gelten als pflichtbewusst, unbestechlich und effizient. Der Sohn des Soldatenkönigs, Friedrich II. (der Große) spielt für die Entwicklung der Nation eine zwiespältige Rolle. Einerseits führt er aus reiner Machtgier immer mal wieder Krieg gegen Österreich, die Stammlande des Kaisers. Ein halbes Jahr nach seinem Amtsantritt 1740 fällt er in Schlesien ein. Bis 1763 kämpft er in insgesamt drei Kriegen um die schlesische Dependance der Habsburger.

Friedrich II. bricht mit seinem Angriff auf Schlesien die Reichsverfassung und demonstriert den anderen Fürsten des Reiches offen, dass ihm das Heilige Römische Reich Deutscher Nation herzlich egal ist. Gut ist, was Preußen nützt.

Mit der gemeinsamen Nation indes hat auch der „Alte Fritz" nichts im Sinn. Sein Vaterland heißt Preußen. Er denkt und spricht französisch und verachtet die deutsche Kultur. Doch ungewollt befördert er die Sehnsucht nach deutscher Einheit. Seine Beutezüge gegen Österreich machen den Gebildeten aller Stände endgültig klar, dass sich das Reich in Agonie befindet: „Ein führender Reichsfürst zeigte demonstrativ, dass ihm an der Erhaltung des Reichsfriedens und an der Verfassung nicht sonderlich gelegen war", schreibt der Historiker Otto Dann.

Mit der Eroberung Schlesiens stellen die Katholiken jetzt ein Fünftel der Bevölkerung. Aber Friedrich II., der Preußen als aufgeklärter absolutistischer Monarch regiert, verfügt Religionsfreiheit. Hier kann jeder nach seiner Fasson selig werden, so er nur ein ordentlicher Untertan bleibt. Im O-Ton: „Alle Religionen sind gleich und gut, wenn nur die Leute, so sie professieren, ehrliche Leute sind. Und wenn Türken und Heiden kämen und wollten das Land peuplieren, so würden wir ihnen Moscheen und Kirchen bauen." Ein Satz, der auch in der aktuellen Zuwanderungsdebatte der Berliner Republik aktuell ist.

Von den Preußen hat die Nation erst einmal nichts zu erwarten. Die reichsdeutsche Kulturgesellschaft, wie sie sich in der Deutschen Bewegung manifestiert, nicht eine politische Gruppierung, wird zum Kern der modernen deutschen Nation. Doch bis dahin dauert es noch über hundert Jahre.

Am Ende des 18. Jahrhunderts ist die politische Lage in Deutschland so katastrophal wie noch nie. In Frankreich hat Napoleon die Macht übernommen. „Deutschland? Aber wo liegt es?", fragen die Dichterfürsten Johann Wolfgang von Goethe und Friedrich Schiller 1796 in einem gemeinsamen Zweizeiler resignierend. „Ich weiß das Land nicht zu finden, Wo das gelehrte beginnt, hört das politische auf."

Schiller bleibt dennoch gedämpft optimistisch. In einem vorauseilenden Nachruf auf das alte Reich formuliert er 1801, fünf Jahre vor dessen endgültigem Untergang, emphatisch: „Deutsches Reich und deutsche Nation sind zweierlei Dinge. Die Majestät des Deutschen ruhte nie auf dem Haupt seiner Fürsten. Abgesondert von dem politischen hat der Deutsche sich einen eigenen Wert gegründet, und wenn auch das Imperium unterginge, so bliebe die deutsche Würde unangefochten. Sie ist eine sittliche Größe, sie wohnt in der Kultur und im Charakter der Nation. Indem das politische Reich wankt, hat sich das geistige immer fester und vollkommener gebildet."

„MANN DES JAHRTAUSENDS“

Er hatte Sinn fürs Geschäft, aber auch für die Schönheit: Der Mainzer Handwerker Johannes Gutenberg führte den von ihm erfundenen Buchdruck gleich zu einem ersten ästhetischen Höhepunkt.

Von Georg Bönisch

Niemand weiß, wann dieser Henne Gensfleisch geboren wurde – es könnte im Jahr 1395 gewesen sein, vielleicht auch 1402. Niemand weiß, wie er aussah. Etwa hundert Jahre nach seinem Tod erscheint ein erstes Bild von ihm, wache Augen, langer Bart, auf dem Kopf eine Pelzkappe; authentisch ist dieses Bild freilich nicht.

In den einschlägigen Akten hat Gensfleisch, ein Bürger aus Mainz, kaum Spuren hinterlassen, und dennoch gilt er – unter seinem bekannten Namen Johannes Gutenberg – als einer der ganz Großen, als „Mann des Jahrtausends“, wie das „Time“-Magazin befand. Seinen Ruhm verdankt er einer herrlich einfachen Idee, die technisch gesehen eine Sensation war und wohl den Sprung der Gesellschaft in die Neuzeit beförderte: dem Buchdruck. Gutenberg erfand die beweglichen Lettern, die immer wieder verwendbar waren und Dokumente von bestechender Optik produzierten. Es war „eine Medienrevolution“, so das Urteil des Literaturwissenschaftlers Jochen Hörisch.

Gutenbergs Texte seien nicht nur in „höchst sauberer und korrekter Schrift“ verfasst, schwärmte der Zeitgenosse Enea Silvio Piccolomini, nachmaliger Papst Pius II. Begeistert teilte er im März 1455 dem sehschwachen Kardinal Juan de Cavajal mit, er würde sie „mühelos lesen können“, auch „ohne Brille“. Das war die eine, die praktische Seite jener Innovation, die der Welt den ersten industriellen Massenartikel bescherte. Gleichzeitig rollte nach der „Epochenzäsur“ (Hörisch) die Alphabetisierung der Bürger an, deren Grad zu Gutenbergs Zeit im unteren Prozentbereich lag, schon bald aber schnell nach oben ging.

Und natürlich manifestierte das Gutenberg-Projekt die Sprache des Landes – Deutsch. Nur wenige Jahrzehnte später kursierten bereits über 300 Ausgaben der deutschsprachigen Luther-Bibel, mit einer Gesamtauflage von etwa einer halben Million Exemplaren. „Bei dem sich erst entwickelnden Buchmarkt und der geringen Lesefähigkeit eine bis dahin unerreichte Zahl", sagt der Sprachforscher Stephan Füssel, an der Mainzer Gutenberg Universität Direktor des Instituts für Buchwissenschaft.

Dass ein Reformator des Glaubens zum ersten wirkungsmächtigen Nutzer seiner Erfindung werden sollte, konnte der „bewundernswerte Mann" (Piccolomini), ein treuer Sohn seiner Kirche, wahrlich nicht erahnen.

Zunächst einmal war der Sohn eines Mainzer Patriziers und zeitweiligen städtischen Rechenmeisters ein ehrgeiziger Handwerker mit gehörigem Gewinnstreben. Einigen gilt er als verschlagener Geschäftsmann, „hitzköpfig, lärmend und rabiat". Gensfleisch alias Gutenberg – denn so hieß ein Anwesen der Familie im Stadtkern – hatte wohl im Jahr 1438 in Straßburg zusammen mit anderen das Unternehmen „Aventur und Kunst" gegründet. Er begann mit dem Typenguss und beweglichen Lettern zu experimentieren. Auch wenn es bereits in Korea und China ähnliche Techniken gab, konnte bislang keine Verbindungsbrücke zwischen asiatischen Druckern und ihm entdeckt werden.

Gutenbergs erstrangiges Ziel war es ganz offenbar nicht, eine gegenüber der gängigen Praxis preiswerte Massenware zu produzieren. Er wollte besonders schöne Schriften in einer Qualität liefern, die die berufsmäßigen Schreiber, Rubrikatoren und Miniatoren der Klöster oder Universitäten nicht erreichen konnten. Erst recht nicht die Mitarbeiter jener gewerblichen Skriptorien, die Bücher auf Vorrat abschrieben, quasi fabrikmäßig.

Gewiss, auch die Zeit war ein wesentlicher Faktor. Damals benötigten selbst schnelle Kopisten mindestens drei Jahre, um ein einigermaßen gut lesbares Exemplar der Bibel zu erstellen.

Während andere Tüftler versuchten, Bücher so zu drucken wie Kupferstiche entstehen, also Seite für Seite, setzte Gutenberg auf ein System der Kleinteiligkeit, das beliebig zusammensetzbar und immer wieder reproduzierbar sein würde – Buchstabe für Buchstabe, Satzzeichen für Satzzeichen, Zeile für Zeile. Das Material für die Typen war eine Legierung, die hauptsächlich aus Blei bestand, aber auch Zinn, Antimon, Kupfer und Eisen enthielt. Die Druckerschwärze hatte Gutenberg mit Lampenruß, Firnis und Eiweiß angerührt. Und so funktionierte es dann, wie Füssel beschreibt:

Das Papier wurde angefeuchtet, damit es sich besser um das Typenmaterial legen kann, und in einem klappbaren Pressdeckel mit mehreren Nadeln fixiert. Es wurde ein Rahmen darüber geklappt, der genau in der Größe des Satzspiegels eine Aussparung hatte, damit die Blattränder auf keinen Fall beim Drucken beschmiert werden.

Der Wagen mit dem Satz und dem Deckel mit dem Papier wurde dann unter die Druckplatte, den Tiegel, geschoben und der Tiegel mit einem kräftigen Ruck auf das Papier gedrückt.

Der erste so entstandene Druck war das „Mainzer Fragment" von circa 1445, Teil einer thüringischen Dichtung über das Jüngste Gericht; es folgten ganz rasch eine – lateinische – Schulgrammatik, Kalender (zum Thema „Aderlass" etwa oder über die Gefahr einer türkischen Invasion) – oder schließlich Ablassbriefe, ein äußerst lukrativer Geschäftszweig. Gab doch die Kirche Roms hohe Auflagen in Arbeit, einmal sogar knapp 200 000 Exemplare.

Und dann ging Gutenberg jenes Produkt an, das immer noch Anlass zum Staunen bietet: seine berühmt gewordene Bibel, die in Fachkreisen nur „B 42" heißt, B für Bibel, 42 für die Anzahl der Druckzeilen pro Seite. Das handgeschriebene Vorbild hieß „Vulgata", was so viel bedeutet wie: „allgemein verbreitete Ausgabe".

An der Produktion des „Buches der Bücher", wie die Bibel auch genannt wird, waren neben Chef Gutenberg mindestens vier Setzer

Vorläufer in Asien

Schon 70 Jahre vor der Erfindung des Buchdrucks in Europa arbeiteten koreanische Drucker mit beweglichen Metallletern – bei Tausenden Zeichen eine kaum praktikable Technik. Erst ein neues, stark reduziertes Alphabet um 1446 erleichterte die Arbeit. Gegossen wurde anfangs in Sandformen; deshalb besaßen die Typen nicht die Randschärfe und die Präzision der Gutenbergschen Arbeit.

und zwölf Drucker beteiligt – nach der Verarbeitung von 48 000 Papierbögen à 16 Seiten, Pergamenten aus den Häuten von 3200 Tieren und über 230 000 Handgriffen lagen etwa 180 Exemplare in lateinischer Sprache vor, geschaffen in der Rekordzeit von gut zwei Jahren. Ein ausgereiftes, vorzügliches Werk mit dem weiteren Vorteil, nur ein Viertel der handschriftlichen Bibel zu kosten.

Gutenbergs Erfindung jagte mit einer Geschwindigkeit hinaus in die Welt wie erst später im 20. Jahrhundert wieder das Internet. Noch vor Gutenbergs Tod – er starb, das ist nun verbürgt, gutsituiert am 3. Februar 1468 – wurde mit seiner Technik, der „schwarzen Kunst", in Straßburg (1460) und Rom (1464) gedruckt; später dann in Venedig (1469), Paris (1470), Valencia (1474), London (1477) und Stockholm (1483).

Den deutschen Humanisten half Gutenbergs Erfindung dabei, das eigene Unterlegenheitsgefühl gegenüber Italienern und Franzosen zu überwinden. Endlich sei es den Deutschen möglich, jubelte der Dichter Conrad Celtis (1459 bis 1508), Anschluss an die geistige Größe der Antike zu erreichen. Gutenberg und seinen Zeitgenossen war ein solcher Nationalstolz noch fremd gewesen.

Und fünf Jahrzehnte nach der Erfindung gab es mindestens 1000 Druckereien in 350 Städten quer durch Europa. Zwischen 1450 und 1500 veröffentlichten sie etwa 30 000 Titel mit einer geschätzten Gesamtauflage von neun Millionen Bänden. Zeitgenossen freuten sich, dass es „jedem Minderbemittelten" nun möglich sei, „höhere Bildung zu erwerben". Später drängten – etwa in Augsburg oder in Straßburg – die ersten Zeitungen auf den Markt; „Zeitung", ein mittelhochdeutscher Begriff, bedeutete schlicht „Nachricht".

Um diese Zeit verlor das Lateinische an Bedeutung, eher angesagt war Deutsch. Der Begründer der Gutenberg-Forschung, der Göttinger Johann David Köhler (1684 bis 1755), bediente sich konsequenterweise „hiebey unserer Mutter-Sprache", was ihm „niemand verübeln" dürfe. Denn „eine solche Sache, welche die Ehre der gantzen Teutschen Nation anbetrifft" – Gutenbergs Erfindung natürlich – müssten „auch alle Teutschen lesen und verstehen können, welche dieselbe lieb haben".

Was sie denn auch taten – vor allem jene Romantiker des 19. Jahrhunderts, die Johannes Gutenberg zum nationalen Heros erhoben.

DAS DEUTSCH DER BÜRGER

Zwischen Erfurt und Görlitz wurde jene Schriftsprache geprägt, die noch heute „Hochdeutsch" heißt. Der Leipziger Sprachmeister und Gelehrte Gottsched, oft belächelt und verkannt, ist eine Schlüsselfigur dieser Entwicklung.

Von Mathias Schreiber

Ein großer Mann: Johann Christoph Gottsched (1700 bis 1766) war von „aufragender Goliathstatur", wie sein Biograf Michael Bernays 1880 rühmte. Diese Statur hätte beinahe verhindert, dass aus dem ostpreußischen Pastorensohn jener überragende Literat und Fürsprecher eines „hochteutschen" Kanons wurde, als den ihn Kenner bis heute verehren.

Und das kam so: Im Jahr 1724 suchen die eifrigen Werber des preußischen „Soldatenkönigs" Friedrich Wilhelm I. auch unter den Königsberger Studenten „lange Kerls" für die Armee Seiner Majestät. Der hierfür zuständige General, der Herzog von Holstein, lädt einige Kandidaten ein und lässt sie eine Probe ihrer Redekunst abgeben – unter einem hoch hängenden Kronleuchter. „Da nun dieselben", wie es in einem zeitgenössischen Bericht heißt, „oben an denselben anstießen", sollte ein „gewitzter Unteroffizier" umgehend versuchen, „dieselben zu fangen".

Der junge Gottsched war rechtzeitig gewarnt worden und wagt die „Flucht", wie er selbst es später nannte, nach Leipzig. Hier, im Zentrum „teutscher" Frühaufklärer, gelingt ihm eine akademische und publizistische Karriere, die unter der Knute des preußischen Militärdienstes unmöglich gewesen wäre.

Leipzig: Das ist zu dieser Zeit eine quicklebendige Messestadt mit rund 40 000 Einwohnern, mit einer hochangesehenen Universität, einem reichen Theater- und Musikleben, mit jeder Menge ehrgeiziger Verlage, Zeitschriften und Autoren, mit einer Kulturszene, die schon weitgehend von wohlhabenden Bürgern getragen wird – während in der nahen Residenz Dresden noch adlige Mäzene und Salons den Ton angeben.

Der vitale, umtriebige, lange Jahre unter Geldnot leidende Riese Gottsched ist zunächst Hauslehrer bei Johann Mencke, dem mehrfachen Rektor der Universität. Er hält aber schon 1725 Vorlesungen über die Philosophie des Aufklärers Christian Wolff, wird 1729 außerordentlicher Professor für Poesie, fünf Jahre später philosophischer Ordinarius und lässt sich insgesamt viermal zum Rektor der Universität wählen. Erst der philosophische Lehrstuhl ist ordentlich besoldet, so dass Gottsched endlich auch heiraten kann.

Die auserwählte Luise Adelgunde Victorie Kulmus, eine literarisch begabte Arzttochter aus Danzig, diese „so geschickte Person" (Gottsched), später schlicht „Gottschedin" genannt, lauscht den Vorlesungen des Meisters an der Tür eines Zimmers neben dem Hörsaal – und dient ihm fortan als Sekretärin, Ratgeberin, Übersetzerin und Autorin.

Ohne ihre Hilfe hätte er es niemals geschafft, neben den Vorlesungen noch eine „Teutsch-übende" Sprachgesellschaft zu führen, Zeitschriften wie „Die vernünftigen Tadlerinnen" – mit den ersten Leserbriefen der Pressegeschichte – herauszugeben, Gedichte und Theaterstücke („Der sterbende Cato", 1730) zu verfassen oder auch dickleibige Bücher wie den „Versuch einer Critischen Dichtkunst vor die Deutschen" (1730), „Erste Gründe der gesamten Weltweisheit" (1733) und „Grundlegung einer Deutschen Sprachkunst" (1748).

Was dem schon nach wenigen Jahren fast allmächtigen Literatur- und Sprachrichter, diesem erstaunlich modern anmutenden Pionier eines auf öffentliche Wirkung bedachten Literaturbetriebs, bei alldem wichtig ist: eleganter Witz, guter Geschmack, Einfachheit und Natürlichkeit des Ausdrucks, also Abkehr vom barocken „Schwulst". Gottsched propagiert maßvolle Kritik aus dem Geist der Vernunft, klare Regeln für Lyrik, Epik und Dramatik (Einheit von Ort, Zeit und Handlung), Erneuerung des Theaters durch Konzentration auf eine moralische Botschaft und durch Verzicht auf „Harlekins-Lustbarkeiten" und „pöbelhafte Zoten", energische Orientierung der deutschsprachigen Literatur am Niveau des alten Rom (Horaz, Cicero), vor allem an jenem französischen Vorbild, das für die Deutschen, so Gottsched, ähnlich wegweisend sei wie einst die Kultur der Griechen für die Römer.

Noch heute klingt plausibel, was dem Mann etwa am deutschen Bühnenwesen missfällt: „Alle Gespräche und Redensarten sind so hochtrabend, dass sie alle gesunde Vernunft übersteigen. Man sagt da nicht, dass der Mittag vorüber sei; sondern dass der Monarch der Gestirne den Mittagswirbel schon überstiegen habe. Ein Ritter liebet eine Prinzessin nicht, sondern die Pflanze ihrer Annehmlichkeiten schlägt in die Erdreiche seines Herzens tiefe Wurzeln, und dergleichen mehr."

„Gesunde Vernunft", „allgemeine Regeln", „Nachahmung der Natur": Das sind die Schlüsselbegriffe seines am Vorgänger Martin Opitz (1597 bis 1639) geschulten, klassizistischen Schönheitsempfindens. Sie werden Gottsched sehr bald zum Verhängnis: Von dem Spott, den erst die Schweizer Kollegen Johann Jakob Bodmer und Johann Jakob Breitinger, dann aber vor allem Gotthold Ephraim Lessing, Johann Gottfried Herder, Johann Wolfgang Goethe und die Junggenies vom „Sturm und Drang" über seine gewiss etwas naiven Empfehlungen häufen, hat er sich im Grunde bis heute nicht erholt.

Der Tenor der Kritik stammt von Johann Wilhelm Ludwig Gleim (1719 bis 1803). Er dichtete einen unvergesslich höhnischen Vierzeiler zum „Sterbenden Cato", einem Stück Gottscheds über den jüngeren Stoiker Cato (95 bis 46 vor Christus), der sich, als Caesar die römische Republik in eine Diktatur verwandelte, heroisch das Leben nahm: „Wie dieser Sachse Cato spricht, / So sprach der Römer Cato nicht; / Hört er die Reden des Poeten, / Er würde sich noch einmal töten!" Gerade jene Künstlichkeit, deren barockes Prunkgewand Gottsched zerrissen hat, wird ihm nun selbst vorgeworfen: fatal für den Vorkämpfer der natürlichen Redeweise.

Goethe beschreibt in „Dichtung und Wahrheit" die komischen Züge dieser Fatalität: Als Student trifft er 1766 im Leipziger „Goldenen Bären" auf den dort wohnenden, verdienstvollen Oberlehrer der jüngeren deutschen Sprache und Literatur. „Der große, breite, riesenhafte Mann, in einem gründamastnen, mit rotem

Taft gefütterten Schlafrock“ steht plötzlich vor ihm, „sein ungeheures Haupt war kahl und ohne Bedeckung“. Sofort springt ein Diener „mit einer großen Allongeperücke auf der Hand herein und reichte den Hauptschmuck seinem Herrn mit erschrockener Gebärde. Gottsched, ohne den mindesten Verdruss zu äußern, hob mit der linken Hand die Perücke von dem Arme des Dieners, und indem er sie sehr geschickt auf den Kopf schwang, gab er mit seiner rechten Tatze dem armen Menschen eine Ohrfeige, so dass dieser, wie es im Lustspiel zu geschehen pflegt, sich zur Türe hinaus wirbelte, worauf der ansehnliche Altvater uns gravitätisch zu sitzen nötigte und einen ziemlich langen Diskurs mit gutem Anstand durchführte.“

Damit sagt Goethe: Der Kritiker des Künstlichen wirkt selbst künstlich, fast grotesk, egal ob mit oder ohne Perücke. Und in natura reagiert er gerade so, wie der Theaterputzmann in ihm es verbieten wollte: im Stil des polternden, derben Lustspiels.

Lessing wünscht sich 1759, „dass sich Herr Gottsched niemals mit dem Theater vermengt hätte“. Er trauert der spontanen Harlekinade nach, die Gottscheds „französisierendes Theater“ der „deutschen Denkungsart“ verboten habe, als müsse sie sich eine fremde Perücke überstülpen. Dagegen rebellieren nun Natur und Gefühl, Empfindsamkeit und Ekstase, überhaupt der Sinn für alle Stoffe und Formen extremer Emotionalität. Lessing sagt in diesem Sinne: „Das Große, das Schreckliche, das Melancholische wirkt besser auf uns als das Artige, das Zärtliche, das Verliebte.“ William Shakespeares Leidenschaft ist das neue Idol, nicht mehr der französische Feinschliff von Pierre Corneille oder Jean Racine.

Die affektgeladene Ästhetik des Authentischen, durchgesetzt von Stürmern und Drängern wie dem jungen Goethe und Friedrich Maximilian Klinger, hätte allerdings ohne die klassizistischen Regelungen eines Gottsched nichts gehabt, gegen das sie sich hätte abheben und verfeinern können. Mindestens insofern hat Gottscheds Projekt, die Sprachkunst „mit Kleister und Schere“ (Lessing über Gottsched) zu erneuern, mehr Respekt verdient als die genialischen Verächter von Handwerksregeln meinen.

Doch was hat dies mit der Selbstfindung der Deutschen zu tun? Sehr viel: Politisch waren die Deutsch Sprechenden damals auf mehr als 300 reichsunmittelbare Städte, Fürsten- und andere „-tümer“ verteilt. Die einzige deutsche Nation, die es gab, war keine Staatsnation, sondern eine Kulturnation, territorial weitgehend identisch mit dem Verbreitungsgebiet des deutschen Idioms.

Dieses Idiom konnte sich aus der Wirrnis der Dialekte aber nur durch Autoren herausarbeiten, deren hervorragende Werke zugleich die Sprache vereinheitlichten und ihr Prestige anhoben.

Goethes Lehrmeister Herder (1744 bis 1803) hat diesen Auftrag des Schriftstellers, in seiner „Idee zum ersten patriotischen Institut für den Allgemeingeist Deutschlands“, klar formuliert. Die patriotische Bedeutung des sprachmächtigen Dichters ergebe sich daraus, „dass alle herrschenden Völker der Weltperioden nicht durch Waffen allein, sondern vielmehr durch Verstand, Kunst und durch eine ausgebildetere Sprache über andre Völker oft Jahrtausende hin geherrschet haben, ja dass selbst, wenn ihre politische Macht verfallen war, das ausgebildete Werkzeug ihrer Gedanken und Einrichtungen andern Nationen als ein Vorbild und Heiligtum wert geblieben“.

Herder verlangte den Abschied von der damals verbreiteten „Gallicomanie“, und zwar als eine Voraussetzung dafür, dass „die deutsche Nation“ sich aus den Niederungen des „Knecht- und Mägdedeutschen“ befreie. Das war eine ziemlich freche politische Forderung. Französisch zu sprechen sei, so Herder, „ein Zeichen des Eintritts in die Gesellschaft von guter Erziehung, als ein Standes-, Ranges- und Ehrenzeichen“. Wer dagegen die Sprache der

Deutschstunde

In den Klöstern des Mittelalters hat die Entwicklung der deutschen Schriftsprache angefangen. Das war nur indirekter Deutschunterricht, weil es um Übersetzungen aus dem Lateinischen, der Bibel-Sprache der „Vulgata", in die Volkssprache ging. Neben Lateinschulen gab es in den Städten Schreibschulen, wo angehende Kaufleute lernten, einen „brieff" korrekt zu „tichten". In Preußen musste erst nach 1812 ein Abiturient auch „classische deutsche Werke" kennen. Seit 1892 gehört zur Reifeprüfung eine ausreichende Leistung im Fach Deutsch.

„Dienerschaft" hochhielt, der rebellierte gegen nicht weniger als die herrschende Stände-Ordnung.

Gottsched hat diesen Gedanken vorgearbeitet, obwohl er die Nachahmung der Franzosen empfahl. Aber er ließ ja nur deshalb so viel aus der französischen Literatur übersetzen, um den Standard des Deutschen zu verbessern, um ihn – auch gegen den gallischen Nachbarn – aufzuwerten.

Dabei hatte er einen mächtigen Widersacher: Friedrich den Großen. Als der Preußenkönig 1757, im zweiten Jahr des Siebenjährigen Kriegs gegen Österreich, Gottsched in Leipzig trifft, nennt er ihn spöttisch einen „sächsischen Schwan", der „die Herbheit der Töne einer barbarischen Sprache mildern" wolle – natürlich sagt er das auf Französisch. Gottsched will den König zur deutschen Sprache „bekehren" und überreicht ihm ein eigenes Gedicht; darin werden die deutsche Dichtung und Friedrichs Verdienste um sie gerühmt. Außerdem präsentiert er Übersetzungen aus dem Französischen, die der König höchstselbst mit den Originalen vergleicht.

„Ob er nun gleich", so berichtet Gottsched später einem Freund, „viele deutsche Worte nicht verstund, so kritisierte er doch andere sehr gründlich und lobte wieder viele Stellen, die ich besser ausgedrückt hätte, als er sich jemals möglich zu sein eingebildet hätte. Als ich sagte, dass die deutschen Dichter nicht genug Aufmunterung hätten, weil der Adel und die Höfe zu viel Französisch und zu wenig Deutsch verstünden, um alles Deutsche recht zu schätzen, sagte er: ‚Das ist wahr, denn ich habe von Jugend auf kein deutsches Buch gelesen und ich rede sehr schlecht (je parle comme un cocher), jetzo bin ich aber ein alter Kerl von 46 Jahren und habe keine Zeit mehr dazu.'" Zum Dank für das „lange Geschwätz" lässt Friedrich dem Professor eine goldene Schnupftabakdose überbringen.

Gottsched war stolz auf diesen kleinen Triumph. Aber sein Deutsch hat noch einem zweiten Herrscher jener Jahre Schwierigkeiten bereitet: Kaiserin Maria Theresia, Friedrichs Habsburger Widersacherin in Wien. Bei einem Empfang sagte sie zu Gottsched: „Ich sollte mich scheuen, mit dem Meister der deutschen Sprache deutsch zu reden. Wir Österreicher haben eine sehr schlechte Sprache." Unter dem Eindruck von Gottscheds Schrift über „Deutsche Sprachkunst" ließ Maria Theresia einen Lehrstuhl für deutsche Sprache einrichten.

Nördlich von Wien, südlich von Berlin und ziemlich weit im Osten also hat sich zu dieser Zeit jene Bildungssprache etabliert, die Christoph Martin Wieland 1782 „Hochteutsch" nennt. Der Sprachforscher Johann Christoph Adelung (1732 bis 1806), der 1788 in Leipzig das bedeutendste deutsche Wörterbuch vor dem der Gebrüder Grimm herausgebracht hat, spricht schon im Titel seines fünfbändigen Werks von der „hochdeutschen Mundart". Er nennt Hochdeutsch die „Sprache der oberen Classen der Einwohner der blühendsten Provinz der Nation" – gemeint ist der Raum Sachsen, Sachsen-Anhalt, Thüringen.

Daran hat, vor Gottsched, das größte Verdienst der Thüringer Reformator Martin Luther (1483 bis 1546). Luthers Bibel-Übersetzung hat, im 16. Jahrhundert, nicht nur „die ganze Heilige Schrifft" ungewöhnlich „klar und gewaltiglich verteutscht", wie er selbst es im berühmten „Sendbrief vom Dolmetschen" (1530) als Absicht formuliert. Er hat dabei auch etliche Wendungen dem „gemeinen Mann" und der „Mutter im Haus" abgelauscht. So gelang ihm eine eigenartige Verschmelzung von Hochsprache und Volkssprache, Prediger- und Alltagsrede, eine am stärksten vom sächsischen Kanzleideutsch aus der Gegend von Meißen geprägte, bildhafte und kraftvolle Mischung. An ihr nimmt die deutschsprachige Literatur im Grunde bis heute Maß, wie erst jüngst die Autorenproteste gegen eine neue, vermeintlich „gerechte" Bibelübersetzung gezeigt haben.

Gottsched hat, rund 200 Jahre nach Luthers Pionierleistung, das korrekte „Meißnische Deutsch", wie es der von ihm verehrte Philosoph Wolff (er lehrte in Halle) oder auch schon der aus Leipzig gebürtige Philosoph Leibniz schrieben, zur über allen deutschen Dialekten stehenden „Mundart" oder „Hochsprache" erkoren – Hochdeutsch galt ihm als die „beste Mundart" (die Begriffe waren noch nicht so festgelegt wie im modernen Sprachgebrauch). Dass er sich damit auch langfristig durchgesetzt hat, verdanken die Deutschen vor allem den Dichtern, die sich später an Luther und Gottsched orientierten, mochten sie die ästhetischen Vorschriften des Leipziger Professors auch kritisieren: Lessing, Friedrich Gottlieb Klopstock, Wieland, Herder, Goethe, Heinrich von Kleist, auch die Schwaben Friedrich Schiller und Friedrich Hölderlin.

Jacob Grimm nennt, in der Vorrede zu seiner „Deutschen Grammatik“ (1819), das maßgeblich gewordene Neuhochdeutsche einen „protestantischen Dialekt“. Und in der Tat: Dieses Hochdeutsche bezeugt die kulturelle Niederlage des römischen Katholizismus gegen die Reformation, die nicht zuletzt an der Bedeutung protestantischer Pfarrhäuser und an der überwiegend protestantischen Prägung der wichtigsten deutschen Denker, von Immanuel Kant bis Georg Wilhelm Friedrich Hegel und Friedrich Nietzsche, ablesbar ist.

So verlor schließlich die süddeutsche „Geiß“ gegen Luthers „Ziege“, die „Mucke“ gegen die „Fliege“, das „Schwammerl“ gegen den „Pilz“, der „Burger“ gegen den „Bürger“, die „Semmel“ gegen das „Brötchen“ und der „Bruader“ gegen den „Bruder“ – sozusagen im Sog der Sieger.

Gegen diese über weite Teile der Mitte und des Südens ausgedehnte hochdeutsche Vorherrschaft hatte das nordische Niederdeutsch keine wirklich überregionale Chance mehr; dieses liebenswerte „Plattdeutsch“, in dem es „dat“ statt „dass“ heißt, „he“ statt „er“, „kiek“ statt „guck“ und „schnacken“ statt „reden“.

Hochdeutsch war die gemeinsame Schrift- und Literatursprache eines aufgeklärten bürgerlichen Denkens, das die Distanz zum Französischen suchte, weil es sich von der Macht der Fürstenhöfe lösen wollte. Die sprachlich gefestigte Kulturnation, die daraus gewachsen ist, empfand noch wenig patriotisch, eher schon, wie der junge Goethe, „fritzisch“ – in Verehrung des Preußenkönigs. Das sollte sich erst im Lauf des 19. Jahrhunderts ändern.

GOLDENE VERGANGENHEIT

Mitte des 14. Jahrhunderts gründete König Karl IV. in Prag die erste Hochschule auf dem Boden des Heiligen Römischen Reiches. Den Tschechen wurde die Geschichte der Karls-Universität zum wesentlichen Bestandteil ihrer Nationenfindung.

Von Hans-Ulrich Stoldt

Wenn schwerbewaffnete Soldaten in Universitäten einrücken, hat das selten etwas Gutes zu bedeuten. Das war vor rund 600 Jahren nicht anders, als von König Wenzel IV. in Marsch gesetzte Kriegsknechte in die Prager Karls-Universität zogen und vor versammelter Akademikerschaft Rektor Henning Baltenhagen barsch aufforderten, die Insignien der Alma Mater herauszugeben – Amtskette, Schlüssel, Siegel, Universitätsmatrikel und Rektoratskasse.

„Wollet Königlicher Majestät bestellen, dass das, was hier geschehen ist, seines Königreiches Zerstörung nach sich ziehen wird!", rief der entmachtete Gelehrte dem engsten Berater des Königs, Nikolaus von Lobkowitz, noch zu. Dann machte er sich im Zorn auf den Weg. Und mit ihm gingen die meisten deutschen Studenten, Magister und Dozenten, aber auch Buchhändler und andere Bürger deutscher Zunge.

In einer langen Prozession zogen sie zu Fuß und zu Pferd durch die Prager Straßen, begleitet von Steinwürfen und höhnischen Abschiedsrufen. „Kinder, gelobt sei der allmächtige Gott, dass wir die Deutschen ausgeschlossen und erreicht haben, was wir ersehnt, und dass wir Sieger wurden!", predigte freudig der Magister (und Kirchenreformator) Jan Hus von der Kanzel der nahe gelegenen Bethlehemskapelle.

Man schrieb den neunten Mai anno 1409.

Das Datum gilt als Wendepunkt für die bis dahin prosperierende Stadt an der Moldau und für das überwiegend friedliche Nebeneinander verschiedener Volksgruppen an der 61 Jahre zuvor gegründeten Universität. Und es markiert den Beginn einer Entwicklung, die – von der Gegenwart aus betrachtet – als entscheidend für den Prozess der tschechischen Nationenbildung verstanden werden kann. In Abgrenzung zu den Deutschen, die jahrhundertelang in der gleichen Region siedelten, fanden die Tschechen schließlich sich selbst.

Die Karls-Universität stand dabei oft im Zentrum der Konflikte zwischen den Volksgruppen, die sich im Mittelalter zunächst nur in ihrer Sprache unterschieden. Nationale Identitäten waren noch unbekannt. Und für das Leben, Lernen und Lehren an der Universität war selbst die Sprache oft ohne Belang – man parlierte meist auf Latein. Nur so konnten sich Studiosi und Bakkalaurei verständigen, die aus vielen Teilen Europas an die Alma Mater Carolina strebten.

Das akademische Multikulti-Leben war ganz im Sinne von Karl IV. – zunächst deutscher und böhmischer König und dann auch deutscher Kaiser –, der 1348 die erste Universität in Mitteleuropa gegründet hatte. Der in Prag geborene Sohn des Johann von Luxemburg und einer adligen Böhmin hatte selbst eine umfassende Erziehung und Ausbildung in Frankreich und Italien genossen. 17-jährig kehrte er 1333 in das verarmte Königreich Böhmen zurück, in dem „ich auch nicht eine königliche Burg antraf, die nicht mit allen ihren Krongütern verpfändet gewesen wäre“, wie Karl IV. selbst notierte.

In den kommenden Jahrzehnten sollte Prag unter seiner Regentschaft sozial und kulturell erblühen. Die Residenzstadt wurde zum vergoldeten Zentrum des Reichs, zu einer der bedeutendsten Metropolen Europas.

Viele bis in die Gegenwart bestaunte Bauten ließ Karl IV. errichten – den Veitsdom etwa und die Karlsbrücke, auf der sich heute nicht nur Touristen tummeln, sondern auch zahlreiche Taschendiebe ihr lukratives Auskommen finden. Und er gründete im Zentrum der Stadt eine Universität.

Eine Hochschule, die ausdrücklich nicht nur böhmisch-tschechischen Wissensdurst stillen, sondern Studenten aus dem gesamten Reich zugänglich sein sollte: „Auf dass Unsere getreuen Untertanen, die unablässig nach dem Genusse der Wissenschaft dürsten, nicht gezwungen, in der Fremde um Brocken zu betteln, im Königreich ihren gedeckten Tisch finden", heißt es in der Stiftungsurkunde.

Sein Vorhaben hatte sich der Herrscher zuvor sicherheitshalber von Papst Clemens VI. absegnen lassen. Der Geist der katholischen Kirche wehte durch jede Fuge der Alma Mater – ganz normal zu einer Zeit, da gegen oder ohne den Segen des Klerus in Europa nichts zu vollbringen war. So stand denn auch die Lehre an der theologischen, juristischen, medizinischen und philosophischen Fakultät vor allem im Dienste der Kirche.

Adlige aus ganz Europa schickten ihren Nachwuchs bald nach Prag, so manch reicher Lehnsherren-Sohn reiste aber auch zum reinen Pläsier an die Moldau: Das böhmische Bier war damals schon gut, und wer – wie es nicht selten geschah – sich nach ausgiebigem Zechgang mal daneben benahm, konnte auf eine milde Strafe rechnen.

Universitätsangehörige unterlagen einer autonomen Rechtsprechung durch die Hochschule. Ohne Zustimmung des Rektors durfte niemand vor ein Gericht außerhalb der Universität gestellt werden. Während der einfache Bürger nach gravierenden Zwischenfällen ruck, zuck auf Jahre im Verlies verschwand, drohten den akademisch angehauchten Übeltätern maximal zwölf Tage Karzer im Erdgeschoss des Carolinums.

Daneben waren die Universitätsangehörigen (wie schon auf Schulen des Altertums) ihrer Herkunft nach in „Nationen" geteilt, was allerdings eine ganz andere Bedeutung hatte als heute: Die „Nationen" gliederten sich grob nach Regionen.

An der Karls-Universität gab es davon vier. So wurden den „Bayern" auch Italiener und Österreicher zugerechnet, den „Sachsen" Niederländer, Engländer und Skandinavier. Die „Böhmen" kamen nicht nur von dort selbst, sondern auch vom Balkan, aus Ungarn, Mähren und Litauen. Zur „polnischen Nation" schließlich zählten auch Ostpreußen, Pommern sowie Schlesier mit deutscher Muttersprache. Jede „Nation" verfügte über eine Stimme in den Universitätsgremien.

Das bunte Menschengemisch vertrug sich indes nur leidlich, vor allem deshalb, weil in den polnischen, sächsischen und bayerischen Nationen deutschsprachige Mitglieder überwogen. Die heimischen Böhmen – von denen die meisten tschechischer, etliche aber auch deutscher Zunge waren – fühlten sich trotz Standortvorteil benachteiligt. Das sorgte zunehmend für Streit.

Dann sickerte mählich noch weiterer Zwist in die Studierstuben und Bursen der Gelehrten. Ein gewisser John Wiclif, ein religiöser Radikalreformer aus dem englischen Oxford, brachte die Gemüter in Wallung. In bislang unbekannter Härte geißelte er die Auswüchse klerikaler Herrschaft, sittliche Verfallserscheinungen, Zuchtlosigkeit und den Pomp, mit dem sich die geistlichen Würdenträger zelebrierten, aber auch den Ablasshandel und die Möglichkeit, kirchliche Ämter zu kaufen. Den einen klang das als Ketzerei wider den wahren Glauben, den anderen war es ein frischer Wind, der zementierte Strukturen aufbrechen half. Wiclifs Ideen kamen beim gemeinen Volk gut an.

Die böhmische „Nation" an der Karls-Universität sog das von der Insel kommende Gedankengut besonders auf. Richtete es sich doch auch gegen die Mitglieder der anderen „Nationen", denn vor allem diese hatten sich die örtlichen klerikalen Pfründen unter den Nagel gerissen – dabei waren die Böhmen doch in der Mehrzahl!

Ihren kongenialen Sprecher fanden sie in Jan Hus, der seine aufrührerischen Ansprachen in der Prager Bethlehemskapelle nicht auf Latein und auch nicht auf Deutsch – sondern auf Tschechisch hielt.

Den Streit um Moral und Machtanspruch des Klerus vertiefte noch die Kirchenspaltung in jener Zeit, das Schisma. Von 1378 an meinten gleich zwei Päpste (der eine in Rom, der andere in Avignon), Stellvertreter Gottes auf Erden zu sein. Die Gläubigen, was Wunder, verwirrte das. Und so entschieden sich die einen für den einen und die anderen für den anderen. Der Riss ging auch durch die Prager Universität, und er entsprach jenem im Wiclif-Streit – hier die böhmische „Nation", da die eher deutschgeprägten „Nationen", „die Deutschen" also.

Die Entwicklung eskalierte, nachdem sich der inzwischen regierende König Wenzel IV. (ein Sohn Karls IV.) 1408 den immer lauter werdenden Forderungen angeschlossen hatte, ein Konzil in Pisa einzuberufen, um dort die beiden Päpste abzusetzen und einen neuen zu wählen. Seine Entscheidung wollte sich der Herrscher von den Gelehrten der Karls-Universität absegnen lassen. Die böhmische „Nation“ schlug sich auch brav auf seine Seite, die anderen „Nationen“ wollten aber treu zu dem römischen Papst Gregor XII. stehen. Im Stimmenverhältnis hieß das: drei zu eins.

Dem war abzuhelfen: Kurzerhand erließ der König mit tatkräftiger Hilfe böhmischer Reformer um Hus das „Kuttenberger Dekret“. Danach verfügten die Böhmen jetzt über drei Stimmen an der Universität, die anderen Nationen gemeinsam nur noch über eine. So kam Wenzel IV. in einer erneuten Abstimmung doch noch zu seiner Mehrheit (das Konzil klärte indes nichts: Nun gab es der Päpste gleich drei).

In Prag hatten die anderen düpierten „Nationen“ inzwischen entrüstet den Campus geräumt. Viele waren nach Leipzig gezogen und bauten dort eine eigene Universität auf. Die Alma Mater Carolina ließ dieser Aderlass auf lange Zeit in die Bedeutungslosigkeit versinken.

Erst im 18. und 19. Jahrhundert bevölkerten auch wieder viele deutsche Studenten und Dozenten neben den Tschechen das Carolinum. Inzwischen stand man sich jedoch mit durchaus gewachsenem nationalem Bewusstsein gegenüber. Immer wieder gab es Streit und Schlägereien, ja regelrechte Straßenkämpfe zwischen den Volksgruppen auf dem Campus und in den Gassen längs der Moldau, bis schließlich 1882 die Universität in eine deutsche und eine tschechische geteilt wurde – beide allerdings durften sich auf die Tradition der im Mittelalter gegründeten Institution berufen. Die Trennung nahm bizarre Züge an: Die Eingänge zu den Hörsälen wurden so gestaltet, dass sich die unterschiedlichen Gruppen nicht zu begegnen brauchten, an geraden Tagen durften die Deutschen die Aula nutzen, an ungeraden die Tschechen.

Nach dem Ersten Weltkrieg 1918 war auch das vorbei. Die Österreichisch-Ungarische Monarchie zerfiel, mit der Tschechoslowakei entstand ein neuer Staat. Gesetzlicher Feiertag wurde das Datum der Hinrichtung von Jan Hus, und das Erbe der ehrwürdigen Alma Mater wurde allein der böhmischen Hochschule übertragen: „Die Tschechische Universität ist die Nachfolgerin der alten Karls-Hochschule“, heißt es im Gesetz Nr. 135 aus dem Jahre

1920. Über den Namen der – nach offizieller Lesart nun erst 1882 gegründeten deutschen Universität – wollte man später befinden, was allerdings nie geschah. So sehr konzentrierte sich die junge Republik darauf, eine eigene Identität herauszubilden, dass auch die immer noch ansehnliche deutsche Minderheit im Land vielerlei Diskriminierungen hinzunehmen hatte.

Mit dem Einmarsch der Nazis und der Errichtung des Protektorats von Böhmen und Mähren im März 1939 erlebte die Karls-Universität noch ein besonders blutiges Kapitel ihrer Geschichte: Viele Studenten, die im Oktober gegen die Okkupation demonstrierten, wurden hingerichtet oder ins KZ verschleppt.

Das Ende des NS-Regimes und die Vertreibung der meisten Deutschen aus Böhmen und Mähren nach 1945 brachten das endgültige Aus für die deutsche Universität in Prag. Von nun an gab es nur noch eine, und an der wurde ausschließlich auf Tschechisch gelernt und gelehrt.

„Im Nachhinein betrachtet, ist diese erste Universität in Mitteleuropa sicher sehr wichtig für die tschechische Nationenwerdung", sagt der Historiker Michal Svatos vom Prager Institut für die Erforschung der Geschichte der Karls-Universität. Tatsächlich aber sei die Frage, ob Karl IV. nun eine deutsche oder böhmisch-tschechische Hochschule auf dem Boden des Regnum Teutonicum habe gründen wollen, völlig unerheblich: „Sie war eine allgemeine, universelle Bildungsstätte für das ganze Christentum von Spanien bis Litauen", so Svatos, „nationalistische Fragen hatten damals an der Universität keinen Platz – es gab sie einfach noch gar nicht."

Im Volk klingt das heute etwas anders: Als vor einem Jahr in einer Fernsehsendung der „größte Tscheche aller Zeiten" gesucht wurde, fiel die Wahl auf Karl IV. – der irgendwie auch Tscheche war, aber irgendwie ja auch Deutscher.

DAS GRÜBELN AUF DER LEINWAND

Die Frage nach dem Deutschen in der Kunst wurde lange vermieden. Nun aber hat sie Konjunktur. Wie patriotisch waren die Werke solcher Vorzeigemaler wie Albrecht Dürer oder Caspar David Friedrich tatsächlich? Gibt es eine typisch deutsche Kunst?

Von Ulrike Knöfel

Die Römer nahmen es mit Humor. Diese deutschen Künstler, die seit 1810 in der Ewigen Stadt lebten und eine Art Bruderschaft bildeten, die katholischer als der Papst waren, lange Haare und mittelalterliche Kleidung trugen, die Dürer verehrten und im Stil eines jungen Raffael vor allem Religiöses malten: Diese Retro-Künstler wurden von den Römern als „Nazarener" verspottet, als späte Jünger des Jesus von Nazareth.

Das Seltsamste an diesen Kunstaposteln war, dass sie ausgerechnet hier in Italien ihre Vaterlandsliebe auslebten. Der Maler Peter von Cornelius bekundete etwa, sein Anliegen sei es, mit „würksamer Kraft in's Herz der Nation" zu treffen. Gemeint war Deutschland.

Sie malten Bilder mit Titeln wie „Italia und Germania" oder „Die Einführung der Künste in Deutschland durch das Christentum". Vor allem ihr weihevoller Patriotismus wurde immer wieder auch in ihrer Heimat kritisiert, erwies sich dann aber gerade dort als gesellschaftsfähig. Später ergatterten diese frühen Aussteiger wichtige Posten an deutschen Akademien. Die Wissenschaft hat die Kunst des frühen und mittleren 19. Jahrhunderts lange Zeit bestenfalls als Randthema behandelt – gerade die penetrante Vaterlandsverehrung machte sie so unbeliebt.

Das nationale Auftrumpfen aber war nun einmal eines der Leitthemen dieses Jahrhunderts. Der bayerische König Ludwig I. ließ von 1830 an die Walhalla bauen und wollte mit diesem vaterländischen Ehrentempel eine „Erstarkung des teutschen Sinnes" bewirken. Nürnberg bekam 1852 ein „Germanisches Nationalmuseum". Preußen konterte mit einer ganzen Museumsinsel – die dortige Nationalgalerie entstand seit den 1860er Jahren und ist laut goldener Fassadeninschrift „Der deutschen Kunst" geweiht.

Als die Bilderschau, die längst „Alte Nationalgalerie" heißt, 2001 nach einer mehrjährigen Sanierung wiedereröffnet wurde – da lautete der erste Satz in der Begleitpublikation: „Es gibt wenige Worte, die in Deutschland so mit Bedeutung belastet sind wie ‚Nation' und ‚Kunst'."

Groß erschien lange das Risiko, als Erben solcher Interpreten zu gelten, die Kunst und Kunstgeschichte in die NS-Ideologie eingebettet und das Nationale überbetont hatten. Bis in die späten 1990er Jahre war es sogar üblich, von einer Kunst in oder aus Deutschland zu sprechen, aber nicht von einer deutschen Kunst. Jede historische Strömung wurde im europäischen Zusammenhang gesehen: Immerhin hatten die Deutschen jahrhundertelang die meisten Stile tatsächlich importiert, ob Gotik oder Rokoko.

Die Landschaften der Romantik und noch mehr die Wohnzimmerdarstellungen des Biedermeier spiegelten dann zwar schon sehr deutsche Vorlieben wider, wurden aber bis vor wenigen Jahrzehnten als Kitsch abgetan. Die Beliebtheit gerade dieser Kunst zu NS-Zeiten war ihr nach 1945 schlecht bekommen.

Plötzlich aber schließen sich die Lücken in der Rezeptionsgeschichte. Seit ein paar Jahren hat die heikle Frage nach dem Deutschen, insbesondere danach, ob es eine typisch deutsche Kunsttradition gibt, geradezu Konjunktur.

Noch wirken die Antworten eher diffus. „Nationen können nicht malen, sie können sich nur in Kunstwerken erkennen", hat der Kunsthistoriker Werner Hofmann in seiner 1999 veröffentlichten Streitschrift „Wie deutsch ist die deutsche Kunst?" angemerkt. Doch welche Werke dienten der nationalen Identitätsstiftung? Wann setzte sich die deutsche Kunst zum ersten Mal und vielleicht schon bewusst selbst ein Denkmal?

Vielleicht doch schon im 16. Jahrhundert mit Albrecht Dürer? Als der Nürnberger Maler 1528 starb, wurde er von seinem gelehrten Freund Willibald Pirckheimer betrauert als einer, der „Zierde und Ruhm unseres Volkes" gewesen sei. Das 19. Jahrhundert sollte ihn als Ikone des Altdeutschen, als angeblichen Gründer einer deutschen Kunst wiederentdecken und geradezu anbeten.

Bereits auf seinem legendären Selbstbildnis von 1500 hatte sich Dürer selbstbewusst in lateinischer Sprache als „Albrecht Dürer aus Nürnberg“ vorgestellt, auf dem Gemälde sieht er tatsächlich aus wie ein neuer Messias, ein Heiliger der Kunst aus Franken.

Dürer verkörpert die hochfliegenden Ambitionen der Frühen Neuzeit, den Wunsch nach einer Aufwertung der Kunst (so, wie er sie in Italien beobachtet hatte). Er schrieb Lehrbücher, schuf auch mit seinem Kupferstich „Melencolia“ ein Sinnbild der grübelnden Schöpferkraft. Kunst sollte nicht mehr nur als handwerkliche, sondern auch als intellektuelle Leistung eines herausragenden Individuums verstanden werden.

Doch erst sein Zeitgenosse und Konkurrent Lucas Cranach der Ältere hat dann eine erste eigenständige Bildtradition made in Germany begründet. Dieser Hofkünstler der sächsischen Kurfürsten (und langjährige Bürgermeister der Universitätsstadt Wittenberg) konnte nicht nur humanistische Botschaften äußerst pointiert und unterhaltsam vermitteln – er huldigte dem Menschenbild der Antike mit seinen für Deutschland so untypischen nackten Quellnymphen und Venus-Schönheiten.

Cranach erwies sich auch aus Sicht der Reformatoren als Vermarktungsgenie, er interpretierte religiöse Sujets nach 1520 oft protestantisch um oder erfand neue. Der Marienverehrung der römischen Kirche setzte er zum Beispiel einen Christus zwischen vielen Kindern entgegen. Als Motiv war dies eine Innovation.

Seine Luther-Porträts oder auch das Bild seines Dienstherrn Kurfürst Friedrich des Weisen im Kreise der Reformatoren: Das alles war damals aktuelle Gegenwartskunst, und es war in dieser Zeit des großen Umbruchs, der tiefgreifenden Konflikte auf riskante Weise politisch. Dabei wurden zwangsläufig spezifisch deutsche Themen und Probleme angesprochen.

Nicht weniger bezeichnend für das 16. Jahrhundert ist der Ehrgeiz der Herrscherhäuser, die eigene Vergangenheit aufzuwerten. Diese wurde in Chroniken so legendenhaft geschildert, dass sie es mit den Sagen der Mythologie aufnehmen konnte. Große Geschichte aus Sachsen, von Cranachs Werkstatt illustriert, sah so aus: Die heilige Hilda schnitt sich die Nase ab, weil sie den König von Jerusalem nicht heiraten wollte. König Hermenfried musste die Hälfte des Reichs an seinen Bruder abtreten, weshalb seine verbitterte Gattin den Tisch nur noch halb deckte.

Das 16. Jahrhundert war eben auch geprägt vom Wunsch nach Verankerung und Verortung, historisch wie geografisch. Damals wurde der Wald zum Inbegriff einer deutschen Landschaft, er bildete den Hintergrund vieler, sogar biblischer Szenen und wurde zum deutschen Mythos (als solchen thematisierte ihn viele Jahrhunderte später noch Joseph Beuys).

Sind das aber alles Indizien für das Streben nach einer erkennbar deutschen Kunst? Waren solche Bilder bewusste oder unbewusste Annäherungen an eine nationale Ästhetik?

Auch wenn manches dafür spricht – noch deutlicher trat bald eine Gegenbewegung in Erscheinung. Die Protestanten erwiesen sich mehr und mehr als Bilderfeinde. Der Dreißigjährige Krieg, dieser am Konfessionsstreit entzündete, europaweite Blutrausch, löste in Deutschland zwar eine enorme publizistische Aktivität aus; illustrierte Flugblätter wurden fast schon im großen Stil verbreitet. Aber die großen künstlerischen Erneuerungen fanden längst wieder in der Ferne statt.

Rom erfand, als betont katholische Kunst, den Barock. Frankreich antwortete später mit dem sehr profanen Rokoko. Deutsche Künstler übernahmen, was andernorts tonangebend war und wandelten es je nach regionalem Geschmack ab. Die Deutschen besäßen in der Kunst keinen eigenen Stil, ahmten aber vorbildlich nach, was „anderen Nationen das Beste ist", notierte der Kunstsammler und Architekturliebhaber Fürst Karl Eusebius von Liechtenstein im 17. Jahrhundert.

Bald schloss sich, international, der Klassizismus und damit die Wiedergeburt der griechischen und römischen Antike an. Umso außergewöhnlicher war es, was der junge Johann Wolfgang Goethe 1772 mit seiner Hymne auf die Gotik zum Ausdruck brachte – eben doch die Suche nach einer landeseigenen Kunsttradition. In seinem Aufsatz „Von deutscher Baukunst" beschrieb er das Straßburger Münster als Inbegriff einer gotischen Architektur, die aus „starker deutscher Seele" entstanden sei; den zuständigen Baumeister, Erwin von Steinbach, feierte er als Genie des Nordens. Ausgerechnet die Gotik bildete bald so etwas wie den „deutschen" Gegenstil zum französischen Empire, sie wurde sogar zum Nationalstil. Die Anhänger dieser patriotischen Mode gingen fälschlicherweise davon aus, dass (die eigentlich in Frankreich erfundene) Gotik etwas mit Goten zu tun habe.

Ein wenig Vaterlandsverehrung – oder zumindest Franzosenfeindlichkeit – galt bei etlichen Künstlern während der Befreiungskriege und noch lange danach als Selbstverständlichkeit. Die Bedrohung durch Napoleon bis 1815 hatte viele Künstler zu Kämpfern gemacht. Manche griffen zu den Waffen, andere demonstrierten ihre Weltanschauung auf der Leinwand. Und auch die Walhalla war letztlich eine späte Reaktion auf die einstige Unterwerfung der „rühmlichen Teutschen" durch die Franzosen.

Im Dresden des frühen 19. Jahrhunderts schuf der Romantiker Caspar David Friedrich seine Bilder, die von Gegenwartsskepsis und der Hoffnung auf eine freiheitliche Zukunft zeugen – und deutsche Landschaften würdigen. Seine ausgeprägte Begeisterung gerade für Rügen teilte er damals schon mit vielen Insel-Touristen. Friedrich war wie viele Landsleute ein bekennender Gegner alles Französischen, aber war gerade er, wie später behauptet wurde, ein glühender Patriot?

Auf einigen Bildern sind altdeutsche Trachten zu erkennen, auch Gotisches kommt vor, und manche Werke vermitteln deutlich, wie er zur napoleonischen Besatzungsmacht stand: etwa das Ölbild, auf dem ein französischer Jäger verlassen in einem Wald steht und von einem Raben belauert wird. Es wurde 1814 in der „Ausstellung patriotischer Kunst" gezeigt.

Den Maler beschäftigte aber vor allem die Frage, was Kunst ausmacht. Er hielt sie für den „Mittelpunkt der Welt", den „Mittelpunkt höchsten geistigen Strebens". Friedrich selbst wurde von seinen Zeitgenossen vor allem zu Beginn seiner Karriere gefeiert, geriet dann bald in Vergessenheit.

Das ständige Grübeln über die Kunst, das auch für ihn so charakteristisch war, wurde offenbar als etwas typisch Deutsches wahrgenommen. Es erschien eine Fülle mal emphatischer, mal theorielastiger Kunstliteratur. In Frankreich jedenfalls lästerte die legendäre französische Schriftstellerin Madame de Staël, dass die Deutschen lieber über Kunst nachdächten, statt diese zu betreiben.

Viele Utopien des frühen 19. Jahrhunderts, ob Nazarenertum oder die Romantik, mündeten dann im beschaulichen Biedermeier. Deutsche Heimeligkeit, deutsche Sagen, deutscher Wald, deutsche Geschichte, deutsches Mittelalter, das war das Themenspektrum.

Dann allerdings kam Adolph Menzel (1815 bis 1905), der kleinwüchsige Maler Preußens, und in vielerlei Hinsicht war er tatsächlich ein sehr deutscher Künstler. Menzel war wie Dürer und Caspar David Friedrich ein Grübler, und er konnte mit seinem zugespitzten Realismus so anschaulich sein wie einst Cranach. Er schuf das Titelblatt für einen 1841 erschienenen Band der „Geschichte der neueren deutschen Kunst“, er malte eine Serie von Gedenkbildern für Friedrich den Großen und dabei auch ein Flötenkonzert in Sanssouci, er dokumentierte die Krönung des späteren Kaisers Wilhelms I. zum preußischen König 1861 in Königsberg, aber auch Ball-Soupers – oder den Alltag im Eisenwalzwerk.

Und er, der geniale Zeichner, offenbarte auf seinen Blättern das Grauen des Krieges, skizzierte schrecklich realitätsnah Verwundete und Leichen. Sein Preußen war kein ausschließlich glorioses, sondern ein Staat mit Glanz- und Schattenseiten. 1866 besuchte er das Schlachtfeld von Königgrätz, wo Preußen den österreichischen Rivalen besiegt hatte. Er wisse nun, was Krieg sei, bemerkte er. Sein patriotischer Bedarf sei gedeckt.

Wenige Jahre später wurde das Kaiserreich gegründet. Die neuetablierte Nationalgalerie präsentierte viele von Menzels Bildern. Der Künstler wurde geadelt, nach seinem Tod 1905 ordnete Wilhelm II. ein Staatsbegräbnis an. Man wollte Menzel würdigen, weil er Preußen ein Denkmal gesetzt hatte.

Oder hatte er es der Kunst gesetzt? Das wäre dann wohl ein sehr deutsches Anliegen.

FREIHEIT AUS DER ASCHE

Die Zerstörung Magdeburgs schockierte 1631 ganz Deutschland – ein Trauma, das über Jahrhunderte nachwirkte und sich schließlich zu einem nationalistischen Mythos wandelte.

Von Hans Michael Kloth

Die Bürger der stolzen Stadt Magdeburg glaubten im Morgengrauen des 20. Mai 1631, das Schlimmste hinter sich zu haben. Von den Mauern der reichen Hansestadt an der Elbe war deutlich auszumachen, dass sich die Truppen des kaiserlich-katholischen Feldherrn Johann Tserclaes Graf von Tilly in ihrem Lager vor den Toren der seit Monaten belagerten Stadt nicht rührten. Für heute schien nichts mehr zu befürchten, denn Sturmangriffe fanden für gewöhnlich bei Sonnenaufgang statt. Ihrem Gott dankend, begaben sich die frommen Magdeburger Lutheraner nach durchwachter Nacht zu Bett, in freudiger Erwartung vermeintlich ungestörter Ruhe.

Das über 30 000 Einwohner zählende Magdeburg war nicht irgendeine Stadt in Deutschland, sondern ein Symbol des Protestantismus. Seit es 80 Jahre zuvor schon einmal der Reichsacht und einer Belagerung durch die kaiserlichen Katholiken getrotzt hatte, galt die Handelsstadt als „unseres Herrn Gottes Cantzlei" und „wohlgebawtes Hauss".

Noch genährt worden war der Mythos von der reinen, glaubensfesten „Magdeburgischen Jungfrau" im Jahre 1629: Bei der ersten Belagerung im Dreißigjährigen Krieg hatte die Elbstadt wiederum den Angriffen papistischer Landsknechte widerstanden, an deren Spitze der legendäre Söldnerführer Albrecht von Wallenstein stand.

Nun, im dritten Anlauf, schaut man im Heiligen Römischen Reich Deutscher Nation gebannt auf den Showdown zwischen der wehrhaften Jungfer und ihrem „alternden Freier", dem bereits über 70-jährigen Tilly. Zwischen Hamburg und Wien sind die „Zeytungen“ und Flugschriften seit Ende 1630 voll mit Neuigkeiten von der Belagerung. Chronisten vermerken, dass in Städten wie Nürnberg und Leipzig Geldwetten auf den Ausgang abgeschlossen werden.

Eine Entscheidung von weitreichender Bedeutung liegt in der Luft: Fällt Magdeburg, steht den Kriegshaufen des Kaisers das Tor zum protestantischen Norden offen. Hält Magdeburg aus, bleibt die von Kaiser Ferdinand II. aus Wien betriebene Rekatholisierung stecken. Vor allem aber wird der Ausgang in dem seit 13 Jahren im Taumel des Religionskriegs gefangenen Reich als göttliches Zeichen für die Rechtmäßigkeit der einen oder aber der anderen Sache gedeutet werden.

An diesem Maienmorgen scheint es, als ob die Sache Magdeburgs und Luthers die Oberhand behielte.

Doch dann lässt Belagerer Tilly Stunden nach Tagesanbruch doch noch einmal zum Angriff blasen. Er sieht seine letzte Chance, Magdeburg zu bezwingen, denn König Gustav II. Adolf von Schweden ist mit seinem Heer nur wenige Tagesmärsche entfernt; der selbsternannte Schutzpatron der deutschen Protestanten hat versprochen, die Stadt zu retten.

Vor dem Sturm lässt der asketische Jesuitenzögling Tilly (Spitzname: „geharnischter Mönch“) Rheinwein ausschenken, bis seine Musketiere „alle toll und voll“ sind. Vom Alkohol enthemmt und von voreiligen Meldungen über das Herannahen der Schweden angetrieben, wollen die Belagerer den Erfolg erzwingen. Auch winkt fette Beute: Tilly hat Magdeburg für drei Tage zum Plündern freigegeben.

Im Laufe des Vormittags brechen die Angreifer an mehreren Stellen in die Stadt ein. Es beginnt ein verzweifelter Häuserkampf; aus Fenstern schütten Bürgerfrauen kochendes Wasser auf die Angreifer, in den engen Gassen empfangen Kinder die kaiserlichen Krieger mit einem Steinhagel.

Doch alle Gegenwehr ist vergebens. Es beginnt ein apokalyptisches Gemetzel, das als „Magdeburgische Bluthochzeit“ in die Geschichte eingeht. „Sie haben die kleinen Kinder zum Fewer hineingetrieben alss Schaffe, haben sie auff Spiesse gestecket“, notiert ein entsetzter Überlebender, „die Turcken und Barbaren konnen ess nicht anders machen, das weiss Gott." Es sei „nichts als Morden, Brennen, Plündern, Peinigen, Prügeln gewesen", klagt auch Otto von Guericke, der berühmte Physiker, Ratsherr der Stadt.

Während der Plünderung bricht Feuer aus. Die Stadt versinkt binnen Stunden in Schutt und Asche, nur der Dom und wenige Häuser in unmittelbarer Nähe bleiben verschont. Am Ende sind von den 30 000 Einwohnern über 20 000 tot. Noch zwei Wochen lang rollen mit verkohlten Leichen beladene Fuhrwerke zur Elbe hinunter; eine amtliche Zählung ergibt nur noch 449 Einwohner. „Es ist gewiss, seyd der Zerstörung Jerusalem, kein grewlicher Werck und Straff Gottes gesehen worden", notiert Tillys Mitstreiter Gottfried Heinrich Graf zu Pappenheim zufrieden. „All unser Soldaten seind reich geworden. Gott mit uns."

Fortan kennt die deutsche Sprache ein neues Wort: „Magdeburgisieren". Über 300 Jahre – bis zum Untergang Hamburgs und Dresdens im Bombeninferno des Zweiten Weltkriegs – bleibt der Name der Elbmetropole für evangelische wie katholische Deutsche eine „Metapher des Schreckens", so der Erfurter Geschichtsprofessor Hans Medick, in der sich das kollektive Opfertrauma der Deutschen aus dem Dreißigjährigen Krieg begrifflich verdichtet. Vom „Hiroshima des 17. Jahrhunderts" sprechen gar manche Historiker.

In Hunderten Gedichten, Erzählungen, Tragödien oder Gemälden wird das Martyrium der Stadt von den nachfolgenden Generationen beschworen. Etwa in dem „vaterländischen Schauspiel" des heute längst vergessenen Magdeburger Theaterdirektors Friedrich Ludwig Schmidt, zuerst gespielt 1799 unter dem Titel „Der Sturm auf Magdeburg". Bis 1869 erfährt es mindestens 123 Aufführungen. In seinem Roman „Das Treffen in Telgte" lässt Nobelpreisträger Günter Grass noch 1979 die Klage der von ihm versammelten Geistesgrößen des 17. Jahrhunderts über die Zerstörung Magdeburgs in „umfassende Trauer über das sich selbst zerstückelnde Deutschland" münden.

Die einende Opfererfahrung allerdings ist ein Konstrukt aus späterer Zeit. Tatsächlich spaltet Magdeburg die Deutschen stärker als jedes andere Ereignis seit der Reformation. Katholische

Städte wie Wien oder Mainz feiern den Sieg über die „Rebellen“ mit Dankprozessionen und Freudenschüssen. Das protestantische Deutschland dagegen sieht sich im Mark getroffen. Es seien beim Eintreffen der Schreckensnachricht in Leipzig „allda etlich Leuth zur Erden in Ohnmacht gefallen“, berichtet ein Nürnberger Blatt.

Tilly notiert noch in den Trümmern ahnungsschwer, mit seinem Sieg sei „dem gemeinen Wesen noch nit geholfen“, die protestantischen Stände würden sich nun „sonder zweifel in desto stärckere Verhassung stellen“. Tatsächlich wenden sich die lutherischen Landesherren, bis dahin voller Skepsis gegenüber Gustav Adolf, nun bedingungslos dem Schwedenkönig zu. Binnen eines Jahres gelingt ihm der Gegenschlag, im Mai 1632 zieht er in München ein.

Die Passion der „Magdeburgischen Jungfrau“ wird fortan zum Kern einer durch und durch protestantischen Geschichtserzählung, die Aufstieg und Einigung Deutschlands zum natürlichen Endziel der Reformation stilisieren. „So unglücklich also die nächsten Folgen von Magdeburgs Untergang für die Protestanten auch sein mochten“, resümierte Friedrich Schiller 1790 in seiner epochalen „Geschichte des Dreißigjährigen Krieges“, so „wohltätig“ seien die späteren gewesen: „Die Verzweiflung gab Kräfte, und die deutsche Freiheit erhob sich aus Magdeburgs Asche.“

Ab 1831, mit der Zweihundertjahrfeier der Erstürmung, begeht die Stadt das triste Jubiläum nicht mehr mit einer Trauerfeier, sondern als Dankesfest. Die Dankbarkeit gilt den Hohenzollern, die Magdeburg 1680 Brandenburg-Preußen einverleibt und als Garnisonsstadt wiederaufgebaut haben. Der Dichter Joseph Vinel Massaloup lässt in einem eigens verfertigten Trauerspiel den schwedischen Festungskommandanten ausrufen: „Auch Magdeburg wird diese Zeit erleben / Beglückt durch eines weisen Herrschers Milde / Der aus dem Hause Brandenburg ersteht.“

Als „weise“ qualifizieren sich die preußischen Landesherren zuvörderst durch ihre Konfession – protestantischen Herrschern unterwirft sich selbst das stolze Magdeburg gern. Immer unverblümter setzt das aufstrebende protestantische Kulturbürgertum „deutsch“ und „lutherisch“, „Geschichte“ und „göttlicher Wille“ in eins – die Stilisierung der Magdeburgischen Jungfrau, so der Historiker Martin C. Wald, „ist auf einem einsamen Höhepunkt der Anmaßung angelangt". Der Magdeburg-Mythos wird zum Baustein, den die protestantischen Intellektuellen im 19. Jahrhundert benutzen, um die deutsche Nation zu schaffen.

Hinter den wohlklingenden Appellen, die „Eifersucht der deutschen Stämme" zu überwinden, steht der knallharte Herrschaftsanspruch der Protestanten-Elite in dem erträumten Imperium. Den bekommen die Katholiken gleich nach der Reichsgründung 1871 zu spüren: Der berüchtigte „Kanzelparagraf" bedroht nun missliebige Äußerungen von Geistlichen mit Haft. Auf dem Höhepunkt des antiklerikalen „Kulturkampfs" sitzen 1876 sämtliche katholischen Bischöfe Preußens im Gefängnis oder sind außer Landes.

Derweil artet der Gustav-Adolf-Kult im Wilhelminischen Deutschland zum „Massenrummel" aus, so der Jenaer Professor Georg Schmidt: Als Rächer Magdeburgs und Retter des deutschen Protestantismus passt der Schwede bestens „in das vorherrschend preußisch-protestantisch-expansionistische Bild dieses deutschen Nationalstaats". Allerorten werden „Schwedensteine" gesetzt, Kirchen und Kneipen nach dem Wasa-König benannt. Dass er beim versprochenen Entsatz Magdeburgs versagt hatte, sein Einmarsch in Deutschland vor allem von schwedischen Interessen getrieben war, fällt unter den Tisch.

Mit der Reichsgründung 1871 hat sich der protestantische Magdeburg-Mythos eigentlich erfüllt. Doch der konfessionelle Konflikt lässt sich leicht ins nationalistisch-völkische verschieben: Nun gilt es, das Reich „vor jener wälschen Tyrannei zu retten / die bis zum Meere schon ihr Netz gebreitet", wie ein 1881 verfasstes Magdeburg-Trauerspiel dräut. Gustav Adolf und die Protestanten stehen jetzt auch für nordisches „Germanentum", das katholisch-kaiserliche Lager für fremdländisches „Romanentum".

So muss die gebeutelte Jungfer auch noch Deutschlands Griff nach der Weltmacht legitimieren helfen.

DIE SPRACHE VERBINDET

1455 Die wiederentdeckte Schrift „Germania" des römischen Historikers Cornelius Tacitus aus dem 1. Jahrhundert nach Christus, der die Germanen als roh, aber edel beschreibt, löst eine Welle des Interesses für die Wurzeln der Deutschen aus.

1495 Der Wormser Reichstag schafft ein Reichskammergericht, es entsteht ein gemeinsamer deutscher Rechtsraum. Die Einführung einer Reichssteuer („Gemeiner Pfennig") scheitert dagegen – dem Kaiser fehlt eine Verwaltung vor Ort, die sie erheben könnte.

1517 Martin Luthers 95 Thesen gegen den Ablasshandel markieren den Beginn der Reformation. Auf der Wartburg beginnt Luther alias „Junker Jörg" 1521 seine Übersetzung des Neuen Testaments. Die Luther-Bibel, von der bis zu seinem Tod 1546 über 200 000 Exemplare gedruckt werden, macht den Reformator zum Mitbegründer der deutschen Schriftsprache.

1530 Im „Augsburger Bekenntnis" formulieren die Protestanten ihr Glaubensverständnis. Ein Kernpunkt ist die sogenannte Rechtfertigungslehre: Der Mensch erlangt sein Seelenheil nicht durch fromme Werke, sondern allein durch den Glauben an Gottes Gnade. Obwohl die „confessio" auf Ausgleich bedacht formuliert ist, stößt sie auf den scharfen Widerspruch der katholischen Seite.

1532 Das erste Strafgesetzbuch für das Reich, die „Peinliche Gerichtsordnung" Karls V., wird verkündet – ein Meilenstein in der Rechtsvereinheitlichung.

1547 Die protestantischen Fürsten unterliegen in der Schlacht bei Mühlberg an der Elbe dem kaiserlich-katholischen Heer; der Schmalkaldische Bund, die Allianz der lutherischen Reichsstände, löst sich auf. Auf dem „geharnischten Reichstag" zu Augsburg 1548 dekretiert Karl V. eine auf katholischen Grundpositionen basierende „kaiserliche Zwischenreligion" für das Reich, kann dieses „Augsburger Interim" aber nicht durchsetzen.

1555 Der Augsburger Religionsfrieden besiegelt die konfessionelle Spaltung Deutschlands. Das Luthertum wird als Konfession anerkannt. Landesherren können ihren Glauben frei wählen („ius reformandi“). Individuelle Glaubensfreiheit aber gibt es weiterhin nicht: Die Konfession der Landeskinder richtet sich nach der religiösen Überzeugung des Herrschers („Cuius regio, eius religio“). Wer dem nicht folgen mag, muss auswandern.

1566 Mit dem Silbertaler wird eine im ganzen Reich gültige Währung eingeführt, sie ersetzt Gold- und Silbergulden. Diese Reichsmünzordnung bleibt bis Anfang des 19. Jahrhunderts in Kraft.

1597 Kaiser Rudolf II. erklärt das Postwesen zu einem kaiserlichen Hoheitsrecht – der Beginn des staatlichen Briefbeförderungsmonopols, das in Deutschland noch bis ins 21. Jahrhundert gilt.

1618 bis 1648 Die Verheerungen des Dreißigjährigen Krieges, der als Konfessionskonflikt beginnt und sich zu einem Krieg der europäischen Mächte auf deutschem Boden ausweitet, wecken zunehmend die Sehnsucht nach einem einigen „Teutschland“. Der Westfälische Frieden legt den Grundstein für ein System europäischer Territorialstaaten.

1683 Polen-König Johann III. Sobieski schlägt das osmanische Heer vor Wien und bannt so die „Türkengefahr“.

1697 Gründung des Vorläufers der „Deutschen Gesellschaft“ in Leipzig. Ihr späterer Leiter, der Kunstkritiker und Philosoph Johann Christoph Gottsched, bekämpft die Überfremdung der deutschen Sprache, besonders durch das Französische.

1713 bis 1786 Unter dem „Soldatenkönig“ Friedrich Wilhelm I. und seinem Sohn Friedrich II. („der Große“) etabliert sich Preußen als neue Macht im Zeichen des aufgeklärten Absolutismus. Doch liegt dem „Alten Fritz“ mehr an Preußens Wohl als dem Deutschlands, und statt deutscher Dichter und Denker schätzt er französische Kultur. An seinen Potsdamer Hof holt er etwa den Philosophen Voltaire.

TEIL 3
BEGEISTERUNG FÜR DAS VATERLAND

„DER WELTGEIST ZU PFERDE"

Die Erfolge des Eroberers Napoleon zeigten ganz Europa, welche militärische und politische Kraft bereits in der nationalen Idee steckte. Doch den meisten Deutschen blieb der Wunsch nach Einheit zunächst noch fremd.

Von Ute Planert

Im runden Saal des Berliner Akademiegebäudes gab es keinen leeren Platz mehr. Studenten mit ihren Professoren, Offiziere in weiblicher Begleitung, einflussreiche Staatsbeamte und geschmackvoll gekleidete Damen der besten Gesellschaftskreise – sie alle zog es in jenem Winter 1807/08 allwöchentlich zum Berliner Prachtboulevard „Unter den Linden". Anders als sonst war ihr Ziel jedoch nicht das illustre Opernhaus, sondern es waren die Vorlesungen eines kleinen, gedrungenen Mannes: Johann Gottlieb Fichte, Philosoph und ein glänzender Redner.

Während draußen der Trommelschlag vorbeimarschierender Truppen die Zuhörer an die französische Besatzungsmacht gemahnte, appellierte der Professor drinnen an die Kräfte der deutschen Nation – und schickte sich an, dem von Napoleon tief gedemütigten Preußen neue Hoffnung auf eine nationale Wiedergeburt einzuflößen. Ergriffen folgte das Publikum seiner Beschwörung von Gemeinschaftssinn und Germanengeist, begeistert applaudierte es der Aussicht, die politische Schwäche der Gegenwart durch Rückbesinnung auf deutsche Tugenden und nationale Erziehung zu überwinden.

Dass sich Fichte dabei weder von ängstlichen preußischen Beamten noch von französischen Spitzeln beirren ließ, rechneten die Berliner ihm hoch an. Nur zu gut war ihnen noch der Fall des Nürnberger Verlegers Johann Philipp Palm im Gedächtnis, der von den Franzosen füsiliert worden war – nur weil er eine Flugschrift vertrieben hatte, in der die „tiefe Erniedrigung“ Deutschlands nach dem Zerfall des Alten Reichs beklagt wurde.

In der Tat, vom altehrwürdigen Heiligen Römischen Reich Deutscher Nation war nach langen Jahren Krieg gegen das revolutionäre Frankreich nichts mehr übriggeblieben. Die Uneinigkeit der deutschen Fürsten, schwankende Interessen der europäischen Bündnispartner, gravierende Fehleinschätzungen und eine fatale militärische Rückständigkeit führten letztlich zur Niederlage der antifranzösischen Koalition. Dagegen ergriff jenseits des Rheins mit Napoleon ein charismatischer Herrscher die Macht, der nicht nur die innenpolitischen Querelen beseitigte, sondern auch kühne Kriegsstrategien entwarf; heute noch zählen sie zum Lehrstoff amerikanischer Militärakademien.

Nachdem durch die Säkularisierung die wichtigsten Stützpfeiler der habsburgischen Kaisermacht weggebrochen waren, befand sich das Reich in freiem Fall. Als sich dann auch noch etliche deutsche Fürsten Napoleon anschlossen, da war es nur konsequent, dass Kaiser Franz II. die Krone niederlegte – und das Reich für aufgelöst erklärte.

Preußen hatte sich seit 1795 aus den Koalitionskriegen vornehm herausgehalten, doch als es versuchte, im Bündnis mit Russland die Franzosen in die Knie zu zwingen, erlitt es eine verheerende Niederlage. In Tilsit diktierte Napoleon dem einst so mächtigen Militärstaat empfindliche Friedensbedingungen, auf 42 000 Mann wurde das stolze Heer zurückgeschnitten, vom Staatsgebiet die Hälfte amputiert. Nur die Fürsprache des russischen Zaren bewahrte Preußen vor der völligen Auflösung. Niemand schien dem „Weltgeist zu Pferde“, wie der Philosoph Georg Wilhelm Friedrich Hegel den gebürtigen Korsen nannte, widerstehen zu können. Am 27. Oktober 1806 zog Napoleon durch das Brandenburger Tor in Berlin ein. Preußen war französisch besetzt.

Tausende Schaulustige beäugten das Spektakel mit einer Mischung aus Neugier, Furcht und Verwunderung. Man bestaunte die hochgewachsenen Garden, schauderte beim ungewohnten Anblick dunkelhäutiger Soldaten und fragte sich, wie die ein wenig abgerissen wirkenden Franzosen ein Heer hatten besiegen können, das einst als Inbegriff militärischer Zucht und Ordnung gegolten hatte. Die meisten waren gekommen, um den französischen Kaiser zu sehen, und nach anfänglicher Zurückhaltung jubelte man auch in Berlin dem mächtigsten Mann Europas zu.

Allmählich kehrte im besetzten Berlin der Alltag ein. Die Einwohner schimpften auf die unvermeidlichen Kosten, freuten sich, wenn die fremden Soldaten nicht benötigte Waren billig auf dem Markt verkauften, und sie kramten schon fast vergessene Französischkenntnisse hervor. Die Soldaten Napoleons bezogen in den Häusern der Berliner Quartier, und in einigen Salons der Stadt gingen französische Offiziere aus und ein.

Während sich die Kutscher und Handwerker, Wäscherinnen und Dienstmädchen mit den neuen Verhältnissen zu arrangieren suchten, arbeitete man anderenorts unter Hochdruck an ihrer Revision. Denn im Gegensatz zu jenem Teil der Bevölkerung, der vor allem mit dem täglichen Überleben beschäftigt war, empfanden Adel und Bildungsbürgertum die preußische Niederlage und die französische Besetzung als ungeheure Schmach. In dieser Situation glichen Fichtes kämpferische „Reden an die deutsche Nation" einer Sensation. Die gute Gesellschaft Berlins lag ihm zu Füßen. Dass man dabei unter sich blieb, dafür sorgte schon das Hörgeld von rund zwei Talern – für die Familie eines Webers ein halber Wochenverdienst.

Wenn Fichte, dem der preußische König jährlich 800 Reichstaler zahlte, unter dem Beifall des Publikums gegen den „ertödtenden Geist des Auslandes" wetterte und die Deutschen als ein von Freiheit beseeltes, germanisches „Urvolk" charakterisierte, knüpfte er damit an Überzeugungen an, die seinen Zuhörern ebenso geläufig waren wie ihm selbst. Seit die „Germania" des antiken Historikers Tacitus zum Kultbuch avanciert war, galten Freiheitssinn und Tapferkeit als typisch deutsche Eigenschaften. Und immer häufiger erschienen Dramen und Gedichte, die diese Überlieferung aufgriffen und dabei Frankreich an die Stelle Roms setzten. Im Verlauf des 18. Jahrhunderts wuchs die Distanz zum linksrheinischen Nachbarn im gleichen Maß, wie sich Dichter und Denker immer stärker auf die eigene Nation besannen.

Das war nicht immer so gewesen, ganz im Gegenteil. Seit den Zeiten Ludwigs XIV. (1638 bis 1715) gab Frankreich in Europa den Ton an. Die Armeen des Sonnenkönigs waren gefürchtet, und durch gezielte Förderung von Kunst und Wissenschaft hatte der Monarch Paris zielstrebig zur Kulturhauptstadt Europas ausgebaut. An die zahlreichen deutschen Fürstenhöfe ließ man Baumeister aus der französischen Metropole kommen. Man verehrte die Literatur des Nachbarlandes, kleidete sich nach Pariser Chic. Wer auf sich hielt, parlierte Französisch.

Auf diese Weise war die alteuropäische Adelskultur ganz französisch gestimmt. Das rächte sich, als die neue Schicht der Bildungsbürger die Vorherrschaft der Fürsten immer stärker in Frage stellte. Denn mit dem Adel geriet die Vorliebe für französische Kultur gleich mit in die Kritik. Und umgekehrt: Wer abschätzig von Frankreich sprach, war meist Gegner jener ausgeprägten Feudalherrschaft, für die Versailles geradezu zum Inbegriff geworden war.

Das alte Europa war eine Ständegesellschaft, die Rechte und Privilegien nach Herkunft und Geburt verteilte – was auf die Opposition jener wachsenden Schicht von Bürgern stieß, die sich durch Bildung, Beruf und Leistungswillen dem Adel gleichwertig, wenn nicht sogar überlegen fühlte. Ihr Aufstiegswille geriet zunehmend in Konflikt mit den althergebrachten Hierarchien. Das war der Nährboden für einen Gesellschaftsentwurf, der langfristig die Vorherrschaft des Adels durch eine nationale Gemeinschaft gleichberechtigter Staatsbürger ablösen sollte.

Dass sie sich Konkurrenz um Macht und Einfluss heranzogen, hatten die Fürsten nicht geahnt, als sie ihre Herrschaft im Verlauf der frühen Neuzeit immer mehr auf gutausgebildete Beamte und Juristen, Theologen und Mediziner stützten. Ihre Kenntnisse erwarb die neue Funktionselite an einer der zahlreichen Landesuniversitäten, wie sie heute noch die deutsche Bildungslandschaft prägen. Um 1770 gab es in Deutschland fast doppelt so viele Hochschulen wie in England und Frankreich zusammen. Hier trafen sich die Sprösslinge verarmter und daher dem neuen Leistungsideal zugetaner Adliger mit Söhnen aus dem aufstiegsorientierten Bürgertum. Allmählich formte sich so eine beständig wachsende Gruppe, für die gemeinsame Bildung, Kultur und Lebensweise wichtiger waren als Herkunft und Geburt.

Die Aufklärung rüttelte an alten Überzeugungen, konfessionelle Unterschiede, ja die Dogmen der Kirche überhaupt verloren an Bedeutung. Ganz wie es Immanuel Kant, der große Königsberger Philosoph, wollte: Die Menschen begannen, sich aus ihrer „selbstverschuldeten Unmündigkeit" zu befreien. Frei, alter Traditionen ledig, nur den Erkenntnissen des Verstands unterworfen – das forderte den Austausch mit Gleichgesinnten und die Suche nach neuen Bindungen geradezu heraus.

Eine Kommunikationsgesellschaft entstand – das 18. Jahrhundert ist das Zeitalter der „Leserevolution". In allen größeren Städten, gelegentlich auch auf dem Land, bildeten sich Lesegesellschaften – allein 370 in den wenigen Jahren zwischen 1780 und 1800. Wer die „Lesewut" hatte, debattierte hier über die wachsende Zahl von Büchern und Zeitschriften; viele davon trugen wie Christoph Martin Wielands „Teutscher Merkur" programmatisch die Nation im Titel. Wo einer dynamischen, immer mehr auch wirtschaftlichem Wandel unterworfenen Gesellschaft alte Gewissheiten verlorengingen, entdeckten die Gebildeten die deutsche Sprache, Geschichte und Kultur als einigendes Band. Quer zu den Ständen der Feudalgesellschaft stehend, auf viele Einzelstaaten zerstreut, erfanden Dichter und Philosophen die deutsche Kulturnation.

Hatte man früher neidvoll nach Paris und zuletzt auch immer öfter nach London geblickt, wetterte man jetzt gegen den Zeitgeschmack, „der halb französisch und halb britisch ist". Statt im Ausland nach Vorbildern zu suchen, setzte man auf die Ausbildung einer eigenständigen Nationalliteratur. In neuen Nationaltheatern, wie dem 1777 in Mannheim eröffneten, fanden junge Dichter wie Friedrich Schiller ihre Bühne. Literatur und Sprache wurden zum Leitmotiv einer Nation auf der Suche nach sich selbst. Denn die Sprache, so hatte es der ungemein vielseitige Theologe, Dichter und Sprachphilosoph Johann Gottfried Herder gelehrt, war der tiefste Ausdruck nationaler Wesensart, hier offenbarte sich jener „Nationalcharakter", von dem um 1800 so oft die Rede war.

Angesteckt von der britischen Begeisterung für altenglische Dichtkunst machte sich auch Herder auf die Suche nach der ursprünglichen deutschen Volkspoesie. Der Weimarer Theologe glaubte, jedes Volk habe in grauer Vorzeit eine kulturelle Einheit gebildet, die jedoch im lateinisch geprägten Mittelalter und durch die Anpassung an die französische Leitkultur verlorengegangen sei. Jetzt kam es für ihn darauf an, zu diesen Wurzeln zurückzukehren, um daraus neue Kraft zu schöpfen. In den Liedern und Erzählungen einfacher Leute meinte Herder Reste der ursprünglichen Volkskultur aufzufinden. Diese Volkskultur galt es vor dem Aussterben zu bewahren – eine weitreichende Idee, die eine ganze Generation romantischer Dichter für deutsche Volkslieder entflammen und die Gebrüder Grimm zu ihrer berühmten Märchensammlung inspirieren sollte.

Mit seiner Entdeckung des Volkes hatte Herder zwar die Hinwendung der Bildungsbürger zu ihren vermeintlichen Ursprüngen befördert und der „Ausländerei“ eine Absage erteilt, keineswegs aber, wie spätere Kritiker ihm vorwarfen, die Kultur der Deutschen absolut gesetzt. Denn für ihn, den humanistisch gesinnten Kulturphilosophen, leistete jedes Volk seinen Beitrag zur Entwicklung der Menschheit, ebenso wie jede Nation Teil der göttlichen Ordnung war.

Herder und Wieland, Goethe und Schiller – der Weimarer Klassik ging es um die deutsche Kulturnation als Teil einer internationalen Völkergemeinschaft. Damit unterschied sie sich deutlich von der religiösen Überhöhung des Vaterlands und der Germanenverherrlichung eines Friedrich Gottlieb Klopstocks oder dem „rasenden Odengeschnaube“ und scharfen Frankreich-Hass der im „Göttinger Hain“ zusammengeschlossenen Jungpoeten, die schon mal das Werk kosmopolitischer Kollegen in Flammen aufgehen ließen.

Auch war Herder beileibe kein preußischer Patriot. Vielmehr hatte der Sohn eines ostpreußischen Küsters, dem zu Hause der Wehrdienst drohte, auf dem Weg zu einer Anstellung als Hilfslehrer in Riga „bei Überschreitung der preußischen Grenze vor Freude die Erde küssen mögen“. Mit der Macht des Adels konnte er, der jahrzehntelang in fürstlichen Diensten stand, sich schwer anfreunden. Noch als Vorsitzender der Weimarer Kirchenbehörde brachte er es zum Entsetzen seiner Tischnachbarn fertig, an der Tafel der Herzogin den fürstlichen Hof mit einem „Grindkopf“ und die Hofleute mit Läusen zu vergleichen, die sich darauf tummelten.

Solch öffentliche Invektiven hörte man an den deutschen Adelshöfen eher selten. Die meisten Beamten hielten sich mit Opposition gegen ihre fürstlichen Arbeitgeber zurück. Stattdessen verstanden sie sich als Vaterlandsfreunde, Patrioten – ein Modebegriff, der sich trefflich dazu eignete, Mitspracherecht in öffentlichen Angelegenheiten einzufordern, ohne gleich die herrschende Gesellschaftsordnung umzustürzen. Denn ein Patriot sorgte sich weniger um das Fürstenhaus als um das Wohl des – einzelstaatlichen – Vaterlands. Und daraus leitete er die Legitimation ab, Kritik zu üben, Reformvorschläge zu unterbreiten, kurz: sich in den fürstlichen Zuständigkeitsbereich der Politik einzumischen. Öffentliches Engagement im Namen der Vaterlandsliebe – das war der erste Schritt auf dem Weg zur Staatsbürgernation mit Mitwirkungsrechten für alle ihre Mitglieder.

Ähnliche Entwicklungen vollzogen sich im 18. Jahrhundert auch mit Blick auf das Reich. Spätestens seit die beständigen Kriege zwischen Preußen und Österreich den Zusammenhalt gefährdeten, fühlten sich selbsternannte Reichspatrioten zu Vorschlägen für eine Reform der geltenden Verfassung herausgefordert. Ein letztes Mal bildete das Alte Reich Gegenstand erhitzter Debatten. Die Gelehrtenrepublik diskutierte nicht nur über den deutschen „Nationalgeist“ und die gerade noch erlaubte Form des Nationalstolzes, sondern auch über Staatsformen und Verfassungspolitik. Gleichzeitig stieß der Siebenjährige Krieg (1756 bis 1763) zwischen den beiden deutschen Großmächten eine Entwicklung an, die für die Zukunft richtungsweisend werden sollte: die Nationalisierung der Feindschaft und die Koppelung von Vaterlandsliebe und Heldentod.

Waren Koalitionen mit den europäischen Mächten im Zeitalter der Kabinettskriege eine Selbstverständlichkeit, machte Preußen in jener Phase daraus ein Politikum. So kreidete die preußische Propaganda Österreich seine Allianz mit Frankreich und Russland an; wie gut diese nationale Karte stach, zeigte die Reaktion der Wiener Hofburg, die mit Verteidigungsschriften auf den Vorwurf der „Ausländerei“ reagierte. Eine Großmacht, die ihre internationale Bündnispolitik rechtfertigte – das war neu. Ebenso neu wie die Medienoffensive, die den Siebenjährigen Krieg vor allem auf preußischer Seite begleitete: Flugschriften, Kriegspredigten,

Soldatenlieder und Heldenepen appellierten an die patriotischen Impulse des Publikums. Tabakdosen mit Bildern und Aufschriften, Tücher, Stiche und Kalender fanden reißenden Absatz – patriotische Massenware, mit der Gesinnungspreußen ihrer Begeisterung für die vaterländische Sache Ausdruck verleihen konnten.

Der Krieg verließ das Arkanum der Politik und wurde zur öffentlichen Angelegenheit – eine Entwicklung, die in den antinapoleonischen Kriegen einen vorläufigen Höhepunkt erleben sollte.

Noch aber erlebten die Menschen das „Kriegstheater“ aus der Zuschauerperspektive. Eine allgemeine Wehrpflicht gab es nicht. Die Fürsten unterhielten große Heere von Berufssoldaten, lediglich in Preußen diente ein Teil der Bauern zwangsweise in der Armee. Vor der Französischen Revolution begriffen sich Soldaten keineswegs als Vaterlandsverteidiger. Sie waren Kriegsarbeiter, die von Heer zu Heer zogen – immer dorthin, wo der Lohn am höchsten und die Gefahr am geringsten schien. Unzuverlässige Söldner des Todes, die man deshalb mit Prügeln bei der Stange zu halten gedachte.

Die Koppelung von Vaterlandsliebe und Heldentod blieb einem Mathematikprofessor überlassen: Thomas Abbt. Sein Aufruf zum „Tod für das Vaterland“, 1761 erschienen, wertete den Krieg völlig um. Er sei kein Schrecknis mehr, schon gar nicht mehr, wie die Bibel es gebot, eine Strafe Gottes, sondern ein Instrument der Läuterung. Aus dem Martyrium in der Nachfolge Christi wurde bei Abbt der Opfertod auf dem Altar des Vaterlands, mit dem man(n) sich zwar keinen Platz im Himmel, wohl aber die Aufnahme in den Pantheon der Nation erwerben konnte.

Seit die Nation auch eine religiöse Komponente besaß, konnte das Vaterland jene Loyalität und Verehrung einfordern, über die ursprünglich allein Gott gebot. Noch dachte Abbt dabei nur an preußische Soldaten. Doch eine solche Überhöhung der Nation war zukunftsträchtig, und schon bald sollte in ihrem Namen von allen männlichen Angehörigen der Tod fürs Vaterland eingefordert werden.

Sprachnationalismus und mythologische Spurensuche, Konjunktur des Deutschen und vaterländisches Heldentum, Hoffnungen auf das Reich und preußische Machtpolitik: Die Jahre vor der Französischen Revolution erwiesen sich als ein Laboratorium ganz unterschiedlicher Vorstellungen von Volk, Nation und Vaterland. Reichspatrioten standen neben Universalnationalisten, Kosmopoliten neben Landespatrioten, germanophile Romantiker neben Sammlern der Volkskultur, die Kulturnation neben dem Heldentod. Welcher dieser Entwürfe den Sieg davontragen würde, war längst noch nicht ausgemacht, als die Nachricht von den unerhörten Vorgängen in Paris Europa bis auf die Grundfesten erschütterte.

Was den europäischen Adel für seine Zukunft fürchten ließ, begrüßte die deutsche Geisteselite von Hegel bis Schiller als Anbruch einer neuen Zeit. Etliche Revolutionstouristen schnürten eilends ihre Bündel, um Zeuge der unerhörten Ereignisse zu werden.

Die Zuhausegebliebenen pflegten ihre revolutionäre Gesinnung in Jakobinerklubs, entwarfen republikanische Verfassungen und mahnten politische Reformen an. Der schriftstellernde Weltumsegler Georg Forster gründete in Mainz mit Gesinnungsgenossen und französischer Unterstützung eine kurzlebige Republik, weiter südlich hoffte man auf den Anschluss an die revolutionären Schweizer Eidgenossen. Zunftunruhen und Gesellenaufstände nahmen zu, in Nürnberg ahmte man – vergeblich – den Sturm auf die Bastille nach. Selbst auf dem Land wurde es unruhig, hatten sich die französischen Neuigkeiten doch bis in die Dörfer herumgesprochen.

Allzu lang hielt der Enthusiasmus jedoch nicht vor. Als der französische König 1793 als „Bürger Louis Capet" das Schafott bestieg und im Terror der innenpolitischen Machtkämpfe die Köpfe rollten, ging ein Großteil der deutschen Gelehrtenwelt auf Distanz. Nach Ansicht deutscher Intellektueller hatte ein Umsturz der Gesellschaftsordnung friedlich und vor allem unblutig vor sich zu gehen – ein Traum, der sich viel später, nämlich 1848, beinahe zu erfüllen schien. Dass sich enttäuschte Revolutionsanhänger wie der rheinische Ex-Jakobiner Joseph Görres als antifranzösische Propagandisten an vorderster Front der Gegenrevolution wiederfanden, war daher keine Seltenheit.

Gegenüber der unerhörten Provokation in seiner Mitte konnte der europäische Adel nicht untätig bleiben. Eine von Preußen und Österreich unterzeichnete Erklärung betonte das Interesse der

Großmächte an der Wiederherstellung der französischen Monarchie. Auf die Drohung mit militärischer Intervention reagierte Paris prompt: Im Frühjahr 1792 erklärte Frankreich seinerseits den Krieg – ein Kampf um die Vorherrschaft in Europa, die den Kontinent fast ein Vierteljahrhundert in Atem hielt.

Zunächst schienen sich die Hoffnungen der europäischen Monarchen auf einen Spaziergang nach Paris zu erfüllen. Dorf um Dorf fiel in die Hände der Alliierten. Doch bei Valmy stellte 1792 das revolutionäre Frankreich seine Schlagkraft erstmals unter Beweis.

Zur Verteidigung der bedrohten Nation riefen die Pariser Revolutionäre den Volkskrieg aus: die Levée en masse, die Männer aller Schichten, ja selbst Frauen und Kinder zur Unterstützung der Kämpfer mobilisierte. Schon bald sollten die alten Mächte Bekanntschaft mit einer Armee machen, die nicht mehr für Geld kämpfende Söldner warb, sondern die männlichen Mitglieder der Nation zum Kriegsdienst für ein hehres Ziel verpflichtete.

Im Gegensatz zu den geworbenen Söldnern ihrer Gegner wussten die Franzosen, wofür sie kämpften: Nicht nur für Nation und Vaterland, sondern auch für Menschenrechte, die Befreiung der Bauern von adliger Unterdrückung und die Gleichheit vor dem Gesetz. Das alles stand in der gerade verabschiedeten Verfassung; für den wohlhabenderen Teil der männlichen Bevölkerung sah sie sogar das Wahlrecht zur Nationalversammlung vor. Während man auf deutscher Seite schon den Heldentod fürs Vaterland forderte, bevor von konkreten politischen Rechten überhaupt die Rede war, hielten es die Franzosen gerade umgekehrt: Auf der linken Rheinseite begründeten Staatsbürgerrechte die Verteidigung der politischen Gemeinschaft.

Und tatsächlich: Ihr Ziel vor Augen, reihte die französische Armee bald Sieg an Sieg. „Krieg den Palästen, Friede den Hütten“, hieß ihr Motto, das Revolutionsfreunde und Adelsgegner aus vielen Ländern elektrisierte. Erstmals wurde den Zeitgenossen klar, welche Macht von einem zur Nation gewordenen Volk ausgehen kann. Holland, Belgien, Italien, schließlich die Schweiz: innerhalb weniger Jahre war Frankreich von einem Gürtel an Pufferstaaten und Tochterrepubliken umgeben.

Das Alte Reich hatte dem französischen Revolutionselan nichts entgegenzusetzen. 1794 besetzten französische Truppen das linke Rheinufer, das damit für zwei Jahrzehnte an Frankreich fiel. Im Jahr darauf zog sich Preußen wegen seiner polnischen Interessen aus dem Krieg zurück. Noch bestand das Reich – auf dem Papier. In Wirklichkeit war es schon jetzt in verschiedene Einflusszonen mit ganz unterschiedlichen politischen Schicksalen zerfallen: in einen schrumpfenden österreichischen Machtbereich im Süden; in Preußens norddeutsche Sphäre; in die zahlreichen Mittelstaaten, die sich immer mehr an Frankreich orientierten; und in das nach Frankreich eingegliederte Rheinland. „Deutschland – aber wo liegt es?" Im Zeitalter zwischen Französischer Revolution und Wiener Kongress war die Antwort auf Schillers Frage so ungewiss wie nie zuvor.

Für das Rheinland erwies sich die Integration in den französischen Staat indes langfristig als Segen. Die napoleonische Herrschaft schuf die Grundlage für den ökonomischen Vorsprung an Rhein und Ruhr, der im gesamten 19. Jahrhundert andauern sollte. Zur wirtschaftlichen Prosperität kamen politische Rechte, aus Untertanen wurden Staatsbürger. Kein Wunder, dass viele Rheinländer nach dem Ende des französischen Intermezzos keineswegs begeistert waren, erneut auf den Untertanen-Status hinabzusinken.

Während im Rheinland und in Norddeutschland zu jener Zeit Ruhe herrschte, machte der Kampf zwischen Frankreich und Österreich den deutschen Süden für zehn Jahre zum Kriegsschauplatz. Um den befürchteten Einfall der französischen Armee abzuwehren, riefen kleine und große Fürsten ihre Einwohner zum Landsturm auf. Jetzt sprach man viel von Nation und Vaterland, auch wenn damit nicht Deutschland, sondern der jeweilige Einzelstaat gemeint war.

Die vaterländische Rhetorik machte aus Bauern jedoch keine Nationalhelden. Die Landbevölkerung war nicht gewillt, für die Volksbewaffnungspläne ihrer Fürsten den Kopf hinzuhalten. Außerdem verband ein Teil der Dorfbewohner mit dem Einmarsch französischer Truppen große Hoffnungen. „Die Armen … freuen sich sehr auf die Franzosen", notierte Philipp Jakob Herbst, Pfarrer in Steinen unweit der Schweizer Grenze, „sie erwarten eine gänzliche Umänderung der Welt und meinen, die Armen bekämen jetzt große Bauernhöfe, und die Reichen würden ihre Tagelöhner."

Nur zu schnell jedoch sahen sich die umsturzhungrigen Untertanen in ihren Erwartungen getäuscht. Die französische Republik war außerstande, die aufgebotenen Massenheere aus eigener Kraft zu unterhalten. Die Soldaten lebten überwiegend aus und von dem Land, durch das sie zogen – ebenso wie andere Armeen, die in immer wieder neuen Kriegen auf Versorgung durch die Einwohnerschaft des deutschen Südens zählten. Ungarische Grenzhusaren, russische Verbündete, Reichstruppen und das österreichische Militär – sie alle wollten essen, trinken und untergebracht sein. Eingeschleppte Krankheiten und Viehseuchen trieben so manchen Bauern in den Ruin.

Als sich die bedrängten süddeutschen Fürsten immer mehr Frankreich annäherten und 1806 in der Rheinbundakte ihren Pakt mit Napoleon besiegelten, atmeten die Bewohner der Krisengebiete daher erst einmal auf. Durften sie im Bündnis mit Europas stärkster Militärmacht doch jetzt auf einige ruhige Jahre hoffen.

Das altehrwürdige Heilige Römische Reich Deutscher Nation hat den Verfassungsbruch der Rheinbundfürsten nicht überlebt. Im Sommer 1806 brach eine Institution zusammen, die fast tausend Jahre lang die Geschicke Mitteleuropas mitbestimmt hatte. Der habsburgische Kaiser zog sich nach Österreich zurück.

Ebenso wie viele hundert Klein- und Kleinstvaterländer verschwand auch das Reich von der Bildfläche. Nur zwei Prozent aller Herrschaften überlebten die von Napoleon angestoßene territoriale Flurbereinigung. Die meisten gingen in deutschen Mittelstaaten auf. Altadliger Duodezpatriotismus und Reichspatriotismus hatten sich gleichermaßen überlebt. Das war die Voraussetzung dafür, dass sich der moderne Nationalismus, der Kultur- und Staatsnation zur Deckung bringen will, Bahn brechen konnte.

Preußen am Boden, das Reich verschwunden, Österreich aus dem Spiel, die Rheinbundländer verbündet mit Napoleon: Das Jahr 1806 markierte in der deutschen Geschichte einen tiefgreifenden Wendepunkt. Im zwischen Österreich und Preußen gelegenen „Dritten Deutschland" setzten jetzt viele auf den Rheinbund als Klammer um die deutsche Staatenwelt. Fast alle Mittelstaaten traten ihm bei. Seit Napoleon die Einführung einer gemeinsamen Verfassung angekündigt hatte, diskutierte die Zeitungsöffentlichkeit über die Verankerung bürgerlicher Freiheiten und die beste Möglichkeit, im Verbund mit Frankreich die kulturelle und politische Identität der deutschen Kulturnation zu wahren. Erst allmählich wurde klar, dass Bonaparte nicht daran dachte, die versprochene Verfassung gegen den Willen der mächtigen süddeutschen Landesfürsten durchzusetzen, die ihm die dringend benötigten Soldaten lieferten. Doch bis dahin konnten sich nationale Hoffnungen durchaus auch auf den Rheinbund richten.

In Wien und Berlin beobachtete man die Vorgänge im rheinbündischen Deutschland mit tiefer Skepsis. Doch in Preußen, wo französische Okkupationstruppen die Eintreibung phantastischer Tributzahlungen erzwingen sollten, war an Widerstand vorerst nicht zu denken. Stattdessen schickte sich zunächst Österreich an, im Kampf gegen das Napoleonische Imperium die Führungsrolle zu übernehmen. Seit der Niederlage von Austerlitz 1805 arbeitete Wien auf einen neuen Waffengang hin. Die altbewährte Kriegsformel – „Für Kaiser und Reich" – ließ sich nun freilich nicht mehr bemühen. Deshalb begann Außenminister Johann Philipp von Stadion, Österreich auf die nationale Linie einzuschwören.

Als Napoleon Truppen in das aufständische Spanien verlegte, schien der Zeitpunkt zum Losschlagen gekommen. Nach dem Beispiel der iberischen Halbinsel, wo revoltierende Bauern im Verbund mit Adel und Klerus einen Guerilla-Krieg gegen Napoleons Bruder Joseph führten, wollte Stadion auch in Deutschland eine Erhebung lostreten. Die gewünschte Resonanz blieb freilich aus. Kein Sturm nationaler Entrüstung erhob sich, kein Rheinbundstaat trat an Österreichs Seite. Vereinzelte Unruhen in Süddeutschland blieben bedeutungslos. Auch der Tiroler Aufstand 1809 – man sehnte sich zurück unter die Fittiche des habsburgischen Doppeladlers – brachte das napoleonische Imperium nicht ins Wanken.

In Berlin zog man unterdessen Lehren aus dem preußischen Zusammenbruch. Die Minister Karl vom Stein und Karl August von Hardenberg hegten hochfliegende Pläne. Sie entwarfen ein umfassendes Reformprogramm, das die Verwaltung effizienter, die Wirtschaft leistungsfähiger und das Militär schlagkräftiger machen sollte. Ziel war, Preußen zu stärken und wieder in die Riege der Großmächte einzureihen. Dabei erwiesen sich die Reformer als gelehrige Schüler der Französischen Revolution: Um die schlummernden Kräfte der Bevölkerung zu wecken, wollten sie „demokratische Grundsätze in einer monarchischen Regierung" verwirklichen.

Heimlich zirkulierten antifranzösische Schriften. Als Steins brieflich geäußerte Aufstandspläne abgefangen wurden, erklärte Napoleon ihn zum Staatsfeind. Der Minister floh an den Zarenhof. Die französische Aufsicht konnte jedoch nicht verhindern, dass Berlins patriotische Elite sich in der Deutschen Tischgesellschaft traf, die Frauen, Juden und Franzosen gleichermaßen ausschloss und durch antisemitische Ausfälle von sich reden machte.

Der Untergang der Großen Armee in Russland 1812 gab schließlich das Signal zum Umsturz. 600 000 Soldaten aus 20 Ländern waren mit Napoleon ausgezogen, an die 100 000 kamen zurück. Unter dem Druck seiner Generäle – sie hatten sogar die Absetzung Friedrich Wilhelms III. erwogen – rief der zögernde Preußenkönig im Frühjahr 1813 schließlich zum Volkskrieg gegen die Franzosen auf.

Was nun losbrach, haben Generationen von nationalistischen Historikern zum Gründungsmythos der deutschen Nation verklärt. In Preußen schickten sich mehr als 500 Publizisten an, mit unzähligen Schriften und Pamphleten den Wehrwillen zu heben. Dass man anders als im Siebenjährigen Krieg nicht nur einige zehntausend Soldaten, sondern die ganze Bevölkerung mobilisieren wollte, steigerte die Intensität der Kriegspropaganda.

Carl von Clausewitz ernannte Freiheit und Ehre zu den höchsten Gütern eines Volkes und beschrieb im Vorgriff auf seine berühmte Abhandlung „Vom Kriege" den Volkskrieg als totalen Krieg, der nicht nur das Engagement von Soldaten, sondern auch die Mithilfe der gesamten Gesellschaft erheischte. Ein preußischer Generalstabsoffizier verfasste eine „Apologie des Krieges". Er beschrieb den Krieg als „Wohltat" und „politisches Heilmittel", glaubte er doch, dass „gemeinschaftliche Noth und Thränen" wie kein anderes Mittel den Staat zusammenhielten.

Hier kündigte sich jene Staatsvergötterung an, die so oft in der deutschen Geschichte anzutreffen war: Ohne die ständige Bereitschaft, „das einzelne Glied dem Ganzen zu opfern“, sei „überhaupt der Staat nicht zu denken“.

Während Militärs den totalen Krieg verherrlichten, suchten die Dichter nach des Deutschen Vaterland. Man fand es in einem „Alldeutschland“ ohne Schlagbäume, geeint durch sprachliche Homogenität und den Hass auf den französischen Nachbarn – überall dort also, wo „die deutsche Zunge klingt“ und „jeder Franzmann heißet Feind“. Entsprechend rief Freiherr vom Stein zum Kreuzzug gegen die „unreine, unverschämte und unzüchtige französische Rasse“ auf; und der antisemitische Historiker Friedrich Rühs – er wollte Juden wegen mangelnder Ehrhaftigkeit vom Wehrdienst ausschließen – prägte das böse Wort vom französischen „Erbfeind“.

Aus dem russischen Hauptquartier proklamierte der Dichter Ernst Moritz Arndt den totalen Franzosenhass: „Wir wollen heute Mann für Mann/Mit Blut das Eisen röthen/Mit Henkerblut, Franzosenblut/O süßer Tag der Rache!“. Arndt und Rühs hielten Franzosen und Juden gleichermaßen für „Teutschland verderbende Gräuel“. Antisemitismus, Frankophobie und Nationalismus gingen in den antinapoleonischen Kriegen – prägend für die weitere deutsche Geschichte – eine enge Verbindung ein.

Gleichzeitig kursierten Verfassungspläne. Im Schutz der Anonymität forderten zahlreiche Autoren, den Freiheitskampf nun auch im Inneren fortzusetzen. Die Französische Revolution und die Abschaffung der Monarchie verwarfen sie als undeutsch; man wollte sich nicht gegen Staat und Fürsten, sondern mit ihnen emanzipieren. In diesem Rahmen aber artikulierte eine wachsende Zahl von Flugschriften und Broschüren bereits jetzt jene liberalen Kernforderungen, die im 19. Jahrhundert immer wieder auf der Tagesordnung standen: ein Verbund der Einzelstaaten mit einer einheitlichen Rechtsordnung, die Teilung der politischen Gewalten und der Erlass einer Verfassung, die das Grundrecht auf freie Meinungsäußerung und Versammlungsfreiheit garantierte, schließlich die Einrichtung einer Volksvertretung, durch die, so sahen es 1813 die meisten Pläne vor, wohlhabende und gebildete Männer deutscher Herkunft und christlicher Konfession Einfluss auf die fürstliche Politik nehmen konnten.

Der Krieg gegen Napoleon entwickelte so einen eigentümlichen Doppelcharakter: Er war Befreiungskrieg gegen die französische Hegemonie und Freiheitskrieg für die politische Emanzipation des Bürgertums zugleich. Das erklärt, warum sich im weiteren Verlauf der Geschichte ganz unterschiedliche Gruppen auf seine Tradition berufen konnten. Seine starke religiöse Überhöhung zum „heiligen Krieg“ machte ihn für all jene Bevölkerungsschichten anschlussfähig, die das neue nationale Paradigma noch nicht verinnerlicht hatten. Und schließlich durften auch die Kriegshelden nicht fehlen: nicht nur Heerführer und gekrönte Häupter wie ehedem, sondern erstmals auch Studenten und junge Männer, die sich in Freiwilligeneinheiten wie den Lützower Jägern sammelten.

Angesteckt von männlichem Heldenmut, zogen auch einige „Heldenjungfrauen“ als Rekruten verkleidet mit den preußischen Einheiten ins Feld. In der Regel beschränkten sich Frauen jedoch aufs Spendensammeln. Selbst Dienstmädchen legten ihr Scherflein auf dem „Altar des Vaterlandes“ nieder. 6,5 Millionen Taler kamen so in Preußen zusammen. Auch bei der Verwundetenpflege waren Frauen unentbehrlich, denn die wenigen und schlecht ausgestatteten Lazarette waren der Masse der Verletzten nicht gewachsen.

Ob Spendensammlung oder freiwilliger Kriegseinsatz: Der patriotische Eifer in Preußen stand und fiel mit der Nähe zu Berlin und der langjährigen Zugehörigkeit zur preußischen Monarchie. Vom gebildeten Bürgertum abgesehen, bewegte weniger nationale Gesinnung als Anhänglichkeit an die Dynastie die Menschen zum Handeln. Die Behauptung vom Durchbruch des deutschen Nationalismus in den „Befreiungskriegen“ ist ebenso eine Legende wie die Vorstellung, dass allein die akademische Jugend die Freiwilligeneinheiten bevölkerte. Weitaus häufiger meldeten sich Handwerker und Bauern zum Einsatz, die sich nach einem Ende der beständigen Kriegslasten sehnten. Jenseits aller Propaganda war es die Erfahrung von ökonomischer Ausbeutung und militärischer Belastung, die viele Menschen in das antinapoleonische Lager trieb.

Das galt auch für die anderen deutschen Staaten, die sich im Herbst 1813 nach und nach der antifranzösischen Koalition anschlossen. Hier war der Unmut gestiegen, seit Napoleons Handelssperre gegen England die Wirtschaft bedenklich in Mitleidenschaft zog. Zur Durchsetzung des Embargos marschierten französische Truppen in Norddeutschland ein und riegelten die Nordseeküste ab. Im einst so geschäftigen Hamburg kamen Seefahrt und Handel völlig zum Erliegen. Im Gleichschritt mit Not und Elend breitete sich der Hass auf die Besatzungsherrschaft aus. In den Rheinbundstaaten dagegen stiegen die Steuern von Jahr zu Jahr, um Truppen für den französischen Kaiser zu finanzieren. Die kurzen und siegreichen Feldzüge der Anfangszeit wurden von immer verlustreicheren Kämpfen abgelöst. Aus dem Russland-Feldzug kehrten kaum zehn Prozent der Rheinbund-Soldaten zurück.

Doch auch wenn man Bonaparte seitdem zum Teufel wünschte: Begeisterung für die deutsche Sache stellte sich keineswegs flächendeckend ein. Sie blieb ein Anliegen der Studenten und Bildungsbürger in den städtischen Zentren oder äußerte sich, wie in Franken, in Regionen mit traditioneller Nähe zur preußischen Monarchie. In Karlsruhe und Heidelberg jubelte man den einmarschierenden Kosaken zu und feierte den Zaren als Befreier. Die Studenten des Evangelischen Stifts in Tübingen, die nach der Französischen Revolution noch um den Freiheitsbaum getanzt waren, sangen jetzt stürmische Kriegslieder und konnten, wie die Stifts-Annalen missbilligend bemerkten, „vor lauter Drang der Deutschheit sich kaum mehr halten".

Dagegen loderte in Bayern, wo man schon im 18. Jahrhundert damit begonnen hatte, den Untertanen bayerischen Nationalgeist einzuimpfen, der Landespatriotismus hoch. Pfarrer ließen für die Ausrüstung von Kriegsfreiwilligen sammeln, und in der Handels- und Finanzmetropole Augsburg, wo sich der daniederliegende Börsenkurs im Gleichschritt mit den Erfolgen der alliierten Heere erholte, setzte man dem bayerischen General Karl Philipp Graf von Wrede, der den Seitenwechsel eingefädelt hatte, ein Denkmal.

In Freiburg wiederum wollten beim Einmarsch österreichischer Truppen die Vivatrufe auf Kaiser Franz kein Ende nehmen, hoffte man doch, nach dem Ende der napoleonischen Ära wieder unter die Herrschaft der „milden österreichischen Hand" zurückzukehren. „Dem französischen Wesen war man im ganzen abhold“, notierte Markgraf Wilhelm von Baden nach seiner Rückkehr aus der Leipziger Schlacht. „Enthusiasmus für die sogenannte deutsche Sache“ konnte er bei der Mehrzahl seiner Untertanen jedoch nicht ausmachen.

Zudem brachten die „Befreiungskriege“ den Menschen nicht die erhoffte Erleichterung, sondern größere Belastungen als je zuvor. Erneut wurden Süddeutschland und die Gegenden am Rhein zum Truppenaufmarschplatz. Die Alliierten hoben mehr Soldaten aus als selbst Napoleon. In den Augen derjenigen, die sie führen mussten, unterschieden sich die Kriege mit und gegen Frankreich kaum. Manche Zeitgenossen erwähnten in ihren Tagebüchern nicht einmal den Wechsel an die Seite der Alliierten, von nationalen Idealen ganz zu schweigen. Schon Goethe bestritt daher, dass es überhaupt eine gemeinsame Erhebung des deutschen Volkes gegeben habe. „Erhebt sich, wer gewaltsam aufgestöbert wird? Wir sprechen nicht von den Tausenden gebildeter Jünglinge und Männer, wir sprechen von der Menge, den Millionen.“

Wie wenig der Nationalgedanke außerhalb der Bildungsschichten noch in den 1830er Jahren Fuß gefasst hatte, lässt die Begegnung des wandernden Gesellen Johann Eberhard Dewald mit national gesinnten Freiburger Studenten ahnen. So sehr die „Herren Studenten“ sich bemühten, ihm mit „wahrem Eifer“ von „deutscher Freiheit“ und einem „einzigen Deutschland“ zu predigen – dem Handwerksburschen dröhnten nur die Ohren. 20 Jahre nach dem Ende der „Befreiungskriege“ wusste er immer noch „nit, worauf das hinaussollte“.

Hamburger Hafen

Bevor französische Truppen im November 1806 auch Hamburg okkupierten, war der 110 Kilometer von der Küste entfernte Elbhafen einer der bedeutendsten Umschlagplätze Europas – vor allem für britische Waren. Napoleons Versuch, England auszuhungern („Kontinentalsperre“), führte die Hansestadt an den Rand einer Katastrophe: Dutzende Schiffe lagen abgetakelt im Hafen, Tausende Menschen wurden bald arbeitslos.

„UNTER DER FAHNE DER WAHRHEIT UND SCHÖNHEIT"

Vor der Politik kam die Kultur: Im 18. Jahrhundert betrat das deutsche Bürgertum die Bühne, im Reich des Geistes schien die Einheit der Nation schon Wirklichkeit.

Von Rainer Traub

Kaum eine Vorstellung hat dem Selbstbild der Deutschen und dem Fremdbild, das sich andere von ihnen machten, so zäh und folgenreich angehaftet wie die vom „Volk der Dichter und Denker". Historiker können den Urheber des Ausdrucks, dem der Stabreim Flügel verlieh, nicht ganz zweifelsfrei identifizieren. Doch vieles spricht dafür, dass es Johann Karl August Musäus (1735 bis 1787) war.

Der studierte Theologe war als bienenfleißiger Rezensent ein Wegbereiter der deutschen Aufklärung. In Sachsen-Weimar-Eisenach ernannte ihn die Herzogin Anna Amalia 1769 zum Gymnasialprofessor, kurz bevor der Zwergstaat sich unter ihrem Sohn Carl August in den Olymp der deutschen Klassik verwandelte. Die Machtsphäre des Hofes reizte Musäus wenig. Er führte lieber eine unauffällige, beschauliche bürgerliche Existenz.

Sein Name verbindet sich bis heute mit den „Volksmärchen der Deutschen", die er zwischen 1782 und 1786 herausgab. In der Vorrede begründete Musäus, dass ein Aufklärer wie er ausgerechnet Sagenstoff sammelte: Auch Märchen verbreiteten Licht – „durch die Zauberlatern der Phantasie". „Was wär", fragte er, „das enthusiastische Volk unsrer Denker, Dichter, Schweber, Seher, ohne die glücklichen Einflüsse der Phantasie?"

Die Schweber und Seher sind auf dem Weg zum geflügelten Wort abhandengekommen. „Das Volk der Dichter und Denker" blieb übrig.

Musäus entsprach mit seiner Märchen-Edition dem Zeitgeist des späten 18. Jahrhunderts. Vor allem Johann Gottfried Herder (1744 bis 1803), Oberhofprediger in Weimar, setzte sich nachdrücklich dafür ein, in den Zeugnissen deutscher Sprache und Kultur eine gemeinsame Nation zu entdecken. Diese Kulturnation war für ihn, anders als der Flickenteppich politisch impotenter Kleinstaaten, das echte und ursprüngliche Deutschland. „Von deutscher Art und Kunst" lautete etwa der programmatische Titel einer Textsammlung, die Herder 1773 publizierte. Daran knüpfte Musäus an: Gerade in den vom einfachen, unverbildeten Volk mündlich überlieferten Märchen offenbare sich der schöpferische Geist der Deutschen, ihr „Nationalcharakter".

Das war eine historisch neue Perspektive des sich herausbildenden Bürgertums, denn bis dahin waren die Sprache des Volkes, die der akademischen Elite und die der Herrscherhäuser strikt voneinander geschieden gewesen. Noch im 18. Jahrhundert war Latein die Sprache der Gelehrten, während man bei Hofe französisch parlierte.

Nun aber zeichnete sich ein Wandel ab. Gotthold Ephraim Lessing (1729 bis 1781) etwa sprengte als Dramaturg des 1767 in Hamburg gegründeten „Nationaltheaters" das klassizistische Korsett der französischen Vorbilder, die bis dahin das deutsche Theater beherrscht hatten. Mit seinen gesammelten Theaterkritiken, die als „Hamburgische Dramaturgie" veröffentlicht wurden, und mit eigenen Stücken wie „Emilia Galotti", in denen das Bürgertum die Bühne betrat, machte er Epoche.

Im nationalen Diskurs der bürgerlichen Intelligenz war die Abgrenzung vom mächtigen Nachbarn Frankreich das bestimmende Thema. Zugleich weckten aber die Errungenschaften der französischen Aufklärung, ihr stürmischer Drang nach Freiheit, bei vielen Respekt und Bewunderung. Auch Herder macht sich in einer frühen Fassung seiner „Briefe zur Beförderung der Humanität" (1793 bis 1797) zunächst uneingeschränkt republikanische Parolen zu eigen.

Dann aber, angesichts der zunehmenden Radikalisierung der Französischen Revolution, wurde er vorsichtiger. Er ließ in einer späteren Fassung zwei fiktive Briefpartner kontroverse Thesen vertreten – und die Leser selbst ihr Urteil fällen. Den positiven republikanischen Impulsen stellte er die Einflüsse der „französischen Erziehung" entgegen: Die „Gallicomanie" habe die deutsche Sprache, dieses „Organ unserer Seelenkräfte", verformt. In der Vergangenheit habe man nur mit den Domestiken Deutsch geredet, während bessere Herrschaften sich französisch unterhielten. Da dürfe man sich nicht wundern, „warum die deutsche Nation so nachgeblieben … ist, als wir sie leider nach dem Gesamturteil anderer Nationen im Angesicht Europas finden". In seiner Schrift „Idee zum ersten patriotischen Institut für den Allgemeingeist Deutschlands" schlägt Herder der „getheilten Nation" die Gründung einer Akademie für die „Reinigkeit" der deutschen Sprache vor, um das „Versäumniß voriger Zeiten" wettzumachen.

Auch Friedrich Schiller (1759 bis 1805) nimmt die Nachricht von der Französischen Revolution mit ihrer befreienden Losung „Freiheit, Gleichheit, Brüderlichkeit" zunächst mit viel Sympathie auf. In Paris wird diese ausdrücklich erwidert: Der Nationalkonvent verleiht dem auch in Frankreich berühmten Dichter der Freiheit 1792 das französische Bürgerrecht. Doch dasselbe Parlament bereitet gleichzeitig die (im Januar 1793 vollstreckte) Enthauptung von König Ludwig XVI. vor. Die Hinrichtung erfüllt Schiller mit Abscheu.

Sein Entsetzen liegt den Briefen „Über die ästhetische Erziehung des Menschen" (1795) zugrunde. Für Schiller beweist der Terror, dass die Menschheit für eine demokratische Umwälzung noch nicht reif sei. Er setzt deshalb auf Kultur und Bildung. Eine ästhetische Erziehung soll einem freiheitlichen Vernunftstaat den Weg bereiten.

Schiller veröffentlicht die Briefe in der von ihm edierten Zeitschrift „Die Horen". Deren Leitsätze verpflichten alle Mitarbeiter ausdrücklich zur politischen Abstinenz. Herausgeber Schiller will, zur Empörung deutscher Republikaner, eine Zuflucht vor dem „allverfolgenden Dämon der Staatskritik" bieten und „die politisch geteilte Welt unter der Fahne der Wahrheit und Schönheit" wiedervereinigen. An Herder schreibt Schiller im gleichen Jahr 1795, die Ansprüche der bürgerlichen und politischen Wirklichkeit seien der Poesie so fremd und fern wie die Prosa: „Daher weiß ich für den poetischen Genius kein Heil, als dass er sich aus dem Gebiet der wirklichen Welt zurückzieht."

In einem „Deutsche Größe“ betitelten Fragment notiert Schiller 1797: „Abgesondert von dem politischen hat der Deutsche sich einen eigenen Wert gegründet, und wenn auch das Imperium unterginge, so bliebe die deutsche Würde unangefochten. Sie ist eine sittliche Größe, sie wohnt in der Kultur und im Charakter der Nation, die von ihren politischen Schicksalen unabhängig ist (…) Der Deutsche wohnt in einem alten sturzdrohenden Haus, aber (…) der Deutsche selbst ist ein edler Bewohner, und indem das politische Reich wankt, hat sich das geistige immer fester und vollkommener gebildet.“ Dem zersplitterten, ohnmächtigen Deutschland wird sogar die Mission einer universellen Führung zugesprochen, denn gedanklich und poetisch stehe es an der Spitze der Humanität: „Dem, der den Geist bildet, beherrscht, muss zuletzt die Herrschaft werden (…) und das langsamste Volk wird alle die schnellen flüchtigen einholen (…) Das köstliche Gut der deutschen Sprache, die alles ausdrückt, das Tiefste und das Flüchtigste, den Geist, die Seele, die voller Sinn ist. Unsere Sprache wird die Welt beherrschen.“

Das Bild vom Nationalcharakter hat Deutschlands geistige Elite also schon zu Beginn des 19. Jahrhunderts voll ausgeprägt: Der Deutsche ist langsam, tief, gründlich, reich an Sprache, Seele und Sinn – aber nicht geschaffen für die wirkliche Welt. Die Schlussverse eines Schiller-Gedichts auf das beginnende 19. Jahrhundert lauten: „Freiheit ist nur in dem Reich der Träume, / Und das Schöne blüht nur im Gesang.“ Nicht zufällig wurde es eine deutsche Redensart, dass Politik immer ein schmutziges Geschäft sei.

Die spezifisch deutsche Distanz des Geistes zur gesellschaftlichen Realität, das Arrangement mit den herrschenden Gewalten und die Aversion gegen alles Rebellische verkörpert keiner so sinnfällig wie Deutschlands größter Dichter.

Johann Wolfgang von Goethe (1749 bis 1832), der Geheime Rat im Ministerrang in dem absolutistischen Kleinstaat Sachsen-Weimar-Eisenach, lehnte die Französische Revolution von Anfang an ab. In den deutschen Staaten sah er keine Notwendigkeit für eine Umwälzung. Während tapfere Republikaner, die gegen die harten Zensurgesetze der Restaurationsära kämpften, ins Gefängnis geworfen oder ins Exil getrieben wurden, notierte der Weimarer

Dichterfürst ungerührt: „Nach Pressfreiheit schreit niemand, als wer sie missbrauchen will.“ In seinen „Maximen und Reflexionen“ findet sich aber auch ein Eintrag, mit dem das Genie die eigene politische Rolle bedacht zu haben scheint: „Die größten Menschen hängen immer mit ihrem Jahrhundert durch eine Schwachheit zusammen.“

Die Tatsache, dass die deutsche Nation sich nicht über das Bekenntnis zur politischen Freiheit definierte, sondern über eine gemeinsame Sprache und Kultur, sollte tiefe Spuren in der Mentalität hinterlassen. Je mehr Deutschland im 19. Jahrhundert gegenüber den bürgerlichen Nationalstaaten des Westens politisch in Rückstand geriet, umso mehr verwandelte sich das stolze Bekenntnis zur eigenen Kultur in trotzige Abwehr von westlicher Zivilisation und Freiheit: „Wir sind das Volk der Dichter und Denker.“

Ausgerechnet eine Französin, Germaine de Staël-Holstein (1766 bis 1817), sorgte dafür, dass diese Selbststilisierung weltweit Verbreitung fand. Die von Napoleon des Landes verwiesene Tochter des ehemaligen königlichen Finanzministers Jacques Necker war überzeugt, „dass der menschliche Geist, der zu wandern scheint, jetzt in Deutschland angekommen ist“.

Ihr berühmtes Buch „De l’Allemagne“ entsteht nach ausgedehnten Reisen durch Deutschland und vielen Gesprächen mit den Größen der deutschen Literatur, die in Weimar und anderswo die Napoleon-Gegnerin mit offenen Armen empfangen. Begeistert notiert sie über Weimar: „Durch Lektüre und Studium zog man die Welt zu sich heran und entkam durch den Gedankenflug den engen Grenzen der Verhältnisse.“ In Frankreich verboten, erscheint „Über Deutschland“ 1813 in London. Im selben Jahr wird Napoleon in der Völkerschlacht bei Leipzig besiegt. Es ist die Zeit der Befreiungskriege, auf die de Staëls Vorrede anspielt: Zu Unrecht habe auch sie dem zersplitterten Deutschland den Charakter einer Nation abgesprochen. „Wahrlich! jetzt strafen sie diese Befürchtung vor der ganzen Welt durch heroische Taten Lügen.“ Natürlich ist alles, was sie zum Ruhm von Deutschlands Dichtern und Denkern vorbringt, zugleich Kritik am rücksichtslosen Tatmenschen Napoleon. „Man kann sich“, so versichert de

Staël, „in Frankreich keine Vorstellung davon machen, wie verbreitet die Bildung in Deutschland ist“. Sie rühmt deutsche Universitäten als „die besten von ganz Europa“. Auch für Lyrik hätten die Deutschen mehr Talent als andere. Und die einheimischen Philosophen verfügten über ein präzises Werkzeug: „Die deutsche Satzperiode umklammert den Gedanken wie mit Krallen, die sich öffnen und wieder schließen.“

Ihr Groß-Essay wird in viele Sprachen übersetzt und verbreitet die Hochachtung vor dem Volk der Dichter und Denker von der britischen Insel bis nach Sibirien – sogar in Alexander Puschkins Versroman „Eugen Onegin“ verdankt der Titelheld sein Deutschlandbild der Madame de Staël.

Nun ist die Lufthoheit im Gedankenhimmel den Deutschen nicht mehr zu nehmen. Auf dem Boden der politischen Tatsachen sieht es für sie ganz anders aus: In der reaktionären Epoche, die ab 1815 der patriotischen Aufwallung der Befreiungskriege und Napoleons Desaster im russischen Feldzug und in der Völkerschlacht bei Leipzig folgt, werden sie erst recht zu entmündigten Subjekten ihrer Herrscher:

„Als Gott, der Schnee und die Kosaken die besten Kräfte des Napoleon zerstört hatten, erhielten wir Deutsche den allerhöchsten Befehl, uns vom fremden Joche zu befreien (...) und wir erkämpften die Freiheit; denn wir tun alles, was uns von unseren Fürsten befohlen wird.“ So spottet Heinrich Heine (1797 bis 1856), der vor der deutschen Misere ins Pariser Exil geflohen ist, in seiner Schrift über „Die Romantische Schule“.

Heine knüpft ausdrücklich an Madame de Staëls Buch an, spießt aber auch den katholischen Obskurantismus einiger Romantiker auf, die in Abgrenzung von Frankreich das deutsche Mittelalter verherrlichen und sich „in den alten Geisteskerker wieder hineindrängen“. Schmerzlich genau erfasst Heine den gewachsenen Abstand zwischen den verfeindeten Nachbarn Deutschland und Frankreich:

„Der Patriotismus des Franzosen besteht darin, dass sein Herz erwärmt wird, durch diese Wärme sich ausdehnt, sich erweitert, dass es nicht mehr bloß die nächsten Angehörigen, sondern ganz Frankreich, das ganze Land der Zivilisation, mit seiner Liebe umfaßt; der Patriotismus des Deutschen hingegen besteht darin, dass sein Herz enger wird, dass es sich zusammenzieht wie Leder in der Kälte, dass er das Fremdländische hasst, dass er nicht mehr Weltbürger, nicht mehr Europäer, sondern nur ein enger Deutscher sein will."

Heine gibt allerdings die Hoffnung nicht auf. „Zur Geschichte der Religion und Philosophie in Deutschland" (1834/35 bis 1852) heißt das vor Esprit funkelnde Werk, worin er der republikanischen Revolution der Franzosen wie ein Alter Ego die philosophische Revolution der Deutschen zur Seite stellt – von Luther über Lessing und Kant bis zu Hegel, Fichte und Schelling: „Auf beiden Seiten des Rheines sehen wir denselben Bruch mit der Vergangenheit, der Tradition wird alle Ehrfurcht aufgekündigt; wie hier in Frankreich jedes Recht, so muss dort in Deutschland jeder Gedanke sich justifizieren."

Was für Frankreich der radikale Revolutionär Maximilien de Robespierre, sei für Deutschland der radikale Philosoph Immanuel Kant, „dieser große Zerstörer im Reiche der Gedanken". Habe der Franzose der Königsherrschaft ein Ende gesetzt, so der Deutsche der Gottesherrschaft. Auch für Deutschland, so prophezeit Heine am Ende, werde der Tag der Freiheitsrevolution kommen: „Der Gedanke geht der Tat voraus wie der Blitz dem Donner."

Die Geschichte bestätigte den Wunschdenker Heine nicht. Stattdessen hat sie dem scharfsichtigen Außenseiter Heine recht gegeben, dessen Beschreibung des deutschen Patriotismus sich mit dem Fortgang der politischen Entwicklung auf beklemmende Weise bewahrheitete. Das Gros der geistigen Elite verdrängte den Freiheitswillen im Namen nationaler Einheit und Größe. Charakteristisch dafür ist ein Gedicht von Emanuel Geibel (1815 bis 1884), geschrieben nach der Gründung des Deutschen Reiches durch Otto von Bismarck 1871. Darin rechnete der Lyriker, der vielen seiner Landsleute als legitimer Nachfolger Goethes galt, reimend mit allen Kritikern des „eisernen Kanzlers" ab:

Was habt ihr denn, ihr neunmal Weisen,
Mit eurem Witz gebracht zustand,
Eh’ euch der Held mit Blut und Eisen
Gewaltig schuf ein Vaterland?

Und jetzt, nachdem er ohne Wanken
Zum Hafen euer Schiff gelenkt,
Nun wollt ihr kritteln, schmäh’n und zanken,
Statt Gott auf euren Knie’n zu danken,
Dass er euch solchen Mann geschenkt?

Das Bildungsbürgertum war im Geist des deutschen Idealismus erzogen worden: im Glauben an ein reines Reich der Poesie jenseits aller politischen Niedertracht. Die Fähigkeit zum Urteil in politischen Fragen war dadurch nicht gefördert worden. Nun berauschte es sich am endlich gelungenen Nationalstaat. Schon der Ausdruck „deutscher Geist“ sei, so notierte Friedrich Nietzsche in einem lakonischen Aphorismus im Jahr 1888, „seit 18 Jahren eine contradictio in adjecto“: ein Widerspruch in sich selbst.

So beflissen fügten sich die deutschen Eliten in das auf „Blut und Eisen“ gegründete Reich ein, dass der Wiener Sprachkritiker Karl Kraus 1908 höhnen konnte, das „Volk der Dichter und Denker“ entpuppe sich als „Volk der Richter und Henker“. Da hatte das 20. Jahrhundert gerade erst begonnen.

„WE ARE SPEAKING DEUTSCH"

Eine Nationalkirche Santa Maria dell'Anima, dogmatische K-Gruppen und Schiller-Feste im juristischen Niemandsland an der Spanischen Treppe: Rom war Anfang des 19. Jahrhunderts eine Brutstätte des Homo teutonicus.

Von Alexander Smoltczyk

Wenn die Deutschen Geschichte machen, dann suchen sie sich gewöhnlich Heinrich Heines „traurigen Monat November" dafür aus, und mit Vorliebe den 9. November. So war es im vorigen Jahrhundert, mit November-Revolution, Reichspogromnacht, Mauerfall.

Der vielleicht erste dieser deutschen Tage jedoch ist der 9. November 1398. Papst Bonifaz IX. genehmigt in seiner Bulle „Quanto frequentius" den niederländischen Eheleuten Johann und Katharina Petri, in Rom ein Hospiz für Personen deutscher Nation aufzumachen: „hospitale huismodi personarum nationis Alamannorum". Aus dem Hospiz wird bald „das Heiligtum der Deutschen in Rom", die deutsche Nationalkirche Santa Maria dell'Anima.

Sie findet sich hinter mit Kamelien bestückten Plastiktrögen abseits der Piazza Navona und ist als Kirche der Deutschen kaum zu erkennen. Nur die Trattoria „All'Anima" gegenüber verneigt sich vor dem Nationalmonument: „We are speaking Deutsch."

Drinnen liegt im Marmorsarg „der vielleicht einsamste aller Päpste", Hadrian VI., ein „deutscher" Fremdling und „Brandopfer des römischen Hohnes", so der Kulturhistoriker Jacob Burckhardt. Da ist keine Prunkfassade, da sind keine Caravaggios und Touristenballungen wie vor Frankreichs „San Luigi dei Francesi"-Kirche, jenseits des Navona-Platzes. Es war eben wie immer: Das päpstliche Straßenamt hatte Bedenken erhoben, deutsche Steinmetze waren nicht erschienen, und schließlich hatte sich ein Platzhirsch eingemischt, Donato Bramante. Aus geplanter Gotik wurde römische Frührenaissance.

Mit anderen Worten: Die Nationalkirche der Deutschen ist ein von nichtdeutschen Baumeistern erdachtes Werk, das aufgrund ungünstiger Grundstücksschnitte nicht so prächtig wurde wie die Bauten Kastiliens oder eben Frankreichs. Zum Trost, wenn auch mit bloßem Auge kaum zu sehen, dient als Bekrönung der Turmspitze ein doppelköpfiger deutscher Reichsadler mit Krone und Kreuz in Kupfer.

Man muss schon eine weite Seele haben, um in der „Anima" patriotische Gefühle zu entwickeln. Zumal die Kirche bis 1961 unter dem Protektorat des Hauses Österreich stand und daher der Rektor des angeschlossenen Priesterkollegs kein Kleindeutscher sein durfte. Es sind Herz-Jesu-Schwestern aus Wien, die den Nachwuchs bemuttern.

„Wir haben das Deutschtum immer etwas weiter gefasst", sagt unter einem Madonnenbild der amtierende Rektor. Pfarrer Johann Hörist ist ein Burgenländer mit imposantem Doppelkinn und sanften Manieren. Er berichtet, wie die Kirche ab Oktober 1962 den deutschen Bischöfen als Hauptquartier gedient habe, während des Zweiten Vatikanischen Konzils. Wie auch Benedikt XVI. kürzlich, beim Besuch, mit Rührung erinnert habe an den „lauschigen Eingang, mit dem Wässerchen, was da sprudelt, der Stille, die da ist".

Ansonsten aber habe die Nationalkirche mit der Geburt dieser Nation nicht viel zu tun gehabt: „Sehen Sie", sagt Monsignore Hörist, „die katholische Kirche ist kein Hort für nationalstaatliche Interessen. Da ist sie aufgrund ihrer Struktur nicht besonders geeignet."

Und doch war Rom im frühen 19. Jahrhundert eine Zeitlang die Hauptstadt der erträumten „freiheitlich vereinten deutschen Nation". Ein Treibhaus für den Homo teutonicus, eine Art Frühbeet, wo die Keime deutschen Nationalgefühls im milden Licht des Südens schon einmal sprießen und ins Kraut schießen konnten.

Wobei die wenigsten Jungdeutschen in der Nationalkirche „Anima" regelmäßig anzutreffen gewesen wären. Das Parlament der Künstlerrepublik lag einige Ecken weiter, am Fuße der Spanischen Treppe.

Das „Antico Caffè Greco“ in der Via dei Condotti Nr. 86 wird heute eng in die Mitte genommen von „Prada“- und „Damiani“-Showrooms. Befrackte Kellner tragen Tässchen an Marmortische und zeigen auf Wunsch eine affenartig gespreizte Gipshand auf dem Bücherschrank: „Eccola, Franz Liszt …“

Das Kaffeehaus wurde bald nach seiner Eröffnung um das Jahr 1760 zum Treffpunkt und zur Postadresse der nördlichen Geister: „Mein erster Gang war aufs ‚Caffè Greco‘, allwo ich sogleich viele Deutsche traf“, schrieb 1816 der Maler Carl Philipp Fohr. Es wurde diskutiert, gemalt und gefeiert, ganze Straßenzüge waren fest in deutscher Hand.

Die deutsche Künstlerkolonie feierte im „Greco“-Café ihr „Schiller-Fest“ und bekränzte den Dichter mit römischem Lorbeer. Sie saßen im „Omnibus“, dem langgestreckten Raum rechts in der Mitte, oder im Roten Salon, sangen Volkslieder und priesen die Schönheit des Rheins. Ansonsten überhäuften sie das Publikum mit ihren Pinseleien (einige hängen heute noch an den Wänden des „Greco“).

Die Kellner nahmen es zur Kenntnis, und sie blieben auch gefasst, wenn Joseph Anton Koch, Altmeister der deutsch-römischen Landschaftsmalerei, auf einen Tisch stieg, um (deutsch) zu krähen:

Die aus einer Heimath stammen
Trafen sich am Tiber-Strom;
Brüder wandeln sie zusammen
Hand in Hand im alten Rom.

Deutsches Lied und deutsche Weise,
Deutscher Handschlag, deutscher Gruß,
Lang entbehrt auf langer Reise
Tönt am Kapitoles Fuß.

So reimte, anscheinend volltrunken, Franz von Gaudys seine Hymne aufs Deutschrömertum. Es ist die Erfahrung aller Reisenden: Nirgendwo ist Deutschland so schön wie im Ausland.

Viele der Künstler hatten in den Befreiungskriegen gegen Napoleon gekämpft und rasch feststellen müssen, wie in der deutschen Kleinstaaterei „die alten Zöpfe wieder herausgeholt und gepudert wurden".

Die Deutschen, fand der Italien-Liebhaber Goethe, waren eben ein Volk, das „so achtbar im Einzelnen, und so miserabel im Ganzen ist. Eine Vergleichung des deutschen Volkes mit andern Völkern erregt uns peinliche Gefühle".

Viele der enttäuschten Künstler zog es damals nach Rom. „Sie suchten nicht alleine – wie noch ihre Vorgänger im 18. Jahrhundert – Anregung und Bildung durch die klassische Kunst, sondern vielmehr auch einen Zufluchtsort vor den deprimierenden Verhältnissen in Deutschland, ein Utopia, wo man die Ideale, für die man zu Hause inzwischen eingesperrt wurde, offen leben zu können hoffte." So der Heidelberger Historiker Golo Maurer.

Viele Einheimische sahen belustigt, wie die Gäste in ihren selbsterfundenen, „altdeutschen" Trachten im Kaffeehaus saßen oder zur Messe in die „Anima" kamen – mit dem gleichen plump-unsicheren Selbstbewusstsein wie heute die Benedetto-Pilger aus dem Norden.

Weil das „Greco" in unmittelbarer Nähe der spanischen Botschaft lag, hatte auch die päpstliche Gerichtsbarkeit dort kein Sagen mehr. So konnte der Neo-Teutonismus hemmungslos ausgelebt werden.

„Die Deutschen erregten damals bei den Römern einiges Aufsehen durch ihre sogenannte deutsche Tracht, und mehr noch als durch diese durch das langherabhängende, oft sehr verwilderte Haar, welchen Schmuck keiner zu entbehren können glaubte", notierte sich die Berliner Salonbetreiberin Henriette Herz.

Sie liefen herum wie Entsprungene des Mittelalters, mit ausladendem Samtbarett auf dem ungekämmten Dürer-langen Haar, mit Puffärmeln und enganliegendem Luther-Rock, ebenfalls düster, im Freikorps-Schwarz der Befreiungskriege. „Auch Schnurr- und Knebelbart muss ich mir wachsen lassen", meldete der bayerische Arzt Ludwig Ringseis in die Heimat.

Über die Krawatte eines Altdeutschen schreibt der Schriftsteller Wilhelm Hauff: „Diesem Kleidungsstück schien der junge Mann bei weitem mehr Sorgfalt gewidmet zu haben, als dem übrigen

Anzug; diese beiläufig einen halben Schuh Höhe messende Binde von schwarzer Seide zog sich, ohne ein Fältchen zu werfen, von dem Kinn inklusive bis auf das Brustbein exklusive, und bildete auf diese Art ein feines Mauerwerk, auf welchem der Kopf ruhte; seine Kleidung bestand in einem weißgelben Rock, den er ‚Flaus', in zärtlichen Augenblicken wohl auch ‚Gottfried' nannte, und welchem er von Speisen und Getränken mitteilte."

Man trägt teutsch. In Heidelberg werden die Studenten in diesem Aufzug von der Polizei eingefangen. In Rom darf, ja muss man es tragen: „Ein Deutscher in gewöhnlicher Tracht wurde zuletzt gewissermaßen anrüchig. Er galt für einen Undeutschen", so wiederum Henriette Herz.

Wie anderthalb Jahrhunderte später kam es jedoch auch in der römisch-deutschen Studenten- und Bohemebewegung schon bald zu Fraktionskämpfen. Dogmatische Neu-Katholiken sonderten sich „rottweise" (Goethe) ab, um die in der Irre herumlaufenden protestantischen Schäfchen zur katholischen Kirche zu verführen, weg vom „Greco", hinein in die Beichtstühle der „Anima".

Jenseits dieser K-Gruppen und jenseits aller lautstarken Darbietung deutschen Wesens, gab es in der Künstlerkolonie jedoch auch Gelehrte und Diplomaten. Sie waren trunken vor Bewunderung für die Größe Roms, von Ruinenromantik und der Einsicht in die Wandelbarkeit der Geschichte.

Das römische Kleindeutschland des Geistes entwickelte sich, entfernt von Nationalkirche und Kaffeehaus, in den Räumen der preußischen Gesandtschaft am Heiligen Stuhl. Dort hatte 1802 ein ehrgeiziger Ministerresident Wilhelm von Humboldt, die Geschäfte aufgenommen. Es war ein ruhiger Posten, wie er bald schon merkte, und vornehmlich dafür geeignet, „die Kenntnis der südlichen Sprachen zu vollenden".

Der Sitz des Vatikanbotschafters, erst in der Via Gregoriana, später im Palazzo Caffarelli auf dem Kapitolshügel, wurde zum Sitz eines Idealismus in deutschen Farben, zur Zivilgesellschaft im Wartestand. August Wilhelm Schlegel, Madame de Staël, Ludwig Tieck und Bayerns Kronprinz Ludwig logierten bei Humboldts, einem „Tempel der edelsten gastfreien Häuslichkeit", wie die Schriftstellerin Friederike Brun schrieb.

Seinen Freund Friedrich Schiller bedrängt der Gesandte, auch Hofrat Goethe für den Fall einer Schaffenskrise nach Rom zu schicken. Im Notfall könne er als Babysitter für Goethe-Junior einspringen.

Auf Humboldt folgten die Herren Barthold Georg Niebuhr und Christian Carl Bunsen, alle mehr oder weniger italophil, doch aufgeklärt genug, den Kreis von Archäologen, Historikern, Philologen und trümmertrunkenen Reisenden aufrechtzuerhalten. Und kaum einer war so besessen von Rom als dem besseren Deutschland wie Ferdinand Gregorovius, aufgewachsen auf einer Deutschordens-Ritterburg in Ostpreußen.

1843 hatte Gregorovius unter einem Pseudonym „Konrad Siebenhorns Höllenbriefe an seine lieben Freunde in Deutschland, herausgegeben von Ferdinand Fuchsmund" geschrieben, eine Satire auf die deutschen Verhältnisse. Dann scheiterte die Revolution von 1848, und der Autor packte die Koffer. Er betrat Rom am 2. Oktober 1852, „die Stadt war noch durchweht von dem melancholischen Zauber mittelalterlicher Verwilderung, in welcher sich Papst und Cardinäle als traditionelle Charaktergestalten bewegten". Er beschließt, die Geschichte dieser Stadt zu schreiben. Für sein achtbändiges Standardwerk, die „Geschichte der Stadt Rom im Mittelalter" (1871), wird Ferdinand Gregorovius als erster Deutscher zum „Civis Romanus" ernannt – und damit zum Weltbürger avant la lettre.

Als Gregorovius zum Schlusswort seiner „Geschichte der Stadt Rom" ansetzt, ist Deutschland geeint – er mag da einen Zusammenhang gesehen haben: „Unerschütterlich vertrauend auf die nationale Kraft des deutschen Volkes", so schreibt jedenfalls ergriffen die „Allgemeine Deutsche Biographie" in ihrem Artikel über Gregorovius, „durfte auch er die Erfüllung des Traumes seiner Jugend, die Wiedergeburt des deutschen Reiches mit Begeisterung begrüßen. Er war ein warmer Verehrer des ersten Heldenkaisers."

Mit diesem Ton klingt schon das Motiv des nächsten Jahrhunderts an. Kaiser Wilhelm II. wird bald in Bad Homburg der Weltpresse zum Besten geben, das Deutsche Reich sei dazu berufen, das Erbe des Römischen anzutreten: „... damit es auch in der

Zukunft dereinst heißen möge wie in alten Zeiten: civis Romanus sum, nunmehr: ich bin ein deutscher Bürger".

Die Nationalkirche „Anima", um den Kreis zu schließen, kommt erst Mitte des 20. Jahrhunderts wieder ins Gerede, als auch im „Caffè Greco" mit deutschem Gruß Flagge gezeigt wird. Rektor war damals der österreichische Bischof Alois Hudal. Er träumte vergebens von einer Symbiose von Katholizismus und Nationalsozialismus, wurde „Nazi-Monsignore" genannt und verurteilte später nichtsdestotrotz die Judendeportationen aus Rom.

Nach Kriegsende saß Hudal unter dem Madonnenbild in der „Anima". Er half nicht nur diversen Gestrandeten, sondern auch Nazi-Größen bei der Flucht nach Südamerika, Spanien oder in den Nahen Osten. Über diese Route flüchten Josef Mengele, Adolf Eichmann, Hans-Ulrich Rudel, Franz Stangl und Klaus Barbie. Nach massivem politischem Druck trat Hudal 1952 als Rektor des Anima-Kollegs zurück.

KARRIERE MIT DEM KOPF

Als Kind wurde Wilhelm von Humboldt von führenden Berliner Aufklärern unterrichtet, mit 41 Jahren stieß er die bedeutendsten Bildungsreformen der deutschen Geschichte an.

Von Joachim Mohr

Er hat in Kindheit und Jugend nie eine Schule von innen gesehen, seine Erziehung oblag ausschließlich Privatlehrern. Studiert hat der Sohn eines preußischen Offiziers gerade einmal vier Semester, davon eines an der juristischen Fakultät in Frankfurt/Oder und drei in Göttingen, wo er – frei nach Laune – Vorlesungen in ganz verschiedenen Fächern hörte. Trotz oder vielleicht gerade wegen dieser Ferne zu staatlichen Bildungseinrichtungen wurde Wilhelm von Humboldt (1767 bis 1835) zu einem der wichtigsten deutschen Bildungsreformer, vermutlich sogar zum einflussreichsten Kultusminister der deutschen Geschichte.

In nur 16 Monaten schuf der „Geheime Staatsrat und Direktor der Sektion für Kultus und Unterricht" im preußischen Innenministerium 1809/10 ein einheitliches staatliches Schulsystem. Fortan standen jedem Kind zumindest formal die gleichen Bildungsmöglichkeiten offen; erstmals gab es eine einheitliche Ausbildung der Lehrer, erstmals verbindliche Lehrpläne.

Und dann die Krönung: die Gründung der Berliner Universität, verpflichtet allein der Freiheit von Forschung und Lehre. Bis heute gilt das Humboldtsche Bildungsideal weltweit als Vorbild für akademische Lehranstalten. Viele Länder – etwa die USA oder Großbritannien – haben sich beim Auf- oder Ausbau ihrer Universitäten auch an dem Berliner Vordenker orientiert. Es waren Humboldts radikale Maßnahmen, die maßgeblich zum Glanz der legendären Preußischen Reformen beitrugen – und den noch kleinen ostelbischen Staat zeitweise zum bewunderten Modell werden ließen.

Von einer solchen Karriere hatte Humboldts ehrgeizige Mutter, die aus einer vermögenden Hugenottenfamilie stammte, bereits in dessen Kindheit geträumt. Der 1767 geborene Junge bekam wie sein Bruder Alexander, der berühmte Naturforscher, Unterricht bei führenden Köpfen der Berliner Aufklärung, um auf den Staatsdienst vorbereit zu werden. Er sprach schon als Jugendlicher Griechisch, Latein und Französisch, hörte Vorträge über Nationalökonomie, Statistik, Naturrecht und Philosophie.

Doch dann entzieht sich der bildungshungrige junge Mann dem Traum der Mutter. Seine erste Stelle als Beamter in Berlin kündigt er 1791 nach gut einem Jahr. Durch das Familienvermögen abgesichert, widmet sich der 24-Jährige lieber klassischen Studien, was groß in Mode ist und als Neuhumanismus bezeichnet wird.

Für Humboldt ist das antike Griechenland die Leidenschaft seines Lebens; um seinem Interesse besser nachgehen zu können, kehrt er sogar in den Staatsdienst zurück und wird 1802 preußischer Botschafter beim Heiligen Stuhl, zieht also nach Rom. Er beschreibt den griechischen Geist „als Ideal desselben, was wir selbst sein und hervorbringen möchten“. Sich mit der Antike zu beschäftigen diene „der philosophischen Kenntnis des Menschen überhaupt“.

Geschult durch den Blick auf die attische Demokratie entwickelt er auch staatstheoretische Überlegungen und notiert: „Der wahre Zweck des Menschen … ist die höchste und proportionierlichste Bildung seiner Kräfte zu einem Ganzen. Zu dieser Bildung ist Freiheit die erste und unerlässliche Bedingung.“

Humboldt erwirbt sich auf diese Weise nicht nur einen Ruf als Gelehrter, sondern auch als politischer Vordenker, und so holt ihn denn auch König Friedrich Wilhelm III. auf Betreiben von Reformminister Karl Freiherr vom Stein im Februar 1809 in die Regierung. Preußen ist damals – nach der totalen Niederlage gegen Napoleon 1806 – in einem desaströsen Zustand. Immerhin haben der Schock der Niederlage und das Gefühl der Demütigung, aber auch die schweren Finanzlasten, die der Korse auferlegte, den Weg freigemacht für grundlegende Veränderungen. Angeführt von den Ministern Stein und Karl August von Hardenberg wird der preußische Staat per Dekret gestrafft, modernisiert, teilweise neu gestaltet. Die Armee, die Städte- und Gemeindeordnung, der rechtliche Status der Juden, die Justiz, die rechtlichen Regeln für Kapital und Gewerbe, alles kommt auf den Prüfstand – auch das Bildungssystem.

Kaum im Amt, macht sich Wilhelm von Humboldt an die Arbeit. Nach Art eines Diktators organisiert er das gesamte Bildungswesen neu. Unterstützt von einem Team erstklassiger Mitarbeiter greift Humboldt nicht nur auf eigene Überlegungen zurück, sondern nimmt auch Gedanken des Pädagogen Johann Heinrich Pestalozzi auf, dessen Ziel es war, „den Menschen zu stärken", damit dieser in der Lage sei, „sich selbst helfen zu können". Andere Gelehrte wie der Philosoph Johann Gottlieb Fichte und der Theologe Friedrich Schleiermacher haben ebenfalls Reformkonzepte vorgelegt.

Der Geheime Staatsrat Humboldt schafft die ständische Gliederung der Schulen und alle Privilegien der Herkunft ab. Den Bildungsweg teilt er in „drei Stadien des Unterrichts: Elementarunterricht, Schulunterricht, Universitätsunterricht". Er schreibt erstmals eine einheitliche Ausbildung der Lehrer vor, legt erstmals verbindliche Lehrpläne fest.

Humboldt erkennt sowohl die lebenslange Bedeutung von Bildung für den Einzelnen als auch ihre Funktion für den Staat. Im Dezember 1809 schreibt er an König Friedrich Wilhelm III.: „Jeder ist offenbar nur dann ein guter Handwerker, Kaufmann, Soldat und Geschäftsmann, wenn er an sich und ohne Hinsicht auf seinen besondern Beruf ein guter, anständiger, seinem Stande nach aufgeklärter Mensch und Bürger ist. Giebt ihm der Schul-

Alexander von Humboldt (1769 bis 1859)
Der Bruder von Wilhelm von Humboldt ist der bis heute berühmteste deutsche Naturforscher und Geograf. Er bereiste Anfang des 19. Jahrhunderts Lateinamerika, die USA und später auch Zentralasien. Er gilt als Begründer der Pflanzengeografie und der modernen Landeskunde. Seine Werke „Ansichten der Natur" und „Kosmos" brachten ihm enorme Popularität, schon zu Lebzeiten wurde er als „zweiter Kolumbus" bezeichnet.

unterricht, was hiezu erforderlich ist, so erwirbt er die besondere Fähigkeit seines Berufs nachher sehr leicht und behält immer die Freiheit, wie im Leben so oft geschiehet, von einem zum andern überzugehen."

Humboldts zweite große Leistung ist die Gründung der Berliner Universität. Anfang des 19. Jahrhunderts sind die Hochschulen im deutschsprachigen Raum in miserablem Zustand. Im Laufe des vorangegangenen Jahrhunderts waren viele der bestehenden Universitäten geschlossen worden; Akademien und Fachschulen, die eine praktische Berufsausbildung vermittelten, aber nicht zu akademischen Studien einluden, hatten ihnen den Rang abgelaufen.

Dass Wissenschaft zweckfrei, um ihrer selbst willen betrieben werden solle, gehört zu den Grundüberzeugungen des Neuhumanisten. Zum Verhältnis von Professoren zu Studenten schreibt er: „Darum ist auch der Universitätslehrer nicht mehr Lehrer, der Studierende nicht mehr Lernender, sondern dieser forscht selbst, und der Professor leitet seine Forschung und unterstützt ihn darin." Er versteht Universitäten nicht als Orte, an denen das Wissen nur verwahrt wird, sondern an denen vor allem neu gedacht werden soll – eine zu seiner Zeit keineswegs selbstverständliche Betrachtung. Geprägt von seiner Verklärung des alten Griechenland soll Bildung nicht an ihrem Nutzen für einen Beruf oder das tägliche Leben gemessen werden, sondern den einzelnen Menschen seelisch erheben.

Die königliche Stiftungsurkunde für die Berliner Universität datiert vom 16. August 1809. Die Liste der berufenen Professoren liest sich wie ein Who is who der damaligen Gelehrtenwelt. Die neue Universität wird während des 19. Jahrhunderts zu einer der renommiertesten Hochschulen Deutschlands, zu einem wissenschaftlichen Zentrum von Weltgeltung.

Bereits im April 1810 reichte Humboldt jedoch sein Abschiedsgesuch ein – wohl aus Eitelkeit, da er nicht länger dem Innenminister unterstellt sein wollte. Bis heute streiten auch deshalb Forscher darüber, wie Humboldts Lebensleistung zu bewerten ist. Während die einen in ihm einen etwas sprunghaften Schöngeist sehen, dem zu Lebzeiten die große Karriere verwehrt blieb, erkennen die anderen in ihm eine der bedeutenden Gestalten der deutschen Geistesgeschichte.

Humboldt selbst war von seiner intellektuellen Wirkungsmacht überzeugt. Auf dem Sterbebett erklärte er: „Alexander glaubt, dass wir selbst nach dem Tode nicht mehr von der ewigen Weltordnung erfahren werden, ich aber glaube, dass der Geist doch das Höchste ist und nicht untergehen kann.“

REBELLEN IN SCHWARZ-ROT-GOLD

Nach der Restauration durch den Wiener Kongress erhob sich die erste Studentenbewegung. Die Burschenschafter kämpften für Einheit und Freiheit, bis nach dem Mord an August von Kotzebue die Staatsmacht zurückschlug.

Von Jan Friedmann

Die Revolution begann zur akademischen Unzeit: Um acht Uhr morgens am 18. Oktober 1817 sammelten sich rund 450 Studenten auf dem Marktplatz des thüringischen Städtchens Eisenach. Die meisten Frühaufsteher hatten sich mit hochgeschlossenen schwarzen Gehröcken und passenden Baretten festlich herausgeputzt, einer Tracht, die damals „altdeutsch" hieß, obwohl sie erst seit wenigen Jahren in Mode war. Eine halbe Stunde später setzte sich der Demonstrationszug unter Glockengeläut und festlicher Musik in Bewegung hinauf zur nahen Wartburg.

Brav ging es zu beim Wartburgfest, dem Höhepunkt der ersten deutschen Studentenrevolte, der „ersten freudigen und freundschaftlichen Zusammenkunft deutscher Burschen", wie sie die einladenden Jenaer Burschenschafter angekündigt hatten. Die Aufsässigen stimmten gemeinsam mit einigen Professoren erbauliche Lieder an, etwa Luthers Choral „Ein feste Burg ist unser Gott", zu Ehren des großen Reformators. Öffentliche Sit-ins waren damals noch unbekannt, stattdessen verblüfften die Studiosi Passanten mit Freiluft-Gymnastikvorführungen nach dem Vorbild des Turnvaters Jahn.

Und doch entfaltete das Wartburgfest von 1817 weit mehr umstürzlerische Energie als 150 Jahre später Rudi Dutschke mit seinem Gefolge. Beide Studentenbewegungen kämpften gegen Restauration. Im Unterschied zu den 68ern, die viele hohle Phrasen von sich gaben, hatten es die aufmüpfigen Burschenschafter jedoch mit einem sehr realen Gegner zu tun.

Die dynastischen Großmächte Preußen, Österreich und Russland hatten beim Wiener Kongress die napoleonische Hinterlassenschaft wieder in ihrem Sinne geordnet und sich ihre Pfründe gesichert. Nichts fürchteten die Potentaten mehr als politische Unruhestifter. Er möge doch dringend gegen den „Geist des Jakobinismus“ vorgehen, rüffelte der starke Mann Europas, Österreichs Außenminister Klemens Fürst von Metternich, den liberalen Großherzog Karl August von Sachsen-Weimar, der den Studenten zu allem Übel noch die symbolträchtige Wartburg zur Verfügung gestellt hatte.

Bedrohlich war vor allem das politische Ziel der Burschen: Sie verlangten die nationale Einheit Deutschlands. In ihren „Grundsätzen und Beschlüssen des 18. Oktober“ forderten sie: „Je mehr die Deutschen durch verschiedene Staaten getrennt sind, desto heiliger ist die Pflicht für jeden frommen und edlen deutschen Mann und Jüngling, dahin zu streben, dass das Vaterland nicht verschwinde.“

Der Nationalismus der Burschenschafter war in seinen Anfängen nicht dumpf und engstirnig, sondern jung, links, geradezu antiautoritär. Er richtete sich gegen den Muff des beinahe tausendjährigen Heiligen Römischen Reichs Deutscher Nation und verband sich mit weiteren Postulaten: Gleichheit vor dem Gesetz, Rede- und Pressefreiheit, allgemeine Wehrpflicht.

Aus Sicht der Herrschenden waren die Burschenschafter Rebellen und gefährliche Aufständische. Immerhin hatte jeder zwanzigste der rund 8500 Studenten, die an einer der 19 deutschen

Altdeutsche Tracht

Der Schriftsteller Ernst Moritz Arndt entwarf die Kleidung nach Gemälden der Dürer-Zeit. Sie sollte den Gegenpol zu „französischen Modetorheiten“ bilden. Zum hochgeschlossenen schwarzen Rock trug man schwarze lange Hosen und häufig ein weißes Hemd mit großem Kragen. Die Mode galt als aufrührerisch. Die Jenaer Burschenschaft verlangte, dass „eine deutsche Volkstracht, wie sie sich für deutsche Jugendliche geziemen möchte, eingeführt, allgemein verbreitet und unverändert dauerhaft erhalten werde“.

Universitäten eingeschrieben waren, die Reise nach Eisenach angetreten. Die Burschenschaften, in späteren Jahrzehnten eher bekannt für archaische Sauf- und Kampfriten, genossen Sympathien in weiten Teilen der Bevölkerung. Die große Mehrheit der Studenten war burschenschaftlich organisiert.

Ihre Zusammenschlüsse verstanden die Studiosi als Modell für einen Nationalstaat: weg von den Kränzchen und Landsmannschaften, in denen sich Sachsen mit Sachsen und Pfälzer mit Pfälzern trafen, hin zu einer Verbindung aller Studenten einer Universität und später der ganzen Nation. Ein Student, so forderte der Wartburg-Redner und renommierte Naturwissenschaftler Lorenz Oken, müsse „ein universaler Kopf und ein gebildeter Deutscher" werden, kein beschränkter „Provinzial-Landmann".

Die Jenaer Studenten waren mit gutem Beispiel vorangegangen: Am 12. Juni 1815 hatten im Gasthaus „Tanne" die studentischen Landsmannschaften der Universität ihre Selbstauflösung erklärt, um in der ersten deutschen Burschenschaft aufzugehen. Die Jenaer Urburschenschaft gab sich eine Satzung, man beendete die Feierstunde mit dem Absingen von Ernst Moritz Arndts Lied „Was ist des Deutschen Vaterland?".

Der Wortführer der Jenaer, der 23-jährige Theologiestudent Heinrich Hermann Riemann, appellierte auf der Wartburg an den akademisch-nationalen Ethos seiner Mitstreiter. Sie, die sie „dereinst des Volkes Lehrer, Vertreter und Richter sein" würden, sollten sich für des „Vaterlandes Wohl", für „Freiheit und Gerechtigkeit" einsetzen.

Studentenführer Riemann hatte wie viele seiner Kommilitonen in den Befreiungskriegen gegen Napoleon gekämpft. Er gehörte dem Lützowschen Freikorps an, einer Art Akademiker-Miliz auf Seiten der preußischen Armee. Schwarz-Rot-Gold waren ihre Farben, sie trugen sie in die Jenaer Urburschenschaft und später ins ganze Land als Banner der Demokratie. „Schwarz wie der Rock des Lützowschen Freikorps, rot wie das Blut, golden wie die Sonne der Freiheit", so lautete eine zeitgenössische Interpretation der Farben. In der Waffenbrüderschaft begannen die Studenten sich als Deutsche zu fühlen, zahllose Lieder und Verse überliefern ihre Kriegsbegeisterung: „Ich bin Student gewesen /

Nun heiß ich Leutenant / Fahr wohl, gelehrtes Wesen / Ade, du Büchertand".

Für den akademischen Nachwuchs war es kein Widerspruch, demokratische Rechte für alle Deutschen einzufordern und gegen Frankreich, die Grande Nation der Demokratie, zu kämpfen. Die Studenten wollten einen modernen, aufgeklärten Staat, schwelgten aber zugleich in einer vormodernen Gemeinschaftsmystik. Sie waren den Ideen von Freiheit, Gleichheit, Brüderlichkeit zugewandt, hegten aber, wie der Historiker Thomas Nipperdey sagt, „romantische Vorstellungen von organischer Gemeinschaft, christlichem Charakter und Enthusiasmus des Gemüts".

Die Burschenschafter benutzten das kameradschaftliche „Du" als Anrede und begeisterten sich für die franzosenfeindlichen Tiraden eines Ernst Moritz Arndt: Der hetzte, ihm seien die Welschen zuwider, „weil mir die jämmerliche Äfferei und Zwitterei missfällt, wodurch unsere Herrlichkeit entartet und verstümpert und unsere Macht und Ehre den Fremden als Raub hingeworfen ward".

Auch das Wartburgfest hatte sein unrühmliches Kapitel: Am Abend des 18. Oktober 1817 entzündeten die Teilnehmer auf einem Berg über der Stadt ein Feuer. Die Reden der Wortführer wurden schärfer, bis einer forderte: „So tretet heran zu dem zehrenden Fegfeuer und schauet, wie Gericht gehalten wird über die Schandschriften des Vaterlandes." Die Umstehenden riefen: „Ins Feuer!"

Dann schleuderte ein Bursche Papierbündel, auf denen die Titel verhasster Werke aufgemalt waren, in die Flammen – echte Bücher zu verbrennen wäre für die Studenten viel zu teuer gewesen. Dazu stieß die Versammlung antisemitische Parolen aus: „Wehe über die Juden, so da festhalten an ihrem Judenthum und über unser Volksthum und Deutschthum schmähen und spotten."

Die revoltierenden Studenten waren die Kinder einer rasanten Umbruchphase mit all ihren Widersprüchen. Erst sickerten aus Frankreich revolutionäre Ideen in die ständischen Kleinstaaten ein, dann zertrümmerte Napoleon mit seinen Armeen die alte Ordnung. Nur wenige Jahre später wurde er selbst vernichtend geschlagen. Die Dynastien konnten sich noch einmal behaupten, doch der Drang nach Freiheit und nationaler Selbstbestimmung war nicht mehr zu bremsen.

Nun redeten sich die Studentenzirkel die Köpfe heiß über scheinbar objektive Größen wie Volk, Sprache und Kultur. Die Kader rüsteten sich für die höhere Aufgabe – und sie radikalisierten sich schnell.

Das Fanal folgt fast zwangsläufig: Am 23. März 1819 bittet der Burschenschafter Karl Ludwig Sand beim Dienstpersonal des August von Kotzebue um Einlass. Kotzebue ist ein reaktionärer Kultur-Promi, seinerzeit der meistgespielte Autor, dazu russischer Staatsrat und Geheimagent des Zaren. Sein Credo: „Bewahre uns Gott in Deutschland vor irgendeiner Revolution."

Sand, 23 Jahre alt, ist einer der rund 30 namentlich bekannten Mitglieder der „Unbedingten" oder „Schwarzen" – benannt nach der Uniformfarbe des Lützowschen Freiwilligenverbands –, einer revolutionären studentischen Zelle, die von dem charismatischen Privatdozenten und Juristen Karl Follen angeführt wird. Der Radikaldemokrat Follen lehrt seine Brigade Desinformation und Spurenbeseitigung, ruft sie dazu auf, beim Agitieren Bauern und Tagelöhner mitzureißen.

Sand, Sohn eines Justizrats aus dem Fichtelgebirge und protestantisch erzogen, saugt Follens Lehren begierig auf. Aus der Erlanger Burschenschaft wechselt er nach Jena, ins Zentrum der Studentenbewegung. An seine Eltern schreibt Sand: „Es ist Zeit, dass ich die Träumereien lasse, und die Not unseres Vaterlandes drängt mich zum Handeln. Schriften und Reden wirken nicht. Nur die Tat kann noch einen Brand schleudern in die jetzige Schlaffheit."

Als Sand schließlich zu Kotzebue vorgelassen wird, zieht er einen 30 Zentimeter langen Dolch. Mit den Worten „Hier, du Verräter des Vaterlandes!" rammt er dem Dichter die Waffe in die Brust. Während Kotzebue vor den Augen seiner Kinder verblutet, überreicht der Attentäter Sand einem herbeieilenden Diener sein Bekennerschreiben. „Todesurteil an dem Verräter August von Kotzebue, vollzogen nach den Beschlüssen der Universität Jena", heißt es darin.

Die reaktionären Großmächte antworteten prompt und kompromisslos: Am 20. September 1819 fasst die Bundesversammlung des Deutschen Bundes auf Betreiben Preußens und Österreichs die „Karlsbader Beschlüsse“, eine Notstandsverordnung zur Zerschlagung der Nationalbewegung. Er habe nur auf eine solche Gelegenheit gewartet, gab Fürst Metternich freimütig zu. Den Anlass, endlich gegen die Studenten vorzugehen, habe ihm „der vortreffliche Sand auf Kosten des armen Kotzebue geliefert“.

In einem Brief erklärt der österreichische Diplomat seine Beunruhigung: Er habe nie gefürchtet, dass an den Universitäten die Revolution ausbrechen werde. Seine Sorge sei vielmehr, dass dort „eine ganze Generation von Revolutionärs“ heranwachse, „wenn dem Übel nicht Schranken gesetzt werden“.

Die Repression traf die gesamte bürgerliche Opposition: Versammlungen wurden verboten, die Presse wurde zensiert und ein Spitzelsystem installiert. Die Vordenker der Studenten, Professoren wie Lorenz Oken und Ernst Moritz Arndt, erhielten Lehrverbot. Hochschullehrer, die aus ihren Ämtern entfernt wurden, durften danach „in keinem andern Bundesstaate bei irgend einem öffentlichen Lehr-Institute wieder angestellt werden“. Verbindungsstudenten blieb der Öffentliche Dienst versperrt.

Die sogenannte Demagogenverfolgung griff rigoros zu: An jeder Hochschule wachten fortan Regierungsbevollmächtigte; eine eigens eingerichtete „Zentraluntersuchungskommission“ in Mainz koordinierte den Kampf gegen revolutionäre Umtriebe. Die Burschenschafter waren gezwungen, ihren Überzeugungen abzuschwören, wollten sie nicht ihre persönliche Freiheit und ihre berufliche Laufbahn aufs Spiel setzen. Der Leipziger Burschenschafter Karl Hase soll bei seiner Überprüfung das geflügelte Wort geprägt haben: „Mein Name ist Hase, ich weiß von nichts.“

Hep-Hep-Pogrom

In Würzburg, Heidelberg und Frankfurt brachen 1819 Pogrome gegen Juden los. Studenten sollen sie ausgelöst haben, als sie einen Professor, der jüdische Deutsche korrekt behandelte, mit „Hep-Hep, Jud verreck“ beschimpften. Gemeinsam mit Kaufleuten und Handwerkern plünderten sie Geschäfte der Minderheit, ein Polizist und ein Soldat starben bei den Unruhen. In Heidelberg verteidigte allerdings die Burschenschaft die Juden.

Zahlreiche Akademiker wurden inhaftiert oder ins Exil getrieben. Der Führer der „Schwarzen“, Karl Follen, floh nach Amerika, wo er gegen die Sklaverei kämpfte und zwischenzeitlich einen Lehrauftrag in Harvard annahm. Die Jenaer Burschenschaft musste sich auflösen, im Jahr 1823 wurden die letzten politischen Zusammenschlüsse der Studenten zerschlagen.

Damit ist, nach nicht einmal einem Jahrzehnt, die Studentenrevolte politisch am Ende. Die Einheit Deutschlands bewerkstelligen schließlich nicht die nationalbewegten Studenten mit ihren revolutionären Ideen, sondern die preußischen Militärs mit Blut und Eisen.

Karl Ludwig Sand wird zur ersten Ikone der Studentenbewegung. Tausende Schaulustige umringen den Richtplatz vor den Toren Mannheims, als Sand am Pfingstsamstag 1820 auf einem Wagen herangefahren wird. Als der Henker den Streich mit dem Schwert geführt hat, durchbricht die Menge die Sperren. Aber nicht etwa, um die Häscher des Attentäters anzugreifen: Die Andenkenjäger wollen sich eine Locke vom abgeschlagenen Kopf des Studenten sichern.

DEUTSCHE VERHÄLTNISSE

Ab 1750 **Europa befindet sich im Umbruch. Die Bevölkerung steigt sprunghaft an; in England zeichnet sich die Industrielle Revolution ab. Neue, bürgerliche Funktionseliten steigen auf und stellen die Herrschaft des Adels in Frage.**

Um 1770 **Etwa 20 000 Menschen beteiligen sich nach Schätzung des Berliner Aufklärers Friedrich Nicolai am nationalen Diskurs. So klein ist der Kreis derjenigen, die über das Selbstverständnis der Deutschen räsonieren.**

1777 **In Mannheim wird das Nationaltheater eröffnet. Der Gebrauch der deutschen Sprache gilt als politischer Akt; er ist gegen das Französische gerichtet. In der Abgrenzung zu Frankreich stärkt die Bildungselite ihre nationale Identität.**

1789 **Die Französische Revolution beginnt. Im Reich kommt es zu Unruhen, die aber isoliert bleiben. Das deutsche Bürgertum ist zu schwach, der Gegensatz zwischen Adel und Bauern nicht so ausgeprägt wie in Frankreich, und die Reformbereitschaft der Beamten des aufgeklärten Absolutismus mildert manche Missstände.**

1791 **Österreich und Preußen stellen öffentlich eine Intervention gegen die Revolution in Frankreich in Aussicht. Daraufhin erklärt Paris 1792 den Krieg. Die Kanonade von Valmy zwingt das antirevolutionäre Koalitionsheer zum Rückzug. Französische Truppen besetzen 1794 das westliche Rheinufer.**

1795 **Durch den Krieg finanziell erschöpft, schließt Preußen in Basel einen Sonderfrieden mit Frankreich. Es stimmt zu, wie zwei Jahre später auch Österreich, die linksrheinischen Gebiete abzutreten.**

1799 **Nach einem Staatsstreich tritt General Napoleon Bonaparte an die Spitze einer provisorischen Regierung. Fünf Jahre später krönt er sich zum Kaiser der Franzosen.**

1801/03 **Das Abtreten der linksrheinischen Gebiete hat eine Umstrukturierung des Reichs zur Folge: Um die betroffenen Fürsten zu entschädigen, wird das Reich mit dem Reichsdeputationshauptschluss neu**

organisiert: Fast alle geistlichen Fürsten verlieren ihre Territorien; kleinere weltliche Fürstentümer und die meisten Reichsstädte büßen ihre Selbständigkeit ein.

1806 **Im Juli verlassen 16 deutsche Fürsten, darunter die Könige von Bayern und Württemberg, den Reichsverband und gründen den „Rheinbund". Am 6. August legt Kaiser Franz II. die Krone nieder – das Heilige Römische Reich existiert nicht mehr.**

1807 **Preußen – im Vorjahr bei Jena und Auerstedt von Napoleon vernichtend geschlagen – verliert im Frieden von Tilsit die Hälfte seines Staatsgebiets. Das Land erneuert sich durch die Preußischen Reformen. Die Bauern werden freie Leute, die Selbstverwaltung der Städte wird eingeführt, das Bildungswesen neu organisiert und die Berliner Universität gegründet.**

1809 **Österreich führt erneut Krieg gegen Napoleon und setzt auf eine nationale Erhebung. Doch nur in Tirol und Norddeutschland kommt es zu Aufständen. Österreich wird geschlagen und muss große Gebiete abtreten.**

1811 **Der Hauslehrer Friedrich Ludwig Jahn errichtet den ersten Turnplatz auf der Hasenheide in Berlin. Mit den Leibesübungen wollen sich die Männer auch auf den Kampf gegen die französischen Besatzer vorbereiten. Die Turnerschaft wird zu einem frühen Kristallisationspunkt der deutschen Nationalbewegung.**

1812 **Napoleon zieht mit 600 000 Soldaten, darunter über 150 000 Deutsche, nach Russland. Ein Großteil der Männer überlebt den Feldzug nicht.**

1813/14 **Die Verbündeten Preußen, Russland, Österreich siegen über Napoleons Truppen in der „Völkerschlacht" bei Leipzig. Die Befreiungskriege werden in Deutschland als „Volkskrieg" verklärt; dabei kämpfen überwiegend reguläre Einheiten.**

TEIL 4

DER NATIONALSTAAT ENTSTEHT

GEGEN DIE DYNASTIEN

Zu Beginn des 19. Jahrhunderts war die Nationalbewegung in Deutschland nur die Sache einer kleinen Elite. Aber schon ehe es 1871 zur Reichsgründung kam, war der Glaube an eine schicksalhafte Einheit zum Massenphänomen geworden.

Von Hans-Ulrich Wehler

Immer noch ranken sich Legenden um die Frage, wie eigentlich Nationen entstehen. Die Geschichtsforscher des 19. Jahrhunderts gaben einer Idee den Vorzug, und sie liest sich so: Völkerwanderung in Europa; als endlich die riesigen Stämme zur Ruhe kommen, da habe sich allmählich ein Nationalgefühl entwickelt mit dem Ziel der Menschen, einen eigenen Staat zu errichten und darin eine eigene Kultur auszuleben. Dies habe gewissermaßen die göttliche Weltordnung vorgesehen.

Seit zwei Jahrzehnten stellt die moderne Nationalismusforschung solch überlieferte Vorstellungen radikal in Frage. Sie geht von der ungleich realistischeren Annahme aus, dass erst der Zerfall tradierter Weltbilder und gesellschaftlicher Ordnungssysteme die Suche nach einem neuen, integrationsfähigen Weltbild auslöste. So gesehen, trifft die pointierte Formulierung des englischen Nationalismuskenners Ernest Gellner den zentralen Punkt: Nicht etwa die Nation habe den Nationalismus hervorgebracht, sondern das Ideensystem des Nationalismus habe sich seine Nationen geschaffen.

Diese folgenreiche Transformation war zumeist das Ergebnis fundamentaler Krisen, in deren Verlauf die bisher verbindlichen Weltbilder und soziopolitischen Ordnungskräfte ihre Überzeugungsmacht verloren hatten, so dass die Suche nach neuen, überlegenen Deutungen des Weltgeschehens vorangetrieben wurde. Dieses Weltbild musste aus dem überlieferten Gedankenhaushalt der Zeit konstruiert werden, auch und gerade im Hinblick auf seine utopischen Züge.

Angesichts der Dominanz des Christentums hat sich überall im europäisch-amerikanischen Kulturkreis die altisraelische Überzeugung vom „auserwählten Volk" als Inkarnation der eigenen Nation durchgesetzt. Dass sich auf diese Weise der Nationalismus als „Antwort" auf eine prinzipielle „Herausforderung" im Kontext der Englischen, Amerikanischen und Französischen Revolution herausbildete, wodurch die im 18. Jahrhundert ökonomisch und politisch dominierenden Pionierländer des Westens nationalisiert und ebendadurch auch zum Vorbild wurden, ist von der Forschung überzeugend gezeigt worden. Der Nationalismus ist daher keine Dauererscheinung seit archaischer Vorzeit, sondern durch und durch ein Phänomen der politischen Neuzeit.

In den deutschsprachigen Ländern Mitteleuropas – um 1789 existierten exakt auch 1789 größere Herrschaftseinheiten und Zwerggebilde nebeneinander – hatte es damals bekanntlich keine Revolution gegeben. Doch entstanden war eine Gemengelage politischer und ökonomischer, sozialer und kultureller Modernisierungskrisen, die sich für die Regierenden zu einer bedrohlichen Konstellation zusammenballten, noch verschärft durch Napoleons Export der Französischen Revolution Richtung Osten. Zugleich entfesselten die militärische Expansion Frankreichs und der Erfolg seiner inneren Staatsbildung starke Energien, ein Vorgang, der offenbar nur möglich war durch den Nationalismus eines revolutionierten Landes.

Auch in den deutschen Herrschaftsgebieten, in denen die französischen – und auch die amerikanischen – Umwälzungen von einer aufgeschlossenen Öffentlichkeit aufmerksam verfolgt worden waren, formierte sich ein elitärer Zirkel aus Modernisierern, die für eine besondere Idee eintraten: den in dieser Frühphase typischen Intellektuellennationalismus. Marschroute war, die politische Vielfalt des deutschsprachigen Mitteleuropa in eine einheitliche Nation mit einem eigenen Nationalstaat zu verwandeln. Nur so, glaubten die Erneuerer, könne das künftige Deutschland im unerbittlichen Wettbewerb des europäischen Staatensystems erfolgreich mithalten, ja selbst wieder eine Führungsrolle übernehmen.

Diese kleine deutsche Nationalgemeinde, die noch keine mächtige Bewegung verkörperte, bestand um 1800 aus einigen Professoren, Theologen, Schriftstellern, Studenten und Gymnasialschülern – nicht mehr als gut tausend, großzügig gerechnet. Freilich gehörten einflussreiche, wortgewaltige Männer dazu, wie etwa Friedrich Schleiermacher, der bedeutendste protestantische Theologe des 19. Jahrhunderts, oder Wilhelm von Humboldt und Friedrich Schiller, natürlich Johann Gottlieb Fichte, Ernst Moritz Arndt und der „Turnvater" Friedrich Jahn. Dazu kamen Reformer wie der Freiherr vom Stein und Schlüsselfiguren aus dem Umkreis des preußischen Ministers Karl August von Hardenberg, außerdem prominente Militärs wie die Generäle Clausewitz und Scharnhorst, Gneisenau und Boyen.

Sie deuteten mit Nachdruck die kulturellen Traditionen und Lebensformen der Deutschen im alten Reich als nationale Vorgeschichte um. Zugleich beschworen sie die Metaphysik der Nationalidee, indem sie die historische Mission Deutschlands, an dessen „Wesen die Welt genesen" sollte, als Panier aufpflanzten.

Unstreitig gab es vor diesem Intellektuellennationalismus schon jahrzehntelang angestrengte Bemühungen um die Vorherrschaft der deutschen „National-Sprache", um ein deutsches „National-Theater", eine deutsche „National-Literatur"; so sollte im kulturellen Leben die Hegemonie der Franzosen durchbrochen werden. Aber erst die Krisensituation seit dem ausgehenden 18. Jahrhundert vermochte die Schubkraft des frühen deutschen Nationalismus unwiderruflich zu entfesseln.

Sein Anspruch traf auf die Loyalität der Etablierten, erzeugt vom Landespatriotismus in den Einzelstaaten und den autonomen Städten. Diese Bindung war jedermann in der Nationalgemeinde bewusst, und man ging durchweg davon aus, dass auch jeder – modisch gesprochen – mit der doppelten Identität als Deutscher und Preuße oder Deutscher und Bayer sehr wohl zu leben vermochte. Im lockeren Sprachgebrauch der Zeit wurde auch ungeniert von Preußen, Bayern, Hessen als „meiner Nation" gesprochen.

Als der Kampf gegen die napoleonische Vorherrschaft in einen militärischen Großkrieg mündete, wurden die Schlachten von Berufstruppen ausgetragen, keineswegs von national enthusiasmierten Massenheeren. In den Freiwilligenverbänden, den „Freikorps" etwa, die später legendär wurden, überwogen auch nicht etwa nationalbegeisterte Studenten, viel mehr abenteuerlustige Handwerksgesellen und Bauernsöhne. Und als eine fast 25-jährige Kriegsepoche auf dem Wiener Kongress in eine Friedensordnung übergehen sollte, konnte die kleine Gesinnungsgemeinschaft, die – wie etwa Wilhelm von Humboldt in der preußischen Delegation – für ein „geeintes Deutschland" eintrat, keinen nennenswerten Einfluss gewinnen.

Das vom österreichischen Außenminister Klemens von Metternich souverän geleitete Bollwerk der dynastischen Staaten erwies sich erst einmal als unerschütterlich. Rigoros gingen sie gegen die gefährliche Unterminierarbeit der Nationaldenkenden vor. Die „Karlsbader Beschlüsse" von 1819 boten ein hartes Regelwerk von Verfolgungsmaßnahmen auf, die bis zu Berufsverboten und Festungshaft führten. Allerdings war das System damals kein totalitäres. So hatte, ein Beispiel, der radikaldemokratische Schriftsteller Arnold Ruge jahrelang in Haft gesessen – und nach der Entlassung sich sogleich erneut für seine Ideen einsetzen können. Wer Zivilcourage hatte, der ließ sich so schnell nicht beugen.

Dennoch, aus der Perspektive Metternichs und seiner konservativen Gesinnungsgenossen in den Mitgliedstaaten des 1815 gegründeten Deutschen Bundes konnte es, aller Skepsis zum Trotz, so aussehen, als würde die Ausschaltung gefährlicher Systemveränderer gelingen. Tatsächlich schafften sie es nicht. Mithin ist die große Frage, warum sich auch der deutsche Nationalismus als politische Bewegungsmacht so durchsetzungsfähig erwies, dass er schon vor der Revolution von 1848/49 gar nicht mehr übersehen werden konnte.

Für eine Antwort empfiehlt es sich, insbesondere auf drei historische Bedingungen zu blicken.

Erstens: Der Vorbildcharakter der nationalisierten Großstaaten wie Frankreich und England, gefolgt in der transatlantischen Welt von den USA, wirkte sich im europäischen Staatensystem weiter stimulierend aus.

Ein Vergleich: Der einflussreiche amerikanische Wirtschaftshistoriker Alexander Gerschenkron hat die europäische Industrialisierungsgeschichte aus dem Spannungsverhältnis zwischen England als erstem „Pionierland“ der industriellen Revolution und dem Zugzwang für die „Nachzüglerstaaten“ erklärt, diesen Vorreiter – etwa durch Imitation – einholen zu müssen, ja überholen zu wollen. Dieselbe Denkfigur lässt sich auch auf die Nationalisierungsgeschichte anwenden: Der Modernisierungsvorsprung, den, wie es schien, die neuen Nationalstaaten so überzeugend gewonnen hatten, wirkte auf die anderen Mitglieder des Staatensystems als hoch attraktives Vorbild, geradezu als Modell, um das man in der Wettbewerbssituation nicht umhinkam. Unablässig wurde daher durch die bereits bestehenden Nationalstaaten die Hoffnung auf den endlich zu schaffenden eigenen Nationalstaat wachgehalten.

Zweitens: Aufregende Krisen beschleunigten das Erstarken des deutschen Nationalismus. Hier sei an vier erinnert. So wurde der griechische Unabhängigkeitskampf gegen das Osmanische Reich (1821 bis 1830) in der deutschen Öffentlichkeit, deren Bildungsbürger im Zeichen des Neuhumanismus ohnehin griechenfreundlich eingestellt waren, als eine Art von Stellvertreterkrieg für die großartige Sache der Nationalstaatsbildung unter äußerst schwierigen Umständen wahrgenommen. Das konnte durchaus Vorbild sein.

Kaum war die Griechenbegeisterung etwas abgeklungen, löste 1830 der polnische Aufstand gegen die russische Teilungsmacht durchaus vergleichbare, ja gesteigerte Sympathien aus. Wiederum ging es um den Stellvertreterkampf eines unterdrückten Volkes, das – wie jedenfalls das Aufbegehren interpretiert wurde – um seine Existenz als eigene Nation mit einem eigenen Nationalstaat schwere Opfer auf sich zu nehmen bereit war. Auch die schnelle Niederlage der Aufständischen reduzierte kaum die emotionale innerdeutsche Mobilisierung.

Folgenreicher noch wirkte sich die Rheinkrise von 1840 aus. In ihrer Nahostpolitik unerwartet gebremst, suchte die französische Staatsleitung, unterstützt von großen Teilen der öffentlichen Meinung, einen eigenartigen Ausgleich für die vermeintliche Schwächung – sie forderte das linke Rheinufer als „Kompensation“, als Wiedergutmachung.

Mit unerwarteter Heftigkeit stemmte sich jedoch den Pariser Chauvinisten und ihrer Annexionslust ein deutschnationaler Protest entgegen, der sich rasch durch alle sozialen Klassen ausbreitete. Im September 1840 veröffentlichte Nikolas Becker sein Rheinlied („Sie sollen ihn nicht haben, den freien deutschen Rhein“), dessen Siegeszug zu 200 Vertonungen führte. Nicht minder populär war Max Schneckenburgers „Die Wacht am Rhein“. Unter dem Eindruck der Drohung dichtete auch Heinrich Hoffmann von Fallersleben sein „Deutschlandlied“, das später dann zur Nationalhymne wurde.

Der Rückzug der französischen Regierung ließ die Erregung zwar bald schon abklingen. Doch unübersehbar zeigte die Rheinkrise einen deutschen Nationalismus als Massenphänomen, das sich bereits weit über den anfänglichen Intellektuellennationalismus hinausbewegt hatte.

Auf die Dauer ging eine mindestens ebenso mobilisierende Wirkung von dem Streit um die beiden Herzogtümer Schleswig und Holstein aus, der die Gemüter in den 1840er Jahren zunehmend bewegte. Dieser Konflikt erwies sich geradezu als Magnet, der das nationale Ressentiment an sich band. Holstein gehörte dem Deutschen Bund an, Schleswig aber war außerhalb geblieben. Dennoch waren beide Territorien durch Personalunion seit langem auch in den dänischen Staatsverband eingebunden.

Gegen die spätabsolutistische Zentralisierungstendenz der Kopenhagener Monarchie wehrte sich die regionale Ritterschaft unter dem Banner ihres traditionellen Landespatriotismus, und

Mythos Rhein

Er ist Deutschlands längster Strom – und, sozusagen, der deutscheste. Das Deutsche Eck in Koblenz, der Dom zu Speyer als Grabstätte der Kaiser und somit ein Symbol des alten Reichs, aber auch Karneval und Loreley, hier vermengten sich Weinseligkeit und patriotisches Bekenntnis. Die Romantiker verklärten den Fluss, aber der Rhein war stets auch ein Politikum. Seit dem 17. Jahrhundert galt er den Franzosen als „natürliche“ Demarkation, für Nationalisten wie Ernst Moritz Arndt freilich war er „Teutschlands Strom, aber nicht Teutschlands Gränze“. Übrigens: Die ersten Touristen im burgenreichen Rheintal zwischen Bonn und Mainz waren Engländer.

Kieler Professoren unterstützten wortreich ihren Autonomieanspruch. Die dänische Sprachenpolitik goss noch Öl in das Feuer. Schrittweise wurde ein altständischer Autonomiewunsch in ein national begründetes Anschlussprogramm verwandelt, das die Aufnahme der beiden norddeutschen Territorien in den Deutschen Bund forderte.

Als der neue dänische Monarch im Januar 1848 eine liberale Gesamtstaatsverfassung verkündete, welche die beiden Herzogtümer als gleichberechtigte dänische Territorien behandelte, stellte sich im Vorfeld der Revolution heraus, dass auch die Liberalität der Verfassung die nationale Erregung nicht entschärfen konnte. Noch im März 1848 kam es während der allerersten Phase der Revolution zu einer nationaldeutsch überhöhten Erhebung, die zum Krieg gegen Dänemark führte. Im politischen Spektrum von den Konservativen bis hin zu den Republikanern und ersten „Social-Demokraten" war Konsens, dass der Waffengang zur Lösung einer genuin nationalen Aufgabe notwendig sei.

Drittens: Außer dem Wettbewerb des Staatensystems und den zusehends tiefer greifenden Beschleunigungseffekten, die von solchen Krisensituationen ausgingen, ist als ein weiterer Einflussfaktor der fundamentale sozialgeschichtliche Prozess einer gesellschaftlichen Organisierung des deutschen Nationalismus ins Auge zu fassen. Um welche Kräfte ging es dabei?

Da waren etwa die Turner, die mit viel Schwung dafür sorgten, dass ihr Nationalismus sich zu einer breitenwirksamen Offensivideologie zu entwickeln begann. Eine vergleichbare Funktion übernahmen die Männergesangsvereine, die keineswegs nur der musischen Entspannung, sondern vor allem auch der Pflege des „patriotischen Liedes" dienten – mit unüberhörbarem nationalpolitischem Anspruch.

In diesen Zusammenhang gehörten auch die organisierten Schützen und besonders die frühe Burschenschaftsbewegung, die von Anfang an auf die nationale Karte gesetzt hatte. Sie war in der Folge Metternichscher Repressionspolitik verboten worden. Diesem Akademikernationalismus wurde dadurch zunächst die Spitze genommen. Aber im Selbstbewusstsein nicht weniger Studenten blieb die Überzeugung lebendig, dass sie als künftige

Angehörige der staatlichen Funktionseliten eine Multiplikatorenrolle übernehmen sollten.

Vorerst jedoch griff die „Demagogenverfolgung“ rigoros zu. 1823 wurden die letzten Assoziationen der politisierten Studenten zerschlagen. Wegen der etwas lockeren Verhältnisse in den süddeutschen Verfassungsstaaten kam es dort in den späten 1820er Jahren schon wieder zu Neugründungen, und 1827 forderte der Bamberger Burschenschaftstag die Gründung eines liberalen Nationalstaats.

Als einige radikal Gesinnte im April 1833 die Frankfurter Hauptwache stürmten, griff die neue „Zentralbehörde“ zur Verfolgung von „Umtrieben“ hart zu: 1200 Studenten wurden wegen Hochverrats angeklagt, Hunderte verurteilt. Doch ist es ein Zeichen der Vitalität dieser Studentenbewegung, dass sie sich nur wenige Jahre später bereits in neuen Vereinigungen regte und die Speerspitze einer liberalen Organisation mit eigener wagemutiger Publizistik bildete.

Und schließlich lohnt sich der Blick auf einflussreiche akademische Organisationen, die sich, jede auf ihre Weise, den Nationalgedanken zu eigen machten. Wegen des Ansehens, das die Welt der Universitäten und ihrer Professoren damals in den deutschen Staaten genoss, ist der Einfluss solcher „strategischer Cliquen“ nicht gering zu schätzen.

An erster Stelle muss die 1822 gegründete „Gesellschaft deutscher Naturforscher und Ärzte“ genannt werden. Schon sein Gründer, der vielseitige Gelehrte Lorenz Oken, hatte auf Jahrestreffen mit wechselndem Tagungsort bestanden, damit die Wissenschaftler, wie es bezeichnenderweise hieß, als „geistiges Symbol der Einheit des deutschen Volkes“ wirken konnten. Auf 25 solcher Konferenzen, meist in den Universitäts- und Residenzstädten des Bundes abgehalten, demonstrierten 650 prominente Mitglieder den gesamtdeutschen Zusammenhang ihrer Wissenschaften.

Seit 1837 ahmte die „Versammlung Deutscher Land- und Forstwirte“ die Naturforscher nach, denn auch auf ihren Versammlungen blieb das Zukunftsziel des „vereinigten Vaterlandes“ ein Dauerthema. 1838 folgte der „Verein Deutscher Philologen und Schulmänner“, dem sich zahlreiche Gymnasiallehrer anschlossen, so dass auf den Jahrestagungen eine meinungsbildende, durch gemeinsame nationalpolitische Vorstellungen verbundene Gruppe von erheblichem Einfluss regelmäßig zusammenkam.

Fraglos noch mehr Aufsehen unter den Zeitgenossen erregten aber die erst 1846 stattfindenden Kongresse der „Germanisten“, zu denen all jene Wissenschaftler gehörten, die sich mit deutschem Recht, deutscher Geschichte, deutscher Sprache und deutscher Literatur beschäftigten. Neben der Kultur pflegten sie ein dezidiert nationalpolitisches Engagement. Deshalb blieben die Römisch-Rechtler und Romanistikprofessoren, kurz: die „Romanisten“, rigoros außen vor.

Überdies wurde das wachsende nationale Engagement gerade in den 1840er Jahren durch eine Reihe von mehrtägigen, überregionalen großen Festen mit Abertausenden von Besuchern aus allen deutschen Staaten unterstützt. 1840 traf man sich zum Gutenberg-Fest. 1843 wurde der Vertrag von Verdun 1000 Jahre zuvor als Grundstein der ostfränkischen Reichsbildung gefeiert. 1842 zog die Gründung des „Gustav-Adolf-Vereins“ die Aufmerksamkeit des protestantischen Deutschland auf sich.

Regelmäßig traf sich der „Börsenverein deutscher Buchhändler“, seine Aufmerksamkeit richtete er auf den gesamten deutschsprachigen Absatzmarkt. Auch die früheren Wirtschaftsverbände griffen auf solche Vorstellungen von „Nationalökonomie“ und „nationaler Arbeit“ zurück, als sie den Markt gegen Konkurrenz schützen oder als Freihandelszone öffnen wollten. Und nicht zuletzt: 1847 kam es zur Bildung des „Vereins deutscher Eisenbahnverwaltungen“, der die Koordination des rapide anwachsenden Eisenbahnverkehrs übernahm; im Januar 1848 führte er die „Berliner Normalzeit“ für einen Großteil des außerösterreichischen Deutschland ein.

Wie in einem Knotenpunkt liefen die nationalen Strömungen während der Revolution von 1848/49 zusammen. Ausgelöst durch die Initialzündung der neuen französischen Revolution, die sogenannte Pauperismuskrise des deutschen Vormärz, den Einbruch der industriellen Konjunktur, die Enttäuschung über die ausbleibende preußische Verfassungspolitik und das Erlahmen der Reformbeamtenschaft ballte sich im März/April 1848 eine

Aufbruchstimmung zusammen, in der auch der Ruf nach einem liberalen deutschen Nationalstaat immer lauter erscholl. Binnen kurzem bildeten sich in der Nationalfrage zwei große Lager heraus. Auf der einen Seite standen die „Großdeutschen", die Österreich als im Kern deutschen Staat unbedingt mit einbeziehen wollten. Ihnen gegenüber standen die „Kleindeutschen", die auf die Führungsrolle der preußischen Hegemonialmacht und das Schwergewicht der protestantischen Nord- und Mitteldeutschen setzten.

Während die knapp 600-köpfige Nationalversammlung, entgegen der Legende von der zeitvergeudenden „Schwatzbude", in einem beispiellosen Arbeitstempo an ihre Probleme heranging, stellte sich schnell heraus, dass für beide Positionen kein Kompromiss akzeptabel war. Zwar setzte sich schließlich die preußische Fraktion durch, doch König Friedrich Wilhelm IV. lehnte die Würde eines künftigen Erbkaisers als Staatsoberhaupt ab, und unmittelbar danach hatten sich die Kräfte der konservativen Gegenrevolution auch schon wieder durchgesetzt.

Es ist eine irreführende, wenn auch oft wiederholte Auffassung, dass das Werk der Frankfurter Nationalversammlung hauptsächlich an der nationalpolitischen Kontroverse zwischen Groß- und Kleindeutschen gescheitert sei. Dieser Streit war nur einer unter vielen. Tatsächlich scheiterte die Nationalversammlung, zumal ihr nur wenige Monate lang ein „window of opportunity" offen stand, an der Überlastung mit einer Vielzahl von gleichzeitig auftretenden und zu lösenden Modernisierungsaufgaben.

„Berliner Normalzeit"

Zeit ist nicht nur Geld, Zeit kann auch verwirren – wenn der Stand der Sonne den Takt vorgibt oder aber jedes Land eine eigene Zeit hat. Beispiel Bodensee, um 1860: Während es in Bregenz (Österreich) Punkt 12 Uhr mittags war, zeigten die Uhren in Romanshorn (Schweiz) 11.32 an, 11.36 in Konstanz (Baden), 11.39 in Friedrichshafen (Württemberg) und 11.49 in Lindau (Bayern). Der immer stärker werdende Eisenbahnverkehr zwang zu einer Einheitszeit, der „Normalzeit"; sie galt lange nur in Preußen. 1893 wurde in Deutschland die Mitteleuropäische Zeit (MEZ) eingeführt.

Da sollte ein liberaler Verfassungsstaat, ein großzügiges Wahlrecht, eine moderne marktwirtschaftliche Verfassung, ein zeitadäquates Recht, eine verständige Außenpolitik und noch vieles mehr geschaffen werden – und für all das reichten Kraft und Zeit nicht aus.

Die nationalpolitische Kontroverse mit ihrer leicht begreifbaren Polarisierung der öffentlichen Meinung beschäftigte aber Parlament und Öffentlichkeit gleichermaßen. In den Debatten mahnten die Befürworter des Nationalstaats stürmisch die Realisierung ihres Programms an, ebenso entschieden widersprachen die Konservativen. Dabei traten nicht nur die Vorzüge eines liberalen Nationalismus, sondern auch seine von der Opposition verzerrt dargestellten Gefahren zutage.

Zum Beispiel die feindselige Arroganz, mit der die nationalen Selbständigkeitsbestrebungen der Polen und Tschechen, der deutschen Kultur angeblich unterlegene „Völkertrümmer" (Friedrich Engels), abgeschmettert und der deutschnationale Interessenegoismus auch in den gemischtnationalen Siedlungsgebieten Osteuropas durchgesetzt werden sollte.

Die Niederlage der Revolution führte dazu, dass Aberhunderte der aktivsten Nationalstaatsverfechter ins Exil gingen, die Mehrheit nach Nordamerika, wo einige – wie etwa Carl Schurz oder Friedrich Kapp – zu Amt und Würden kamen. Die Flucht schien geboten, da erneut, wie seit 1819, eine Verfolgungswelle einsetzte, die sich an Härte durchaus mit dem ersten Repressionsschub 30 Jahre zuvor vergleichen ließ.

Dennoch gelang es in der neuen Restaurationsphase nur für eine erstaunlich kurze Zeit, den Nationalismus aus dem öffentlichen Leben fernzuhalten. Denn das Vorbild vollendeter westlicher Nationalstaaten blieb ja vor aller Augen bestehen. Außerdem handelte es sich bei dem deutschen Nationalismus um eine junge, schwungvolle, nur zeitweilig zu bremsende Bewegung. Zu Recht postulierte ein Vertreter der literarischen Strömung des „Jungen Deutschland", der Schriftsteller Heinrich Laube, dass es in die Irre führe, wenn der „deutsche Patriotismus und das Verlangen nach einem einigen Deutschland weit ... in die Geschichte" zurückverlegt würden: „Diese Gesinnung und dieses Bestreben sind modern." Laube hatte den Übergang vom Intellektuellennationalismus zum Massennationalismus selbst soeben miterlebt.

In diesem Zusammenhang ist wichtig und bemerkenswert, dass die politischen Verhältnisse in Italien für Dynamik in Deutschland sorgten. So nahm sich der 1859 gegründete „Deutsche Nationalverein" die Agitationszentrale der „Società Nazionale" zum Vorbild. Der Nationalverein ging aus dem Zusammenschluss liberaler und demokratischer Politiker hervor, die einen deutschen Nationalstaat unter preußischer Führung, also die Ausführung des kleindeutschen Programms, forderten. Er verkörperte eine lockere Allianz aus Honoratiorenverband und demokratischer Massenbewegung. Zahlreiche Mitglieder der anschwellenden liberalen und demokratischen Opposition gegen den Deutschen Bund übten in seinen Reihen die Zusammenarbeit mit nationalpolitischen Zielen ein: Bundesstaat mit einheitlicher Führungsspitze und einem gewählten Nationalparlament. Wegen der Ereignisse von 1866/67 brach diese Allianz der Eliten, die auf die öffentliche Meinung nachhaltig eingewirkt hatte, auseinander.

Währenddessen strahlte der italienische Einigungsprozess – in unmittelbarer Nähe und vor aller Augen – auf deutsche Öffentlichkeit und Nationalbewegung aus, und er stärkte die Zuversicht auch der deutschen Nationalpartei. Der Publizist Ludwig August von Rochau, Erfinder des Modeworts „Realpolitik", verfocht in den Publikationen des „Nationalvereins" und in anderen Presseorganen seine Überzeugung: „Ideen haben immer gerade so viel Macht, als ihnen Menschen leihen", dozierte er. „Daher ist eine Idee, welche, gleichviel ob richtig oder unrichtig, ein ganzes Volk oder Zeitalter erfüllt, die realste aller politischen Mächte." Dass auch der deutsche Nationalismus zu einer solchen Idee aufgestiegen sei, war die feste Überzeugung Rochaus und seiner Leser.

Dieser Konsens wurde erneut auf großen öffentlichen Festen bekundet und verstärkt. So gerieten etwa die Schillerfeste von 1859 zu machtvollen Kundgebungen. Das Deutsche Schützenfest von 1862, das Deutsche Turnfest von 1863, auch das Kölner Dombaufest im selben Jahr und das Deutsche Sängerfest von 1865 – sie alle präsentierten nicht nur demonstrativ die deutsche Nationalkultur, sondern überwiegend unterstützten sie auch das nationalpolitische Ziel einer Einigung unter preußischer Führung.

Gleichzeitig trat seit den 1850er Jahren eine neue Spielart des Intellektuellennationalismus zutage, als prominenten preußisch-protestantischen Historikern, der sogenannten borussischen Schule, die Erfindung einer Tradition gelang. Ihr zufolge besaß Preußen die historische Mission, so lautete ihr hundertfach wiederholtes geschichtstheologisches Argument, dem deutschen Volk den nationalen Einheitsstaat zu schenken.

Diese Aufgabe versuchten Droysen und Sybel, Mommsen und Treitschke mit ihren Anhängern in wissenschaftlichen Arbeiten, auf deren Qualität ihr Renommee beruhte, nachzuweisen. Vor allem aber scheuten sie sich nicht, die Gelehrtenstube im akademischen Elfenbeinturm zu verlassen, um in allen Zeitschriften und Zeitungen, die sich ihnen öffneten, auf zahllosen Tagungen und Konferenzen ihre Auffassung immer wieder als historische Notwendigkeit zu verfechten.

Da in dieser Zeit die Geschichte die „Grundwissenschaft“ des deutschen Bildungsbürgertums verkörperte, kann der Einfluss dieser Meinungsmacher kaum überschätzt werden. Sie bestimmten das intellektuelle Klima. Und das umso eindeutiger, als die österreichisch-katholische Seite damals keine Gelehrten von vergleichbarem Rang besaß, so dass die relativ kleine, doch strategisch günstig postierte borussische Elite einen erstaunlichen Multiplikatoreffekt erreichte. Ihr Netzwerk enger und persönlicher Beziehungen fungierte als effiziente „pressure group“, die mit intellektueller Passion und politischem Engagement ihrem Leitstern folgte.

Dennoch waren es nicht die liberale Nationalbewegung, nicht die Führungselite der Verbände, nicht die borussische Schule, die einen deutschen Nationalstaat herbeiführten, sondern die großpreußische Kriegspolitik eines Otto von Bismarck. Mit diesem Politiker trat eine politische Potenz sui generis auf die historische Bühne. 1848/49 ein leidenschaftlicher Revolutionsgegner und Verächter des „Nationalitätsprinzips“, sollte der Erzkonservative seit 1862 als preußischer Ministerpräsident das alte Regime im Verfassungskonflikt vor dem Anprall der neuen Zeit retten. Zu welcher unbefangenen Analyse Bismarck sich im Stande zeigte, war jedoch bereits 1858 deutlich geworden, als er einem Kontrahenten aus 48er Tagen, dem inzwischen zum Eisenbahnunternehmer aufgestiegenen Liberalen Victor von Unruh, mit der für ihn typischen Offenheit gestand, dass sich große Politik nur mehr in Zusammenarbeit mit der Nationalbewegung betreiben lasse.

Davon war zunächst nicht die Rede, aber schon der Krieg gegen Dänemark im Jahre 1864 zog das große Lager der Schleswig-Holstein-Freunde auf seine Seite. Und der Sieg im „deutschen Bürgerkrieg", wie die Zeitgenossen die Auseinandersetzung mit Österreich um die Hegemonie in Mitteleuropa nannten, schien zu bestätigen, dass mit dem preußisch dominierten Norddeutschen Bund der Kern für einen kleindeutsch-protestantischen Nationalstaat entstand. Da kurz darauf der Sieg von 1870/71 im Krieg gegen Frankreich folgte, hat eine einflussreiche Geschichtsschreibung die Einbahnstraße einer nationalpolitischen Erfolgsgeschichte vorgezeichnet, mit Bismarck gewissermaßen als Exekutor der Nationalbewegung und ihrer Pläne.

Bismarck ging es aber an erster Stelle nicht um die Verwirklichung nationaler Hoffnungen, sondern um preußische Machtexpansion auf Kosten des traditionellen Rivalen Österreich. Und zum Zweiten hing die Entscheidung vom Schlachtglück ab. Als sich die beiden Kontrahenten nahe Königgrätz gegenüberstanden, hatte Helmuth von Moltke als Generalstabschef zwar eine nahezu perfekte Planung zustande gebracht, die erstmals auf der schnellen Truppenbewegung mit der Eisenbahn beruhte.

Doch die Schlacht neigte sich zugunsten der Österreicher, da die dritte preußische Heeresgruppe wegen technischer Schwierigkeiten stundenlang nicht auftauchte. Wäre deshalb die Entscheidung gefallen, wären alle kleindeutsch-großpreußischen Pläne im Wind zerstoben. Bismarck hätte, wie er unkte, sofort sein Amt verloren, Österreich hätte die mitteleuropäischen Verhältnisse gemäß seiner Interessenlage als multinationaler Staatsverband neu geordnet – mit Sicherheit aber keinen deutschen Nationalstaat auf seine Bahn gesetzt.

Gerade noch rechtzeitig tauchte die Heeresgruppe auf. Österreichs Armeeführung resignierte, und ihr Rückzug bedeutete Preußens Sieg. Der Weg für die Gründung des Norddeutschen Bundes war frei. Als es Bismarck dann noch schaffte, Paris mit einer Hohenzollernkandidatur in Madrid so unter Druck zu setzen, dass Napoleon III. den Krieg erklärte, vollendete der Sieg im Krieg von 1870/71 nicht nur die preußisch-deutsche Hegemonie in Europa, sondern auch das Ende eines nationalen Integrationskriegs.

Hatten 1866 nicht wenige deutsche Staaten noch auf der Seite Österreichs gekämpft, schweißte sie jetzt der militärische Triumph zusammen. War es 1866 für die erdrückende Mehrheit der Deutschsprechenden in Europa noch eine Selbstverständlichkeit gewesen, dass die Österreicher in ihren Kernlanden und in Böhmen zu den Deutschen gehörten, mit denen sie eine 800-jährige Geschichte verband, orientierten sie sich nun mehrheitlich nach Berlin. 1871 entstand das Kaiserreich auf einer großpreußisch-kleindeutschen Basis, welche die besiegten Österreicher ausschloss, doch von der liberalen Nationalbewegung als der ersehnte deutsche Nationalstaat begrüßt wurde.

Nun hatte es vor der Zeremonie in Versailles im Januar 1871 durchaus Tendenzen gegeben, die auf eine künftige kleindeutsche Herrschaftseinheit hinwiesen. Da arbeitete die preußische Politik unentwegt an der Expansion. Der von Berlin gelenkte Zollverein zog, während Österreich ausgeschlossen blieb, die ökonomischen Verbindungen enger. Die jungen Industriereviere vertieften die Umrisse eines kleindeutschen Markts. Der Kulturnationalismus stützte sich auf eine blühende Literatur in hochdeutscher Sprache, auf reformierte Universitäten und Gymnasien, auch Aberhunderte Buchhandlungen (während sie in Österreich noch der Zensur unterlagen). Das alles konnte schon als kontinuierlicher Entwicklungsprozess gedeutet werden, wie es die borussische Schule auch tat.

Dennoch bleibt richtig, dass die Nationsbildung im kleindeutschen Reich erst seit 1871 eine neue und damit entscheidende Stufe erreichte. Während der Reichstagsdebatten der siebziger Jahre sprachen die Abgeordneten noch ganz selbstverständlich von „Waldeck, meine Nation“, „Hessen, meine Nation“. Jedes Individuum lebte mit mehreren, mit multiplen Identitäten in seiner Brust: Der Münchner Handwerksgeselle etwa war Katholik, Städter, Kolping-Sohn, Bayer, Deutscher zur selben Zeit. Und je nach den lebensgeschichtlichen Umständen fiel er auf die eine oder andere Identität zurück und handelte ihr entsprechend.

Dass aber jeder Angehörige des Kaiserreichs eine reichsdeutsche Identität gewann, die möglichst den Primat besitzen sollte, wurde zur Aufgabe einer umfassenden Nationalisierungspolitik. In den Volksschulen und Gymnasien wurden die Lehrbücher umgeschrieben. An den Universitäten wurde, wie der Historiker Jacob Burckhardt in Basel spottete, die deutsche Geschichte „schwarz-weiß-rot" ausgemalt. Im Militär wurde der Nationalismus Gegenstand des Unterrichts. Die Millionen Mitglieder der Kriegervereine kultivierten nationale Erinnerungen.

Ungeachtet aller innenpolitischen Konflikte mit Sozialdemokraten und Katholiken galt in der öffentlichen Meinung der junge Nationalstaat als Erfüllung der deutschen Geschichte. Folgerichtig wurde die deutsche Sprache als Schul- und Geschäfts-, Kirchen- und Amtssprache verbindlich gemacht; sie galt auch für die drei Millionen preußischer Polen, die französischsprechenden Elsass-Lothringer im Gebiet um Metz und die dänischsprechenden Nordschleswiger.

Kurzum, von vielen Seiten unterstützt, lief ein gewaltiger Sozialisationsprozess ab, der aus ostpreußischen Bauern, bayerischen Forstarbeitern, hanseatischen Schauerleuten und rheinischen Intellektuellen allmählich Schritt für Schritt eine ziemlich homogene Nation machte. In den Reichstagsdebatten seit den 1890er Jahren dachte dann kein Abgeordneter mehr daran, „Waldeck, meine Nation" zu beschwören. In der politischen Semantik tauchte der Nationsbegriff zwar in Überfülle auf, doch gemeint war nur mehr die neue Reichsnation von 1871.

In dieser Formationsperiode des Reichsnationalismus wirkten auch noch andere Einflüsse auf ihn ein. Zum einen war da die konfliktbeladene internationale Situation, denn das neue Deutschland musste sich erst im Staatensystem arrangieren, die Nachbarmächte mussten sich mit der über Nacht aufgetauchten Hegemonialmacht abfinden. Die latente Bedrohung durch Konflikte vertiefte den Nationalismus mit seinem Stolz auf das endlich vollendete Werk.

Andererseits ging von innenpolitischen Kontroversen eine nationalisierende Wirkung aus. Bismarck führte unter dem Stichwort des Kampfs gegen die „Reichsfeinde" gewissermaßen noch zwei innere Einigungskriege: einmal gegen den politischen Katholizismus, dem Kritiker eine Aversion gegen das Reich, Österreichfreundlichkeit und Bindung an die katholische Habsburgerdynastie, in schriller liberaler Tonlage auch Hörigkeit gegenüber dem Vatikan vorwarfen. Für die protestantische Zweidrittelmehrheit unter der Reichsbevölkerung gewann die Nation noch mehr die Züge eines evangelischen Verbands – eines „protestantischen Reiches deutscher Nation".

Die Regierung Bismarck unterstützte auch einen leidenschaftlichen Kampf gegen die Sozialdemokratie als Feind der bürgerlichen Gesellschaftsordnung, vor allem aber auch als Verteidiger einer Loyalitätsbindung, die dem internationalen Proletariat, nicht aber der sakrosankten eigenen Nation galt. Obwohl der antikatholische „Kulturkampf" und die Verfolgung der Sozialdemokratie schließlich durch Kompromisse entschärft wurden, gewann doch der reichsdeutsche Nationalismus in dieser Gründungsphase der 1870er bis 1880er Jahre, als in einem neuen Staatswesen die Weichen in vielfacher Hinsicht, auch für die politische Mentalität, neu gestellt wurden, eine doktrinär antikatholische und zugleich antisozialdemokratische Komponente, die dem Ziel der nationalen Einheit krass widersprach. Bismarck selbst hat die fatalen Nachteile seiner inneren Kampfpolitik in Kauf genommen, da er die Verankerung von „Reichstreue" für wichtiger hielt.

Schließlich bahnte sich in den Jahren bis 1890 ein genereller Wandel im deutschen Nationalismus an. Trotz aller fremdenfeindlicher Äußerungen und einer Erbfeind-Rhetorik war doch der deutsche Nationalismus bis 1871 überwiegend liberal geprägt. Für die Zeitgenossen war er ein Teil jener großen freiheitlichen Bewegung, der angeblich auch in Deutschland die Zukunft gehörte.

Im neuen Reich aber veränderte sich sein Charakter. Er wurde zunehmend nicht nur durch konservative, arrogante, expansionistische Elemente bestimmt, im Schatten heftiger industrieller Depressionen geriet der Nationalismus auch zum Kompensationsmittel, das über die Widrigkeiten des Alltagslebens hinweghalf: Die neue Nation werde sich über die Misere hinwegsetzen, ja ihre historische Mission durch eine neuartige „Weltpolitik" bekräftigen. Dem lag der Stolz auf das Erreichte, der Glaube an die Überlegenheit des deutschen Wegs in die Moderne, das Kraftgefühl einer demografisch und ökonomisch aufstrebenden Nation zugrunde.

Das war der Nährboden, auf dem sich ein radikalisierter Nationalismus entfalten konnte, wie ihn die Alldeutschen und die nationalen Interessenverbünde verfochten. Bis in den politischen Katholizismus hinein, der das Image der „Reichsfeinde" so schnell wie möglich vergessen machen wollte, bis in das Lager der Sozialdemokratie hinein, die den hämischen Vorwurf der „vaterlandslosen Gesellen" durch ihr Verhalten dementieren wollten, blieb der deutsche Nationalstaat das Nonplusultra eines modernen Herrschaftsverbands.

GENIESTREICH EINES BESESSENEN

Mit dem „Eisenwalzwerk“ von 1875 schuf Adolph Menzel eine Ikone des Industriezeitalters.

Von Hans Michael Kloth

Orangerot glüht der Eisenstrang aus der Bildmitte heraus, der Betrachter glaubt, fast körperlich die Hitze spüren und den Maschinenlärmen hören zu können: ächzende Schwungräder, kreischendes Gestänge, alles vereint mit der Kakophonie menschlicher Rufe. Arbeiter beherrschen ameisengleich die Szenerie: Im Zentrum bändigen Männer mit langen Zangen den ehernen Rohling. Rechts stärkt sich hinter einer dünnen Blechwand eine Maschinenbesatzung, am linken Bildrand wäscht sich ein Trupp nach der Schicht den Schweiß von aufgeheizten Leibern.

Adolph Menzels Gemälde „Das Eisenwalzwerk“ ist sofort die Sensation, als es 1875 erstmals in der Berliner Nationalgalerie gezeigt wird. Nie zuvor hat ein deutscher Maler den Alltag der Fabrikarbeiter thematisiert. Künstler beschäftigen sich seit längerem mit Maschinenanlagen und Industriegebäuden – im Auftrag besitzstolzer Fabrikanten und stilisiert zu Altären und Kathedralen des technischen Zeitalters, menschenleer oder mit den Werktätigen als bloßer Staffage. Doch Schichtbetrieb, realistisch bis ins Detail und im Mammutformat – das ist ein Tabubruch.

Dabei sieht die Realität für immer mehr Deutsche genau so aus, wie Menzel sie zeigt. Die Roheisenerzeugung in Deutschland verdreizehnfacht sich zwischen 1850 (212 000 Tonnen) und 1880 (2,7 Millionen Tonnen), 1913 werden es 17 Millionen Tonnen sein. Neben die ländlich geprägte Gesellschaft tritt mit Macht die städtische Fabrikwelt: Das Industrieproletariat wächst von 6,4 Millionen Arbeitern (1882) auf über 11 Millionen (1907). Die wöchentliche Arbeitszeit liegt 1872 bei 72 Stunden, ohne Krankenversicherung, Kündigungsschutz oder Urlaubsanspruch.

Dass gerade Menzel so ein gewagtes Thema wählt, scheint wie eine Ironie. Denn der kleingewachsene Künstler mit dem weißen Bartkranz hat sich seine Reputation mit Illustrationen der Lebensgeschichte Friedrichs des Großen ermalt, und die Elite des wilhelminischen Neu-Reichs ist ganz verrückt nach Menzels wohlkomponierten Historienschinken.

Doch viele seiner Bewunderer in Bürgertum und Adel verkennen Menzel. Der ist mitnichten ein romantischer Monarchist, sondern ein durchaus skeptischer Liberaler, der 1848 mit der Revolution sympathisiert hatte. Schon kurz darauf, vielleicht bei einem Besuch des Borsigschen Eisenwalzwerks in Berlin 1852, entstand die Idee, Fabrikarbeiter lebensecht zu malen. Erste Industriemotive tauchen in Menzels Skizzenbuch nach der Pariser Weltausstellung 1855 auf, wo er die großformatigen Industrieszenen des Franzosen François Bonhommé gesehen hatte. Doch erst nach der Reichsgründung traut Menzel sich an die Ausführung. Er reist 1872 für mehrere Wochen in das oberschlesische Königshütte, ins seinerzeit größte Industrierevier des deutschen Ostens. Im Jahr zuvor waren dort Arbeiterunruhen vom Militär niedergeschlagen worden. Im Schienenwalzwerk des Hofbankiers Gerson Bleichröder entstehen über 150 Zeichnungen. „Ich schwebte dabei in steter Gefahr, gewissermaßen mitverwalzt zu werden", notiert Menzel später. „Wochenlang von morgens bis abends habe ich da zwischen den sausenden Riesenschwungrädern und Bändern und glühenden Blöcken gestanden und skizziert." Menzels Detailbesessenheit grenzt an Manie; millimetergenau misst er Geräte aus, zeichnet sie sogar von der Rückseite, um ihre Konstruktion zu verstehen.

Drei Jahre später ist das reichlich anderthalb mal zweieinhalb Meter große Tableau fertig. Doch inzwischen ist Deutschland im Griff einer Rezession, und Menzels Auftraggeber, der Bankier Adolph von Liebermann – ein Onkel des Malers Max – ist klamm. So kommt die Nationalgalerie zum Zug, deren gewiefter Direktor Max Jordan die Einzigartigkeit des Bildes sofort erkennt. Der Museumsmann bekommt das Geld für den Ankauf, indem er das „Eisenwalzwerk" kurzerhand in „Moderne Cyklopen" umtauft und es den konservativen Kulturbürokaten als Heroisierung der Arbeit und modernes Historiengemälde schmackhaft macht.

So kommt es, dass Menzels „Solitär“ (Kunsthistorikerin Marie Ursula Riemann-Reyher) von allen gefeiert wird: von den einen als Idealisierung der Industriearbeit und des Aufstiegs der Deutschen zur wirtschaftlichen Großmacht, von den anderen als Anklage und künstlerische Stellungnahme zur sozialen Frage. Menzel selbst schweigt dazu. Er, der bis zu seinem Tod 1905 vom Kaiserreich mit Ehren überhäuft, schließlich sogar geadelt wird, lässt sein Bild für sich selbst sprechen.

ODE AN DIE EINHEIT

Der Dichter August Heinrich Hoffmann von Fallersleben beschwört 1841 im „Lied der Deutschen" die Einigkeit seines Vaterlands. Zur Hymne der Nation wird sein Werk erst acht Jahrzehnte später.

Von Merlind Theile

Dem Mann im dunklen Gehrock ist nicht recht wohl, als er an diesem Sommertag auf der Insel Helgoland promeniert. Tagelang hat der deutsche Dichter mit Gesinnungsbrüdern gezecht und ein geeintes Vaterland beschworen, nun sind die Gefährten abgereist, und August Heinrich Hoffmann von Fallersleben ist allein. „Verwaist" fühle er sich, notiert der Kurgast, doch die Muse füllt die Leere schnell: „Und wenn ich es auch nicht gewollt hätte, ich musste dichten." Noch am selben Tag, dem 26. August 1841, reimt der Poet „Das Lied der Deutschen".

Der damals 43-jährige Hoffmann schreibt das dreistrophige Loblied auf seine deutsche Heimat zu einer Zeit, als von der im Text angemahnten Einigkeit noch keine Rede sein kann. „Deutschland, Deutschland über alles" – kein fiebriger Imperialismus treibt den Dichter zu diesem Ausruf, sondern der Wunsch, Deutschland möge über Preußen, Bayern, Sachsen und den anderen 36 Unterzeichnerstaaten des Deutschen Bundes stehen. Das 1815 gegründete Gebilde ist nicht mehr als ein lockerer Zusammenschluss von Fürstentümern und freien Städten. Deutschland ist ein Flickenteppich – und dem Dichter ist die Kleinstaaterei ein Greuel.

Der im niedersächsischen Fallersleben geborene Germanistikprofessor Hoffmann, der sich den Namenszusatz „von Fallersleben" als Persiflage auf den Adel selbst gab, ist ein politischer Mensch. Bei aller Liebe zur Volksweise drängt der produktive Poet in vielen seiner fast 3000 Gedichte auf gesellschaftliche Veränderungen. Hoffmann propagiert die Ideen der 1819 verbotenen

Burschenschafter, zu denen er als Bonner Student selbst gehörte: Die „Schwarz-Rot-Goldenen" forderten nationale Einheit, politische Freiheit und die verfassungsmäßig geschützte Gleichheit für alle Bürger.

Im „Lied der Deutschen" gießt Hoffmann diese Ideale in Verse. Zusammen mit der bis heute verwendeten Melodie des österreichischen Komponisten Joseph Haydn, an die Hoffmann beim Dichten denkt, soll eine Hymne entstehen, die dem Einheitsstaat huldigt. Ursprünglich Opfer-, Fest- oder Lobgesang zu Ehren einer Gottheit, bekommt die Hymne als Musikform im 19. Jahrhundert ein neues Objekt: Mit dem beginnenden Nationalismus „wird schließlich auch das Vaterland zum quasigöttlichen Gegenstand der gesungenen Verehrung", so die Musikwissenschaftlerin Birgit Glaner.

Es lebe die Nation – lange vor den Deutschen folgten die Nachbarn im Westen musikalisch dieser Maxime. 1792 entstand als Schlachtgesang des revolutionär geführten Frankreichs, das gegen den aristokratischen Rest Europas kämpfte, die „Marseillaise". 1795 wurde der Marsch zur Nationalhymne erklärt – eine Pionierarbeit: „Erst die Politisierung der Nationalidee durch die Franzosen machte die moderne Nationalhymne möglich", schreibt der Rechtshistoriker Hans Hattenhauer.

Tatsächlich war Haydns Komposition bloß eine Replik auf die Marseillaise: Als Napoleons Truppen 1797 auf Wien zurückten, ließ die österreichische Regierung eine Art Gegenhymne zum französischen Schlachtgesang dichten: „Gott erhalte Franz den Kaiser". Für diesen Text schuf Joseph Haydn die Melodie des heutigen Deutschlandlieds, die auf ein kroatisches Volkslied zurückgehen soll. Das von Haydn komponierte Stück ist somit weder Land noch Volk gewidmet, sondern Kaiser Franz II., dem letzten Kaiser des Heiligen Römischen Reiches Deutscher Nation.

Eine solche Auftragsarbeit ist Hoffmanns Liedtext nicht. Doch sein Hamburger Verleger Julius Campe, der ihn im August 1841 auf der damals britischen Insel Helgoland besucht, kauft das Gedicht sofort. Vier Goldstücke sind ein stolzer Preis, aber Vaterlandsgesänge wie etwa die martialischen Rheinlieder sind en vogue. Campe rechnet mit einem Kassenschlager.

Sein Kalkül geht nicht auf. Zwar schmettern Patrioten in Bayern, Sachsen oder Württemberg gern ihre regional gefärbten Lieder, aber für einen Lobgesang auf die deutsche Einigkeit ist die Zeit nicht reif. Undenkbar, dass die Frankfurter Nationalversammlung 1848/49 überhaupt eine gemeinsame Hymne wählt.

Im Zuge der Reichsgründung 1871 setzt sich erstmals ein Staatslied durch, doch es ist nicht die Nation, nicht die übergeordnete Idee eines identitätsstiftenden Deutschlands, die besungen wird – zum höchsten Liedgut wird die preußische Königshymne erkoren: „Heil Dir im Siegerkranz“ ist eine Ode an den Kaiser, gesungen nach der Melodie der britischen Hymne „God save the King“. Der Verfasser des „Lieds der Deutschen“ gilt bei den Oberen wegen seiner demokratisch-oppositionellen Umtriebe dagegen als diskreditiert – seine Breslauer Professur hat Hoffmann schon 1842 verloren, später wurde er aus Preußen sogar ausgewiesen.

Das „Lied der Deutschen“ wiegt diese Mühsal zu Hoffmanns Lebzeiten nicht auf. Es floppt. „‚Deutschland, Deutschland über alles!‘ / O wie sang ich es so oft!“, resümiert der Dichter 1871, „Doch mein ‚Deutschland über alles‘ / kam und ward – Maculatur.“ Drei Jahre später stirbt der enttäuschte Patriot.

Erst nach seinem Tod wandelt sich das Bild: Mit dem Regierungsantritt Kaiser Wilhelms II. im Jahr 1888 findet auf der politischen Bühne ein Generationswechsel statt.

„Eine neue Zeit brauchte ein Bekenntnislied zu diesem Reich, das immer deutlicher Träger der politischen Macht und Gegenstand vaterländischer Gefühle geworden war“, so Rechtshistoriker Hattenhauer. 1890 wird das Haydn-Hoffmann-Opus erstmals bei einem offiziellen Anlass gespielt – passenderweise auf der Insel Helgoland, die im August feierlich an das Deutsche Reich übergeben wird.

In den folgenden Jahren stürmt das „Lied der Deutschen“ an die Spitze der Volksgesänge. 1912 gehört es im Reich zu den meistgesungenen Liedern überhaupt. Am Vorabend des Ersten Weltkriegs schwelgen glühende Patrioten in Siegeseuphorie, getragen von Hoffmanns Vaterlandsode – die Anfangsverse erhalten so einen neuen Zungenschlag.

Nach Kriegsbeginn wird das „Lied der Deutschen“ endgültig zum Nationalsymbol, wenn nicht zum nationalen Heiligtum. Am

11. November 1914 meldet der Heeresbericht: „Westlich Langemarck brachen junge Regimenter unter dem Gesang ‚Deutschland, Deutschland über alles' gegen die erste Linie der feindlichen Stellungen vor und nahmen sie ein." Dass das Lied auf den nebligen Kriegsfeldern nicht nur aus patriotischer Begeisterung angestimmt wird, sondern vor allem aus dem praktischen Grund, Freund und Feind auseinanderzuhalten, spielt bei der Legendenbildung eine Nebenrolle – der Langemarck-Mythos ist geboren.

Im Ausland gilt die erste Strophe spätestens jetzt als Ausdruck germanischer Anmaßung. Und auch in der Weimarer Republik ist das Lied umstritten: Als der sozialdemokratische Reichspräsident Friedrich Ebert das Lied 1922 erstmals zur nationalen Hymne ausruft, protestiert das eigene Lager heftig: Stellvertretend für viele Linke nennt der Schriftsteller Kurt Tucholsky die Zeile „Deutschland über alles" einen „törichten Vers eines großmauligen Gedichts" und sein Heimatland eine „von allen guten Geistern verlassene Republik". Das Nazi-Regime, das die erste Strophe des Deutschlandlieds im Marschtempo schmettern lässt, pervertiert Hoffmanns Hymne vollends.

Nach dem Zweiten Weltkrieg wird das Werk von den Alliierten zunächst verboten, doch drängt Bundeskanzler Konrad Adenauer in den Gründungsjahren der Bundesrepublik auf die Einführung des Hoffmannschen Deutschlandlieds als Hymne; bei offiziellen Anlässen soll künftig die dritte Strophe gesungen werden. 1952 gibt Bundespräsident Theodor Heuss, der das Vorhaben ursprünglich ablehnte, in einem Briefwechsel mit dem Kanzler schließlich nach. Die Korrespondenz wird zwar im Bulletin der Bundesregierung veröffentlicht und hat somit „offiziellen" Charakter – gesetzlich geregelt wird die Absprache jedoch nie.

„DES REICHES STÜTZEN"

Turner, Sänger und später auch Schützen formierten sich in den Jahrzehnten der feudalen Restauration als Bürgerbewegung für die deutsche Einheit. Im neuen Nationalstaat schlugen sie sich auf die Seite der Obrigkeit.

Von Georg Bönisch

Sänger singen – und dort, wo sie es tun, kann sich jeder „ruhig" niederlassen, heißt es in einem ihrer Lieder. Weil sie so nett sind, oder auch, auf neudeutsch: konfliktneutral.

Schützen schießen – auf Scheiben und hölzerne Vögel. Wer die dann wegballert oder am häufigsten ins Schwarze trifft, ist König, Schützenkönig. Der Erfolg kostet eine Runde Schnaps, mindestens.

Turner turnen, was sonst auch. Der eine übt noch verzweifelt den Felgaufschwung am Reck, der andere schon den Gienger-Salto. Um goldene Medaillen geht es heute, um silberne Lorbeeren oder bronzene Plaketten, es geht um ordentliche Stimmbänder, eine ruhige Hand oder die perfekte Körperhaltung, Sport und Folklore und Geselligkeit ohne jeden politischen Touch.

Längst keine Rede mehr von „heil'ger Opferschlacht", vom „heil'gen Vaterland" oder gar „heil'ger Erde". Das war einmal, und das war in den Jahrzehnten vor der Reichsgründung 1871 ein ganz erstaunlicher Abschnitt der jüngeren deutschen Geschichte. Wer sang, schoss oder turnte, der hatte neben seinem Hobby vor allem eines im Sinn: endlich Deutschlands Einheit zu erreichen, das „heilige deutsche Reich der Zukunft". Und auf dem Weg dorthin zu kämpfen gegen „Religionswut und Pfaffentrug", gegen „Tyrannei und Bureaukratie" – für „Freiheit im weitesten Sinne des Worts", wie ein Redner pathetisch verkündete. Wenn nötig mit Waffengewalt.

Immer noch war das Land zersplittert, sowohl geografisch als auch emotional. Wer Katholik war, der war zuerst Katholik, und wer Bayer war, der war zuerst Bayer. Doch quer durch alle sozialen Schichten zog bereits „latent nationales Denken", sagt der Kölner Geschichtsforscher Dieter Düding – und das Gefühl, zusammenzugehören.

„Sänger, Turner, Schützen", reimte denn auch später der bayerische Schriftsteller Franz von Pocci, „sind des Reiches Stützen." Und „wer nur turnt, nur schießt, nur singt, armselig ist, wer das vollbringt…" Pocci, Sohn eines italienischen Offiziers, hatte die Dreifaltigkeit deutscher Vereinskultur zwar aufgespießt und er ironisierte einen fast schon gefährlich-nationalen Übereifer. Doch unumstritten ist, dass jene Trias – bis 1848 waren es die Turner und Sänger allein – ganz erheblich den Nationalismus in der Gesellschaft vorantrieb, gelenkt von einer Intelligenzija aus dem Bildungsbürgertum. Schnell hatten die Führer erkannt, dass das Prinzip Öffentlichkeit der Schlüssel zum Erfolg war – keine Konspiration, kein geschlossener Zirkel. „Wozu eine Maske tragen?", fragte ein Turner.

Nur so, coram publico, konnte es zu einer bürgerlich-nationalen Massenbewegung kommen, deren Vereine nicht hierarchisch strukturiert waren, sondern demokratisch. Deshalb auch schreiben Historiker ihnen zu, Vorläufer moderner Parteien zu sein.

Es galt, „der Stände lächerliche Schranken" zu überwinden, alles sonstwie Dynastische oder Konfessionelle. Und immer wieder sangen sie den Hit der Zeit, ein hochpatriotisches Lied, das Ernst Moritz Arndt noch kurz vor dem Wiener Kongress und seinem restaurativen Verhandlungsergebnis gedichtet hatte. Also fragte Arndt sechs Strophen lang: „Was ist des Deutschen Vaterland?" In den ersten fünf zählte er Länder auf, die es sein könnten: Preußen etwa, Bayern, das Rheinland, oder vielleicht dort, „wo der Sand der Dünen weht". „O nein! O nein! O nein! Sein Vaterland muss größer sein", heißt es immer wieder. Bis das ersehnte Territorium schließlich abgesteckt ist: Es müsse reichen „so weit die Deutsche Zunge klingt".

Die Bewegung hatte ein gewaltiges Potential. Etwa eine viertel Million Turner, Schützen und Sänger gab es Mitte des 19. Jahrhunderts – plus einer hohen Dunkelziffer, weil die Statistik alle Vereine auslässt, die keinem der Verbände angehörten, aber dennoch dem politischen Strom folgten. Und quer durch die deutschen Staaten organisierten sie Feste gigantischen Ausmaßes, „Nationalfeste“. Dies sei „ein neuartiger Faktor der Politik“ gewesen, formuliert der Historiker Dietmar Klenke. Solche Feiern hätten dazu beigetragen, die Reichseinigung „mental“ vorzubereiten.

Die Turner waren die Ersten, nur kurze Zeit nach der Wende vom 18. zum 19. Jahrhundert. Der Wortstamm „turn“ sei ein „deutscher Urlaut“, glaubte der glühende Nationalist und „Turnvater“ Friedrich Ludwig Jahn, er bedeute „Drehen, Kehren, Wenden, Lenken, Schwenken, großes Regen und Bewegen“. Jahn irrte, denn in Wahrheit hat das Wort eine lateinische Wurzel.

Damals war Turnen Sport schlechthin: nicht nur Athletik an Geräten, auch Schwimmen, Reiten, Laufen oder Fechten. Jahn hatte den Slogan der Turnerei erfunden, der später leicht variiert wurde – „frisch, frey, fröhlich und fromm“. Eigentlich war die eingängige Alliteration nur die Abwandlung einer Redewendung aus dem 16. Jahrhundert, die „die Lebensart, die jugendliche Kraft und den inneren Reichtum der Studenten“ charakterisieren sollte, so die Sportwissenschaftlerin Gertrud Pfister.

„Fromm“, erläuterte Jahn später, habe nichts mit Frömmigkeit zu tun, dieses Wort sei vielmehr „Inbegriff aller sittlichen Thatkraft, aller Willensstimmung“ – gewissermaßen das mutige „Voransein“, der Weg nach vorn aus der Kleinstaaterei.

Seine Idealvorstellungen definierte er in einem Katalog der Tugenden und einer Liste der Laster. Turner dürften nicht „unmännlich“ sein und ihre „Jugendkraft“ nicht vergeuden „durch ... faulthierisches Hindämmern, brünstige Lüste und hundswütige Ausschweifungen“, verlangte Jahn. Sie müssten vielmehr den „Adel des Leibes und der Seele“ wahren, „tugendsam und tüchtig, rein und ringfertig, keusch und kühn“. Heiligste Pflicht sei demnach, „ein Deutscher Mann zu werden ... um für Volk und Vaterland kräftig zu würken“.

Der „Turnvater“ war ein Franzosenhasser; wie viele Bürger seiner Zeit hielt auch er das Land jenseits des Rheins für die größte Bedrohung. Deshalb sei die Turnerei ein Instrument gewesen, schreibt die Bremer Historikerin Svenja Goltermann, um den „Mann in seiner Wehrhaftigkeit zu schulen“.

Fit sein für den „Einzelkampf in Kriegen“, das etwa war die Devise eines Frankfurter Sportlers, und er erläuterte: „Am Reck und Barren, am Sprungbrett und Voltigierpferd muss der Turner lernen, Mauern zu erklettern.“ Ein Kollege ergänzte die militärische Programmatik. Wie Marschübungen auch sollten „Laufen, Springen, Schwimmen und Fechten auf Hieb und Stoß“ ein Training für den „künftigen Wehrstand“ sein. Turnen: eine Art Vorbereitung für künftige Vaterlandsverteidiger.

Im Juni 1811 hatte Jahn auf der Hasenheide im Berliner Stadtteil Neukölln den ersten Turnplatz für jedermann eröffnet. Der älteste Turnverein auf der Welt ist die Hamburger Turnerschaft, sie wurde 1816 gegründet, und wiederum nur zwei Jahre später gab es im Deutschen Bund bereits 150 Turnvereine mit schon 12000 Mitgliedern.

Die herbstliche Hasenheide-Feier von 1814 geriet zu einem Großereignis mit unzähligen Zuschauern, selbst Mitglieder des Königshauses vergnügten sich am Spektakel. „Ringsum“ sei der Turnplatz „von gedrängten Reihen“ so gefüllt gewesen, dass so manche „ihre Schaulust nur von den Eichbäumen“ aus „befriedigen“ konnten, notierte ein Chronist. Einen Wettlauf gab es zu bestaunen oder ein Schauturnen, an der Spitze und am Fuß des 20 Meter hohen Kletterturms leuchteten am Abend Feuer, bei deren „hochauflodernder Gluth“ vaterländische Gesänge geschmettert wurden.

Eine solche Gefühlswelt, gekoppelt mit einer „nationalen Gesinnungsschulung“ (Düding) und körperlichem Training, war in den Augen der Regierenden eine große Gefahr – zumal die Polizei und ihre Spitzel ungute Nachrichten geliefert hatten über den Verlauf des Wartburgfestes im Oktober 1817, einer großen Feier oppositioneller Studenten und Professoren, die – akademische Lehrer wie Schüler – häufig auch engagierte Turner waren. Hier waren nicht nur Schriften verbrannt worden, deren Autoren als Gegner einer nationalstaatlichen Einigung galten. Höchst effektvoll wurden auch Symbole der restaurativen Politik zu Asche: ein Ulanenschnürleib (aus Preußen), ein Korporalstock (aus Österreich) und ein Militärzopf (aus Kurhessen). Das neue Symbol des Wartburgfestes war das der Freiheit: eine schwarz-rot-goldene Fahne.

Entsetzt sprach Preußens Polizeidirektor Karl Albert von Kamptz von „einem Haufen verwilderter Professoren und verführter Studenten". Sein oberster Chef, König Friedrich Wilhelm III., sah einen „höchst verderblichen und höchst strafbaren ... Geist der Zügellosigkeit" am Werke. Und es erging deshalb die majestätische Order, vor allem ein scharfes Auge auf die Turnbewegung zu werfen. Denn nicht die „Ausbildung des Körpers" sei deren Anliegen, glaubte Friedrich Wilhelm bemerkt zu haben, vielmehr sei sie zu einem „Vehikel" geworden, das auf die „Jugend nachtheilig" wirke – was als staatsfeindlich erachtet wurde.

Die erste Reaktion der Staatsmächtigen: Observierung von Teilnehmern, Hausdurchsuchungen, Verhaftungen. Als dann im März 1819 ein Turner und Burschenschafter den Dramatiker August von Kotzebue ermordete, weil der ihm als Feind der Einheit erschien, folgte der zweite Schlag. Turnvereine (und Burschenschaften) wurden aufgrund der „Karlsbader Beschlüsse" verboten, Jahn war schon davor wegen „demagogischer Umtriebe" ins Gefängnis geworfen worden, wo er sechs Jahre schmorte. Die Idee der Turner schien tot, für immer.

Freilich, es war nur ein Scheintod. Selbst im gestrengen Preußen unterliefen Männer wie Arndt die „Turnsperre". Er setzte die Übungen mit seinen Studenten heimlich fort, vermutlich im Garten seines Bonner Hauses, das damals noch einsam unter den Weinbergen vor der Stadt lag. Politische Ambitionen allerdings wurden – nach außen jedenfalls – merklich zurückgeschraubt.

Schulsport

So sehr auch die Obrigkeit zeitweise die Turnerei bekämpfte, für den Schulsport setzte sie sich nachhaltig ein. Schon Ende des 18. Jahrhunderts hatten Pädagogen wie J. C. F. Guts Muths klargemacht, wie wichtig es sei, auch an des „Körpers Wohl" zu denken. Weil vor allem Gymnasiasten oft krank waren, erließ Friedrich Wilhelm IV. 1842 eine Allerhöchste Kabinettsorder, die „die Leibesübungen als einen ... unentbehrlichen Bestandteil der männlichen Erziehung förmlich anerkennt".

Und „Turnanstalten“ mutierten plötzlich politisch korrekt zu „Gymnastischen Anstalten“. Offiziell und von Amts wegen, wie in Köln beispielsweise, wurden sie als Hort „zweckmäßigster gymnastischer Uebungen“ deklariert.

Zwar gab es eine kleine Minderheit deutscher Patrioten, die als Reaktion auf eskalierende staatliche Repression in der Geheimbündelei ihr Heil suchte; die große Mehrheit freilich „blieb auch unter den erschwerten innenpolitischen Bedingungen dem öffentlichen Organisationsprinzip treu“, konstatiert Düding. Und das schon bald mit großem Erfolg.

Bereits in den vierziger Jahren waren sich die Turner sicher, dass das Regime – „so morsch“ nun, „so erschüttert“ – keine weiteren Attacken mehr wagen würde; längst hatten sie Verstärkung bekommen, Sänger nämlich, bei denen sich schon früh „ein einheitliches Grundverständnis vom Verlauf der Nationalgeschichte“ entwickelt hatte, sagt Klenke: Höhepunkt im Mittelalter, Niedergang in der frühen Neuzeit, absoluter Tiefpunkt unter Napoleon, nationale Wiedergeburt in den Befreiungskriegen – sozusagen ein „heilsgeschichtliches Muster“.

Sie liebten Motti wie: „Wo die Lieder streu’n die Saat, keimt die Eintracht, reift die Tat“. Oder, noch markiger: „Fließ stark und rein du Liederstrom, jed’ Lied ein Stein zum Einheitsdom!“ Aber anders als die Turner kamen sie weniger politisch daher. Sie camouflierten ihr Engagement als künstlerisches „Einüben des vierstimmigen Männerchorgesangs“, und unter diesem Deckmantel sei es gebildeten Bürgern möglich gewesen, „in den Rangkämpfen der Eliten“ (Klenke) Gesangsvereine „als Forum“ für Opposition zu nutzen.

Ideengeber war ausgerechnet ein Schweizer, der Musiklehrer Hans Georg Nägeli. Hatte Jahn dem Turnen eine nationalerzieherische Funktion zugesprochen, so glaubte Nägeli, im Chorgesang der Männer ein nationalerzieherisches Medium entdeckt zu haben. Von Württemberg aus verbreitete sich die Sängerei rasch übers ganze Gebiet des Deutschen Bundes, am Vorabend der Revolution von 1848 existierten bereits rund 1100 Männergesangsvereine mit mindestens 100 000 Mitgliedern; 1847 waren es bei den Turnern 80 000 bis 90 000.

Vor allem die Sänger verstanden sich als Sprachrohr des aufstrebenden Bürgertums. Und ihre Lieder tönten lautstark, oft martialisch. So hieß es unter dem programmatischen Titel „Das deutsche Lied als Waffe!" etwa: „Du herrlich deutscher Männerchor, lass deine Lieder brausen! Auf! bringe in der Feinde Heer Entsetzen, Nacht und Grausen!"

Auch die Schützen, die Dritten im Kleeblatt, stimmten schließlich ein in die Sehnsucht nach einer „Verbrüderung aller deutschen Stämme über bestehende Grenzen hinweg". Zahlenmäßig spielten sie keine so große Rolle, und sie galten, sagt Stefan Grus, der Archivar des Deutschen Schützenbunds, „politisch eher als gleichgültig". Aber egal: Immerhin gelten Schützen als Erfinder eines Begriffs, der durchaus ein Signum gegen die Reaktion war und seitdem Sprachgebrauch ist. Ihren Besten nannten sie – „Deutscher Meister".

Dass Schützen, Sänger und Turner den Nerv ganzer Schichten trafen, ist abzulesen an der Begeisterung für ihre Feste. Die Zahl der Gäste schnellte ebenso empor wie die der Teilnehmer, mittlerweile machten das recht flotte Dampfschiff und die fixe Eisenbahn das Reisen deutlich schneller und bequemer. So präsentierte sich im Juli 1861 auf dem Deutschen Sängerfest in Nürnberg ein 5000-köpfiger Chor – ganz offensichtlich Weltrekord.

Beim Berliner Turnfest im selben Jahr seien wohl „60 000 bis 70 000" unterwegs gewesen, schätzte die „Neue Preußische Zeitung". Und die Besitzer von „Buden, Caroussels, fliegenden Restaurationen" zwischen Turmplatz und Moabit, die „nie eine solche Menschenmenge versammelt gesehen" haben, machten ein Bombengeschäft.

Die schießenden, singenden und turnenden Nationalisten waren sich nicht nur einig über ihr politisches Ziel – auch darüber, dass Frauen als Aktive bei ihnen wenig zu suchen hatten. Gerade bei den Turnern dominierte das Männlichkeitsideal, es ging um „Männer, ganze Männer", Frauen durften nur zuschauen und sich freuen, „Mütter solcher Söhne" zu sein oder „Schwestern solcher Brüder". Feiglingen drohte der Liebesentzug. „Bist doch ein ehrlos erbärmlicher Wicht", heißt es im Lied „Männer und Buben" von Theodor Körner, „ein deutsches Mädchen küsst dich nicht."

Auch bei den Sängern, deren gesellschaftliche Integrationskraft besonders groß war, galt eine scharfe Trennung. Politik war Männersache, und „um politisch wirken zu können", analysiert der Historiker Dieter Langewiesche, „musste sich die Sängerbewegung als eine Bewegung von Männern konstituieren. Diesen Preis hatte jeder Verein zu zahlen, der politisch ernst genommen werden wollte".

Interessanterweise spielte eine Rolle dabei auch die Sprache. Während bei den Frauen „das Undulatorische", der schnelle, präzise Tonwechsel, vorherrsche, notierte damals Musiklehrer Nägeli, besäßen Männer von Natur aus die „schärfere Lautirkraft". Ihre tiefere Stimme erlaube es ihnen, Vokale deutlicher zu artikulieren, dies befähige sie viel eher zur Deklamation. Oder so formuliert: Für kämpferische Botschaften tauge die männliche Stimme besser.

Einzig die Schützen machten eine kleine Ausnahme, zumindest nach Gründung ihres Bundes im Jahr 1861. Seine Satzung und die „Schießordnungen" schlossen Frauen nämlich nicht grundsätzlich aus, so manche Dame errang sogar einen Preis.

Als dann das Reich geeint war und der Wille zur Nation sich durchgesetzt hatte, verschoben sich die politischen Koordinaten erstaunlich schnell von eher links, republikanisch-demokratisch sozusagen, nach rechts. Bald waren Sänger, Schützen und Turner keine Oppositionellen mehr – sondern standen dem militärisch orientierten Kaisertum „loyal und konform" (Düding) zur Seite.

PARISER MODE

1848 konstituierte sich in der Frankfurter Paulskirche die Nationalversammlung.

Von Carsten Holm

Die Anreise des Leipziger Schriftstellers Heinrich Laube, 41, zur Paulskirche in Frankfurt am Main war beschwerlich. Nur bis nach Eisenach ging es mit der Bahn, dann musste der Theaterkritiker in eine Postkutsche umsteigen, um die Krönungsstadt deutscher Kaiser zu erreichen. Es war Ende März 1848, Laube beobachtete, wie 574 Politiker am 31. März feierlich als sogenanntes Vorparlament in die Kirche einzogen, um die Wahlen zu einer konstituierenden Deutschen Nationalversammlung vorzubereiten.

Laube, der später selbst Abgeordneter wurde, hatte Grund genug, sich zu engagieren. Mehrfach war er mit der Obrigkeit aneinandergeraten und 1834, auf Druck der preußischen Regierung, wegen seiner regierungs- und gesellschaftskritischen Schriften aus Leipzig ausgewiesen worden. Die Stadt durfte er nicht mehr betreten. Mehrfach kam er in Haft. Doch nun begehrte Laube auf, wie so viele Intellektuelle jener Zeit, gegen die Könige und Fürsten, die das Land beherrschten. Der Funke war von der neuen Revolution in Frankreich nach Deutschland übergesprungen. In Paris hatten die Bürger im Februar für eine Reform des Wahlrechts demonstriert und König Louis Philippe vom Thron gejagt.

In ihren Heimatstaaten wurden die Politiker für damalige Gebräuche recht demokratisch gewählt, allerdings mussten sie selbständig sein, Tagelöhner und Dienstboten etwa waren in Österreich, Württemberg und Kurhessen vom Wahlrecht ausgeschlossen. Die Abgeordneten hatten viel vor: Aus dem in 39 kleinere und größere Staaten sowie einige freie Städte zersplitterten Land sollte, erstmals in der Geschichte, ein deutscher Nationalstaat geschaffen werden – ein wahrhaft demokratischer zudem, dessen neue Verfassung etwa Bürgerrechte und die Pressefreiheit garantieren sollte.

Für das Heer der Abgeordneten – allesamt Männer, weil Frauen in Deutschland erst 71 Jahre später wählen und gewählt werden durften – war der geschichtsträchtige Kaisersaal des Römers zu klein. Die Paulskirche, die über den größten und imposantesten Saal der Stadt verfügte, bot sich an. Doch sie musste, um die Trennung von Staat und Kirche symbolisieren zu können, verweltlicht werden: Der Altar wurde während der Beratungen mit einem Vorhang verdeckt, ein Kolossalgemälde der Germania verhüllte die Orgel. Der Maler Philipp Veit hatte es gerade rechtzeitig zu den Tagungen vollendet, die deutsche Dame trug außer der deutschen Fahne auch ein Schwert, um das sich zum Zeichen ihrer Friedensliebe ein Ölzweig rankte.

Als die Politiker in Frankfurt eintrafen, genossen sie den jubelnden Empfang der Bürger, die ihre Stadt in ein Meer von schwarzrot-goldenen Fahnen und Girlanden verwandelt hatten. „Der Ort wimmelte, die Straßen summten von unternehmender Jugend, von kräftigen Menschen, welche handeln wollten", erinnerte sich später der Leipziger Schriftsteller Laube.

Als die Abgeordneten in die Paulskirche einzogen, donnerten Kanonen und ertönten die Kirchenglocken. Erleichtert waren die Parlamentarier darüber, dass sie Sitzplätze fanden, obwohl es zunächst noch keine Fraktionen gab. Und wieder wurde der Nachbar im Westen zum Vorbild. Geschwungene Tischbeine und weiche Filzhüte aus Frankreich waren in deutschen Landen gerade zum modischen Vorbild avanciert, nun kopierten die Deutschen die Sitzordnung des Pariser Parlaments: Links die Demokraten, unter ihnen viele freischaffende Intellektuelle, in der Mitte die von Beamten, Anwälten, Professoren und Kaufleuten dominierten Liberalen, rechts die treuen Monarchisten.

Behelfsweise identifizierten sich die Abgeordneten mit den Namen der Gaststätten, in denen sie logierten. Die revolutionären Linken hießen „die Donnersberger", weil sie im Gasthaus „Donnersberg" tagten, die gemäßigten Linken waren ins frühere Lokal „Zum König von Preußen" eingezogen, der, wie Zeitzeugen notierten, „unter großem Hallo der Menge" schnell noch in „Zum

Deutschen Hofe“ umgetauft worden war. Das Linke Zentrum verteilte sich, wie die Rechten, auf drei Gasthäuser.

Anders als der Name suggeriert, vertrat die erste frei gewählte gesamtdeutsche Volksvertretung nicht wirklich das Volk. Viele Abgeordnete hatten Jura studiert, und über die Hälfte arbeitete im Staatsdienst. Bauern fehlten fast völlig, Arbeiter ganz. Immerhin: Dichter und Denker redeten mit, allen voran der Poet Ludwig Uhland, der Historiker Johann Gustav Droysen und der Märchensammler und Germanist Jacob Grimm.

Für die Politiker war aller Anfang schwer. Es gab keine Geschäftsordnung, keine Parlamentsverwaltung, keine Assistenten und keine Redezeitbegrenzung. An Diäten erhielten sie drei bis vier Taler pro Tag aus der Kasse der Heimatstaaten – recht viel, denn Professoren verdienten damals rund zwei Taler täglich.

Doch die Selbstfindung der deutschen Nation schien voranzuschreiten. Die Debatten deuteten den Übergang von der alten Welt der ständischen und polizeistaatlichen Ordnung zu einer modernen Zivilgesellschaft an, sie kreisten um einen Katalog von Grundrechten und eine zunächst provisorische Zentralgewalt für den neuen Staat.

Einige Beschlüsse waren revolutionär. Am 28. Juni 1848 schaffte die Nationalversammlung den Bundestag, die Vertretung der Einzelstaaten im Deutschen Bund, ab und nahm das Gesetz über die Einführung einer provisorischen Zentralgewalt an. Der Katalog der Grundrechte, die in der Verfassung festgeschrieben werden sollten, war für damalige Zeiten spektakulär. Die Gleichheit vor dem Gesetz zählte dazu wie auch die Öffentlichkeit von Gerichtsverhandlungen, der Schutz vor willkürlicher Verhaftung sowie der kostenlose Besuch von Volksschulen, das Briefgeheimnis, die Zivilehe und das Recht der freien Meinungsäußerung. Und: Am 20. Dezember wurde „der Adel als Stand aufgehoben“.

Die Utopie einer liberalen, säkularen Gesellschaft schien in greifbare Nähe zu rücken – ob mit Österreich in der „großdeutschen“ Lösung oder ohne die Donaumonarchie in der „kleindeutschen“. Manche Debattenbeiträge aber ließen Düsteres ahnen, manchmal schienen sich die Politiker in übelstem Nationalismus überbieten zu wollen.

„Ein Krieg mit Russland ist Lebensbedingung“, tönte der Linke Robert Blum vom Rednerpult der Paulskirche, der Berliner Abgeordnete Wilhelm Jordan wollte Südosteuropa so germanisiert wissen, „dass einst die deutsche Küste bespült werde von den Wogen des Schwarzen Meeres“. Und Ernst Moritz Arndt, dessen Lied „Des Deutschen Vaterland“ zur Hymne der 1848er wurde, träumte von einer „Weltherrschaft über die Meere“.

Kein Wunder, dass sich die national Gesinnten der Linken wie der Rechten daran störten, dass Preußens König Friedrich Wilhelm IV. den begonnenen Krieg gegen Dänemark nicht fortsetzen wollte, obwohl die Nationalversammlung die „Heimholung“ Schleswigs zur Reichssache erklärt hatte. Den Waffenstillstand von Malmö am 26. August 1848 empfanden sie als Schmach, doch nach heftigen Debatten musste die Nationalversammlung, die ein Mitentscheidungsrecht für die Außenpolitik beanspruchte, ihre Ohnmacht einräumen.

Krise um Krise folgte. Am 18. September schlug das Militär in Frankfurt einen Aufstand nieder, während dessen Revolutionäre die Paulskirche hatten stürmen wollen, mehr als 80 Menschen kamen ums Leben. Die Gegner der Demokratie am österreichischen und preußischen Hof ließen im Oktober einen Aufstand in Wien blutig niederschlagen und im November Truppen in Berlin einmarschieren, das Scheitern der Nationalversammlung deutete sich an.

Am 28. März 1849 wählte die Nationalversammlung den preußischen König Friedrich Wilhelm IV. zum „Kaiser der Deutschen“, doch der lehnte die Krone später ab. Nun war das Ende der Paulskirchenversammlung nah. Österreich zog seine Volksvertreter am 5. April ab, am 14. Mai erklärte Preußen das Mandat seiner Abgeordneten für erloschen. Ein Rumpfparlament zog sich nach Stuttgart zurück, es wurde am 18. Juni gewaltsam aufgelöst.

Wirkungslos blieb die Arbeit in der Paulskirche indes nicht. Die „Grundrechte des deutschen Volkes“, am 20. Dezember 1848 verabschiedet, wurden Vorbild für die Weimarer Verfassung von 1919 und das Bonner Grundgesetz von 1949.

DIE BORUSSEN

Wie eine Handvoll Historiker im 19. Jahrhundert die deutsche Geschichte „siegesdeutsch" lackiert hat – mit Folgen bis heute.

Von Harald Biermann

Die vier Geschichtsprofessoren waren die Medienstars des 19. Jahrhunderts. Ihre Bücher wurden tausendfach verkauft, ihre Artikel von Millionen gelesen, und wenn sie öffentlich auftraten, kamen sogar Zehntausende zusammen. Griffen Johann Gustav Droysen (1808 bis 1884), Theodor Mommsen (1817 bis 1903), Heinrich von Sybel (1817 bis 1895) oder der jüngere Heinrich von Treitschke (1834 bis 1896) zur Feder oder erhoben das Wort, hielten Deutschlands Politiker inne. Niemals haben Historiker eine derart dominante Rolle in der Öffentlichkeit gespielt. Ihre Interpretation der Geschichte beeinflusst unser Bild von der Vergangenheit bis heute.

Die Geschichtswissenschaft war eine Geburt des 19. Jahrhunderts. Während der Aufklärung im vorangegangenen Säkulum hatten die Philosophen mit ihren Gedankengebäuden dominiert. Binnen weniger Jahrzehnte verloren sie die Meinungsführerschaft. Das 19. Jahrhundert war geschichtsbegeistert, ja geschichtsversessen. Die Zeitgenossen suchten in der Historie intensiv nach Anhaltspunkten, um die Gegenwart zu erklären. In der Öffentlichkeit bestand große Nachfrage nach historischer Orientierung. Und Männer wie Droysen und Treitschke waren nur zu gewillt, diesem Wunsch zu entsprechen. Sie wollten wirken. „Wer Geschichte schreibt", so der 16fache Vater Theodor Mommsen noch im hohen Alter gegenüber seinem Kollegen Heinrich von Sybel, „insbesondere Geschichte der Gegenwart schreibt, hat die Pflicht politischer Pädagogik, er soll denen, für die er schreibt, ihre künftige Stellung zum Staat weisen und bestimmen helfen."

Dabei stand diesen Historikern das Ziel ihrer Bemühungen klar vor Augen: der deutsche Nationalstaat unter preußischer Führung. Das 19. Jahrhundert war das Säkulum des Nationalismus. Überall in Europa propagierten Intellektuelle die Vorzüge des Nationalstaates. Stets bedienten sie sich historischer Argumente, um die Entstehungsgeschichte der Nation möglichst weit in die Vergangenheit zurückreichen zu lassen. Diese nationalen Vorreiter waren zentral am kreativen Schöpfungsprozess der europäischen Nationsbildungen beteiligt.

Dass Nationen indes Konstruktionen sind, ist heutzutage eine gesicherte Erkenntnis der Geschichtswissenschaft. Für die Menschen im 19. Jahrhundert besaß die Nation allerdings nichts Gekünsteltes, im Gegenteil: Sie war aus Sicht der Zeitgenossen nicht nur oberster Wert, sondern auch Zielpunkt der Geschichte.

Innerhalb Deutschlands – also in den 35 Territorialstaaten und vier freien Städten zu Beginn des Deutschen Bundes – war die Rheinkrise des Jahres 1840 der eigentliche Durchbruch des Nationalismus in breite Bevölkerungsschichten. Die französischen Forderungen nach der Rheingrenze wurden unisono zurückgewiesen. In Verbindung mit dem älteren Trauma der napoleonischen Besetzung zu Beginn des Jahrhunderts schrieb die Rheinkrise das Bild von Frankreich als „Erbfeind“ Deutschlands für etwa 100 Jahre fest. Viele Zeitgenossen waren jedenfalls davon überzeugt, dass die deutsche Einheit mit Waffengewalt gegen den westlichen Nachbarn erkämpft werden müsste.

Die Rheinkrise führte aber darüber hinaus auch zu einer Veränderung der Auffassung von Geschichte. Während sich die Mehrheit der Historiker bislang eher mit dem Altertum beschäftigt hatte, drängten nun Fragen der Zeitgeschichte in das Zentrum der Aufmerksamkeit. Exemplarisch brachte Johann Gustav Droysen, der sich bereits mit Arbeiten zu Alexander dem Großen und zum Hellenismus einen Namen gemacht hatte, diese veränderte Perspektive auf den Punkt: „Ich bin eigentlich ein rechter Narr gewesen, dass ich mich an das alberne abgebröckelte Altertum gemacht habe, statt lieber in den vollen, buntbewegten, luftnäheren Zeiten zu schwelgen.“ Er wandte sich nun entschlossen der Zeitgeschichte zu. An der Kieler Universität erfreuten sich seine Vorlesungen zu den Befreiungskriegen am Anfang des 19. Jahrhunderts großer Beliebtheit; im Jahre 1846 erschienen sie in zwei Bänden.

Der Sohn eines lutherischen Militärpfarrers war wie in vielen anderen Dingen auch ein Vorreiter dieser Entwicklung gewesen. Nach der gescheiterten Revolution von 1848/49, die alle politisch interessierten Zeitgenossen elektrisiert hatte, wurde die Beschäftigung mit der jüngsten Vergangenheit zum Steckenpferd dieser Historikergeneration. Lediglich Theodor Mommsen blieb der Alten Geschichte treu. Doch schrieb er seine seit 1854 erscheinende „Römische Geschichte“, für die er 1902 den Literaturnobelpreis erhalten sollte, mit derartigem Elan und darüber hinaus mit so klaren Gegenwartsbezügen, dass sie von gebildeten Lesern durchaus als ein kontinuierlicher Kommentar zu den Verhältnissen der 1850er Jahre gelesen werden konnte.

Überhaupt war diese Historikergeneration durch sehr einheitliche Grundprägungen gekennzeichnet. Ihre Mitglieder waren allesamt protestantischen Glaubens. Ihre Verachtung für den Katholizismus ging mit einer tiefen Abneigung gegen Österreich einher. Ihnen stand klar vor Augen, dass der deutsche Dualismus gebrochen werden müsste, um die deutsche Einheit Wirklichkeit werden zu lassen. Politische Rückschläge ihres nationalen Hoffnungsträgers Preußen – wie etwa durch die „Schmach von Olmütz“ des Jahres 1850 – taten ein Weiteres, um die ganz grundsätzliche Abneigung dieser Protestanten gegen die – wie es damals hieß – „Jesuitenherrschaft“ in Wien zu untermauern.

Auch in ihrer Berufsauffassung ähnelten sich diese Historiker ungemein. Durchaus mit kritischer Quellenarbeit vertraut, war ihnen die distanzierte Herangehensweise Leopold von Rankes, des herausragenden Wissenschaftlers der älteren Generation, geradezu verhasst. Hatte der große Historiker stets dafür geworben, „sine ira et studio“ – also „ohne Zorn und ohne Eifer“ – an das Schreiben von Geschichte heranzugehen, plädierten die Männer um Droysen und Mommsen für das genaue Gegenteil: Sie schrieben „cum ira et studio“. Heiliger Zorn und gewaltiger Eifer führten ihnen die Feder. Politisch vertraten diese Historiker allesamt mit Nachdruck die Standpunkte des gemäßigten Liberalismus. Das hieß damals, dass sie mit Ekel und Verachtung sowohl auf den fürstlichen Absolutismus – Droysen sprach zuweilen von „Fürstenonanie“ – als auch auf die radikalen Demokraten schauten. Sie glaubten mit Inbrunst an bürgerliche Werte wie Ehrlichkeit, Fleiß und Strebsamkeit. Zudem setzten sie darauf, dass die ersehnte Einheit der Nation auch die Freiheit der Bürger mit sich bringen werde. Einheit und Freiheit waren für sie zwei Seiten einer Medaille.

Trotz aller Nuancen im Einzelnen standen diese Historiker für eine spezifische Sicht nicht nur der Geschichte, sondern eben auch der politischen Verhältnisse. Unterschiedliche Auffassungen wurden in einem unablässigen Strom von Briefen erwogen und diskutiert. Droysen und Sybel standen in engstem Kontakt, auch Mommsen und Treitschke waren fleißige Briefschreiber. Kurzum: Die Elite der kleindeutsch orientierten Historiker war durch ein dichtes Geflecht persönlicher und institutioneller Kontakte untereinander verwoben. Diese intensiven Kontakte halfen ihnen nicht nur bei der Besetzung von Lehrstühlen an den deutschen Universitäten. Sie schlugen sich auch in wechselseitiger Unterstützung nieder. Auf den Kampf um die geschichtspolitische Deutungshoheit waren sie bestens vorbereitet.

Direkt nach der gescheiterten Revolution von 1848/49, die beispielsweise Droysen als maßgeblichen Vertreter des gemäßigten Liberalismus im Frankfurter Paulskirchen-Parlament gesehen hatte, galt es zunächst, die Phase der nun einsetzenden Gegenbewegung der Monarchien zu überstehen. Mommsen musste wegen seiner aktiven Beteiligung an der Revolution in Leipzig sogar kurzfristig in die Schweiz gehen. Doch stellten sich diese äußerlich so ruhigen Jahre als äußerst fruchtbar für die Wissenschaft dar. Mommsen veröffentlichte den ersten Band seiner „Römischen Geschichte“ 1854, ein Jahr später erschien Droysens „Geschichte der preußischen Politik“.

Mit dem ersten Buch dieses auf 14 Bände anwachsenden Opus magnum etablierte sich Droysen rasch als Vordenker der borussischen Geschichtsschreibung. Es war sein erklärtes Ziel, durch weit ausholende Quellenrecherchen zu belegen, dass Preußen bereits seit dem 15. Jahrhundert von der geschichtlichen Vorsehung dazu auserkoren gewesen sei, eines Tages die deutsche Nation zu einen.

Er schrieb unentwegt von „Preussens Beruf, Preussens Macht und Unentbehrlichkeit“ und meinte damit, ein Bewegungsgesetz der Geschichte erkannt zu haben. Dass er mit dieser Interpretation der preußischen Geschichte gleich mehrere methodische Kardinalfehler beging, liegt aus der Rückschau klar auf der Hand. Gleichwohl beeinflussten seine Texte ganze Generationen. Sie lasen Droysen vielleicht nicht im Original, doch durch seine Lehrtätigkeit sowie durch die Verdichtung seiner Schriften in Publizistik und Volksfibeln prägte er ein Geschichtsbild, das eindeutig auf Preußen als deutsche Führungsmacht ausgerichtet war.

Diese Interpretation war zeitgenössisch umso wichtiger, da Preußen unter König Friedrich Wilhelm IV. während der 1850er Jahre nicht eben als dynamischer Hoffnungsträger auftrat – im Gegenteil. Es war für die Männer um Droysen daher unerlässlich, in die Geschichte zu fliehen. Ohne diese Flucht wären sie wohl an Preußen verzweifelt.

Der mit geradezu vulkanischem Temperament gesegnete Geschichtsprofessor schrieb in diesen Jahren immer wieder von der „Kloake Berlin“, die ihn anwidere. Auch Mommsen sparte nicht mit verächtlicher Kritik: „Von der Politik kann man nicht reden, sie drückt einem das Herz ab. Wir leben hier in Preußen wie in einem sinkenden Schiffe. Die am Leck pumpen sollten, pumpen wohl, aber das Wasser nicht hinaus, sondern herein.“

Getreu dem liberalen Prinzip der Selbsthilfe gingen diese Männer nun daran, noch aktiver als bisher in die Politik eingreifen zu wollen. Droysen spielte mit der Idee einer Parteigründung, die er jedoch letztlich verwarf, Mommsen war Mitbegründer der einflussreichen Zeitschrift „Preußische Jahrbücher“, die für die öffentlichen Diskussionen in Deutschland sofort nach ihrem Erscheinen im Jahr 1858 überragende Bedeutung erringen konnte. In den „Jahrbüchern“ wurde auf hohem Niveau über die Schicksalsfragen der Geschichte und der Gegenwart gerungen.

Für die kleindeutsch orientierten Historiker sollte es sich als Glücksfall herausstellen, dass nun ein solches Publikationsorgan zur Verfügung stand, denn im Jahr 1859 fand eine wichtige Weichenstellung statt. Der österreichisch-französische Krieg in Oberitalien provozierte nördlich der Alpen nicht nur leidenschaftliche politische Debatten, sondern auch wissenschaftliche Kontroversen. Darüber hinaus warf die militärische Auseinandersetzung, die nach eine Reihe von schweren Niederlagen der habsburgischen Truppen im Vorfrieden von Villafranca rasch beendet wurde, die ganz grundsätzliche Frage nach der Sicherheit der Staaten des Deutschen Bundes auf. Außenpolitische Todesangst war jedenfalls ein kräftiger Impuls zur grundlegenden Neugestaltung der politischen Verhältnisse. Mit dem Nationalverein etablierte sich im Herbst 1859 eine einflussreiche Organisation, die trotz aller taktischen Bedenken auf Preußen setzte, um die Sicherheit des Vaterlandes zu gewährleisten.

Auf wissenschaftlichem Terrain wurde die Auseinandersetzung, ob Preußen nicht der Habsburger Monarchie gegen Frankreich zur Seite hätte stehen solle, von Heinrich von Sybel und Julius von Ficker ausgetragen. Es ging damals prima vista um das Mittelalter und die Italienzüge der deutschen Könige und Kaiser. Während der mittlerweile in Bonn lehrende Sybel davon ausging, dass diese Aktivitäten den Aufbau der deutschen Nation im Mittelalter massiv behindert „und endlich sich selbst den Untergang bereitet" hätten, versuchte der großdeutsch-orientierte Katholik Ficker, die damaligen Entscheidungen aus ihrem jeweiligen Zusammenhang zu erklären. Es kann aus heutiger Sicht kein Zweifel darüber bestehen, dass die besseren Argumente auf Seiten Fickers lagen, doch in der aufgeheizten Atmosphäre der frühen 1860er Jahre setzte sich Heinrich von Sybel in der Öffentlichkeit durch. Lange Jahrzehnte hindurch sind folglich die Italienzüge der deutschen Monarchen als eine reine Vergeudung wichtiger Energien angesehen worden.

Anfang der 1860er Jahre galt es zudem, einen Angriff auf einen preußischen Säulenheiligen abzuwehren. Der aus Ostfriesland stammende Historiker Onno Klopp hatte es tatsächlich gewagt, Friedrich II. vom Sockel zu stoßen. Zunächst sprach er ihm den schon damals weitverbreiteten Zusatz „der Große" rundweg ab, zudem bezweifelte Klopp viele Auffassungen, die in der zeitgenössischen Geschichtswissenschaft preußischer Prägung allgegenwärtig waren: Weder habe Friedrich bei seinen Eroberungszügen in Schlesien und anderswo an Deutschland gedacht, noch sei er überhaupt am Schicksal der Nation interessiert gewesen. Es sei ihm einzig und allein um Preußen und um seinen eigenen Ruhm gegangen.

Die Vertreter der borussischen Geschichtsschreibung reagierten sofort und schlugen mit Härte zurück. Schnell avancierte der Preußenkönig des 18. Jahrhunderts zu „Friedrich dem Einzigen". Unter ihren Federn mutierte der König zum nationalen Hoffnungsträger, der nicht nur als Feldherr große Erfolge gefeiert hatte, sondern eben auch für die Modernisierung Preußens eingetreten war. Lediglich der Dauerkonflikt mit dem Habsburgerreich habe Friedrich davon abgehalten, die zerstückelte Nation zu einen. Dass die moderne Forschung – allerdings mit gewichtigen Abstrichen – eher den Interpretationen Klopps zuneigt, sei hier nur am Rande erwähnt. Den Sieg in der öffentlichen Debatte trugen jedenfalls erneut die Männer um Droysen und Sybel davon.

Friedrich der Große – oder besser: das Abbild, das damals von ihm gezeichnet wurde – war für viele Liberale der 1860er Jahre eine Integrationsfigur. Trotz des in Preußen seit 1862 voll entbrannten Verfassungskonflikts bot diese historische Persönlichkeit Anknüpfungspunkte. Die Hohenzollern – so das landläufige Argument – hatten Friedrich den Großen hervorgebracht. Vielleicht würde die dynastische Erbfolge erneut eine solche Rettergestalt hervorbringen: Im liberalen Lager ruhten in diesen Jahren viele Hoffnungen auf Friedrich Wilhelm, dem Kronprinzen von Preußen.

Während des Verfassungskonflikts sahen es Theodor Mommsen und Heinrich von Sybel als ihre Pflicht an, den aktiven Kampf gegen den Ministerpräsidenten Otto von Bismarck im Preußischen Abgeordnetenhaus auszutragen. Vor allem Mommsen, der mittlerweile in Berlin lebte und arbeitete, gehörte zu den schärfsten Kritikern des späteren Reichskanzlers, dem im Parlament und in der liberalen Öffentlichkeit offener Hass entgegenschlug. Zu einer vorsichtigen Annäherung kam es erst, als Bismarcks überlegene Diplomatie konkrete Erfolge zeitigte. Der Sieg über Dänemark und die, wie es damals hieß, Befreiung Schleswigs und Holsteins im Frühjahr 1864 stellte die Opposition innerhalb und außerhalb Preußens vor große Probleme. Denn Bismarck hatte –

zunächst noch im Zusammenspiel mit Österreich – ein ganz grundsätzliches Ziel der deutschen Nationalbewegung erreicht: die Ablösung der beiden Herzogtümer von Dänemark.

Über die Zukunft der beiden Territorien entbrannten hitzige Debatten, in denen die „kleindeutschen Geschichtsbaumeister“ (Onno Klopp) erneut an der Spitze marschierten: Droysen, Mommsen, Sybel und vor allem Treitschke stellten sich nach anfänglichem Zögern voll und ganz auf die Seite Preußens. Während die machtvollen Interventionen des blendenden Stilisten Treitschke für die preußische Annexion der Herzogtümer lediglich polarisierten, waren es vor allem die abgewogeneren Einlassungen des geborenen Schleswigers Mommsen, die größten Einfluss auf die weitere Haltung im liberalen Lager ausüben sollten. Nach sorgfältiger Abwägung plädierte der Geschichtsprofessor ebenfalls für die Einverleibung der Elbherzogtümer in den preußischen Staat. Auch der erklärte Widerwille der Bevölkerung in den besagten Territorien gegen die Annexion konnte ihn nicht umstimmen: „Denn die Notwendigkeit und die Nation reden beide im kategorischen Imperativ, und da der nationale Staat jede Wunde heilen kann, darf er auch jede schlagen.“

Für die borussischen Historiker war die Nation zum „Letztwert“ (Dieter Langewiesche) avanciert. Selbst urliberale Grundwerte wie das Selbstbestimmungsrecht wurden von ihnen zumindest zeitweise ausgesetzt. Die nationale Ungeduld und die Angst, im Vergleich mit den anderen Nationen Europas immer weiter zurückzufallen, verstärkten den Wunsch nach einem starken Mann, der endlich Deutschland einen sollte. Auf diesem Weg fanden Droysen und Treitschke, Mommsen und Sybel zu Bismarck. Der konservative Reichsgründer erfüllte die Träume der liberalen Historiker.

DER STAATS-MANN

Zahlreiche Zeitgenossen verehrten Otto von Bismarck als nationalen Heros. Dabei übersahen sie, dass es dem Reichskanzler zeitlebens um die Interessen der preußischen Monarchie ging.

Von Lothar Gall

Als Begründer des deutschen Nationalstaats, als Führer zur nationalen Einheit der Deutschen, als Mann, der die nationale Wiedergeburt der Deutschen bewirkt habe, ja, als der nationale Heros par excellence ist Otto von Bismarck nach 1871 immer wieder gefeiert worden. Er galt vielerorts als förmliche Verkörperung des nationalen Gedankens in Deutschland und im Weiteren auf der anderen Seite als jemand, der über den nationalen Gedanken den Weg in die Abgründe des 20. Jahrhunderts gebahnt habe. Sicher hat Bismarck den nationalen Gedanken vor allem nach 1871, nach der Reichsgründung, immer wieder im Munde geführt und beschworen, vor allem auch in der Auseinandersetzung mit seinen inneren und äußeren Gegnern, die er summarisch gern, seine Person in gewisser Weise mit dem Reich gleichsetzend, als „Reichsfeinde“ bezeichnete. Aber war er wirklich ein „nationaler Mann“, ein Mann, für den der nationale Gedanke wie dann für so viele seiner Zeitgenossen den höchsten und letzten Wert repräsentierte, wie das beispielsweise bei Max Weber der Fall war?

Geboren wurde er 1815, dem Jahr des Wiener Kongresses, als Sohn eines kleinen brandenburgisch-preußischen Adligen. Er wuchs auf im Geist und als entschiedener Verteidiger der Ideenwelt der Restaurationszeit. Politisch stand er früh im Lager der Verteidiger der alten Ordnung, deren Vertreter gleichzeitig stets, im Prinzip streng monarchisch gesinnt, ein leises Misstrauen gegenüber den jeweils herrschenden Monarchen hegten. Ihr Verdacht ging dahin, Europas Könige und Kaiser könnten zur Steigerung ihrer Macht zu einem Ausgleich mit den neu herandrängenden populären, in manchem mit den Ideen der Französischen Revolution sympathisierenden Kräften bereit sein. Das Banner jener neuen Kräfte aber war europaweit der nationale Gedanke. Mit ihm suchten sie die alte Ordnung in Politik und Gesellschaft aus den Angeln zu heben. Dementsprechend waren die Verteidiger dieser Ordnung, bis zur Revolution von 1848 und darüber hinaus, entschieden antinational eingestellt und bekämpften alle nationalen Kräfte als politische Gegner.

Das galt auch für den jungen Bismarck, der 1848 als entschiedener Gegner der Revolution und der sie tragenden Kräfte hervortrat und emporkam. Dann freilich änderte er, geleitet von unbändigem politischem Ehrgeiz, insofern seine Haltung, als er vom Lager seiner bisherigen konservativen politischen Freunde, die nach wie vor für die Wiederherstellung des monarchischen Ständestaats eintraten, in das der unbedingten Anhänger des monarchischen Machtstaats überwechselte. Dessen Wortführer propagierten immer unverhohlener den Gedanken, dass dieser Staat im Interesse der eigenen Machtsteigerung außen- wie innenpolitisch zu den unterschiedlichsten Bündnissen und Koalitionen bereit sein müsse. Und niemand hat diesen Gedanken seit den 1850er Jahren offener und direkter ausgesprochen als Bismarck.

Konkret hieß das für ihn, dass er, in Beschwörung einer Gestalt wie der Friedrichs des Großen, rückhaltlos für die Behauptung und wenn möglich Erweiterung der Macht des preußischen Staats und seines obersten Repräsentanten, des preußischen Monarchen, eintrat. Dafür war er zu unterschiedlichen, die Zeitgenossen oft aufs höchste verwirrenden Bündnissen bereit, zunächst als preußischer Gesandter bei der Bundesversammlung in Frankfurt am Main und dann, nach Zwischenspielen als Gesandter in St. Petersburg und in Paris, als preußischer Ministerpräsident und Außenminister, der im Verfassungskonflikt zwischen dem Monarchen und dem Parlament berufen worden war. Schon in den 1850er Jahren hatte er sich entschieden gegen die Position seiner Freunde gewandt, die dafür eintraten, das Frankreich Napoleons III. wegen dessen – verbalem – Bekenntnis zu den Prinzipien der Französischen Revolution aus ideologischen Gründen außenpolitisch zu isolieren. Die Beziehungen zu auswärtigen Mächten dürften, so erklärte er seinem politischen Ziehvater Leopold von Gerlach gegenüber, nicht von Ideologien, sondern allein von der nüchternen Einschätzung der eigenen Interessen, der Interessen des preußischen Staats, bestimmt werden. So zähle für ihn Frankreich, „ohne Rücksicht auf die jeweilige Person an seiner Spitze, nur als ein Stein, und zwar ein unvermeidlicher in dem Schachspiel der Politik, ein Spiel, in welchem ich nur meinem Könige und meinem Land zu dienen Beruf habe". Und er ging, sehr grundsätzlich argumentierend, noch einen Schritt weiter: „Sympathien und Antipathien in Betreff auswärtiger Mächte und Personen vermag ich vor meinem Pflichtgefühl im auswärtigen Dienst meines Landes nicht zu rechtfertigen, weder an mir noch an anderen; es ist darin der Embryo der Untreue gegen den Herrn oder das Land, dem man dient." Allein bestimmt von den antipolnischen Interessen des preußischen Staats und nicht, wie die Hochkonservativen, aus ideologischen Gründen, schlug Bismarck sich 1863, nunmehr preußischer Ministerpräsident und Außenminister, auf die Seite der Interventionspolitik des Zarenreichs – in schroffem Gegensatz zu allen liberalen Kräften in Europa, die mit der polnischen Unabhängigkeitsbewegung teilweise leidenschaftlich sympathisierten.

Otto von Bismarck 1815 bis 1898

1832 bis 1835	*Jura-Studium in Göttingen und Berlin*
1849 bis 1852	*Abgeordneter des Preußischen Landtags*
1851 bis 1859	*Preußischer Gesandter bei der Bundesversammlung in Frankfurt*
1859 bis 1862	*Preußischer Gesandter in St. Petersburg*
1867 bis 1871	*Kanzler und seit 1870 zugleich Außenminister des Norddeutschen Bundes*
1862 bis 1872,	*1873 bis 1890 Preußischer Ministerpräsident*
seit 1871	*zugleich Kanzler und Außenminister des neugegründeten Deutschen Reichs*
1890 bis 1898	*Alterssitz in Friedrichsruh*

Und was Bismarck hier als für ihn Zeit seines Lebens bindendes Prinzip für die Außenpolitik, für ganz von der jeweiligen Situation abhängige außenpolitische Bündnisse formulierte und praktizierte, das galt für ihn auch für die Innenpolitik. So hat er kurz nach seinem Amtsantritt, von den liberalen und nationalen Kräften erbittert bekämpft, geheime Verbindungen zu dem Führer der entstehenden Arbeiterbewegung, zu Ferdinand Lassalle aufgenommen und mit ihm in langen Gesprächen die Möglichkeit eines künftigen Zusammengehens und Zusammenwirkens erörtert – so etwas auch nur ins Auge zu fassen schien sowohl von konservativer wie von liberaler Seite undenkbar.

Allein Machtbehauptung und mögliche Machterweiterung des monarchischen preußischen Staats waren sein Interesse, und dazu gehörte auch, dass Bismarck schon früh ein Zusammengehen mit der nach dem Niederschlagen der 1848er Revolution wieder erstarkten nationalen Bewegung ins Auge fasste. Auch dies war wie alle anderen jeweils von der Zeit und von den Umständen abhängigen Bündnisse als ein bloßes Zweckbündnis konzipiert, das auch wieder aufgegeben oder in seiner Zielsetzung grundsätzlich verändert werden konnte. Die Erwartungen und das Pathos, die sich mit dem nationalen Gedanken verbanden und sehr verschiedenartige politische und soziale Gruppen vereinigten, hat er nie geteilt. Sein oberster und letzter Bezugspunkt war und blieb der preußische Machtstaat, dem er freilich eine Gestalt und innere Struktur gab, die mit dem Preußen bei seinem Amtsantritt im Herbst 1862 so wenig zu tun hatte wie mit dem, was die Geschichte Preußens, die ganz unterschiedliche Traditionen vereinigte, in vielen ihren Abschnitten sehr wesentlich bestimmt hatte.

Es war ein Staat, der, gelenkt und bestimmt von einer starken und unabhängigen Bürokratie mit einem Monarchen an der Spitze, über der Gesellschaft und ihren oft gegensätzlichen, sich ständig verändernden, angeblich zu keiner eigenen Willensbildung fähigen Interessen stand, so wie ihn Georg Wilhelm Friedrich Hegel, der aus Württemberg stammende, ab 1818 in Berlin lehrende preußische „Staatsphilosoph", theoretisch begründet und gerechtfertigt hatte. Hegel abstrahierte dabei weitgehend von allen historischen Bedingungen und konzentrierte sich ganz auf die dahinterstehende Idee der Staatsräson, von der sich eine von der Gesellschaft ganz unabhängige Bürokratie leiten lasse. Davon war Bismarck weit entfernt. Er sah sehr genau, wie stark und vielfach dann auch bestimmend der Druck gesellschaftlicher Kräfte und Interessen auf den Staat jeweils war. Aber an der Staatsidee als solcher hielt er fest, und sein ganzes Bemühen zielte darauf, eine Ordnung zu schaffen und zu erhalten, in der sich die gesellschaftlichen Kräfte und Interessen gegenseitig neutralisierten und so dem Staat, der staatlichen Exekutive – und damit letztlich ihm selbst – ein größtmöglicher Handlungsspielraum eröffnet wurde. In schroffem Gegensatz dazu stand die Idee, das hat er von früh auf erkannt und sich stets bewusst gemacht, dass die Nation, die Gesellschaft als solche einen eigenen Willen zu entwickeln in der Lage sei und den Staat, die staatlichen Organe dann zu dessen Ausführung veranlassen könne. Von daher war und blieb er ein entschiedener Gegner eines von hier aus begründeten nationalen Gedankens und der daran geknüpften praktischen Schlussfolgerungen.

Bismarck war freilich politisch viel zu klug, das offen auszusprechen. Und als sich im Weiteren der nationale Gedanke seinerseits mehr und mehr von der ursprünglich aufs engste mit ihm verbundenen Idee der Volkssouveränität löste und zur bloßen Formel für die Einheit des Volkes wurde, hat er seinerseits immer öfter die nationale Idee zur Beschwörung und Stärkung der – wesentlich von ihm errichteten und durchgesetzten – etablierten Ordnung verwendet. Aber auch dann blieb seine innere Distanz zu der Idee bis zuletzt erhalten.

Bundesversammlung

Heute wählt die Bundesversammlung alle fünf Jahre den Bundespräsidenten. Im Deutschen Bund zwischen 1815 und 1866 hingegen war sie eine Art Kongress, in den alle Mitgliedstaaten Gesandte schickten; diese entschieden – weisungsgebunden – vor allem in militärischen und auswärtigen Angelegenheiten. Die Bundesversammlung wurde auch Bundestag genannt, ständiger Sitz war Frankfurt.

Er war und blieb geprägt von dem Gedanken, den Leopold von Ranke, der Historiograf des preußischen Staates, vor 1848, in der Epoche der Restaurationszeit, auf den Begriff gebracht hatte: Das Jahrhundert werde jenseits aller aktuellen Streitfragen und Konflikte bestimmt von zwei einander schroff gegenüberstehenden, Völker und Regierungen spaltenden Prinzipien, nämlich dem monarchischen Prinzip auf der einen und dem Prinzip der Volkssouveränität auf der anderen Seite. Von dieser Idee hat sich Bismarck Zeit seines Lebens bestimmen lassen.

Die darauf gründende innere Distanz zur nationalen Idee, hinter der er immer das Prinzip und die davon abgeleiteten Forderungen der Volkssouveränität wirken sah, lässt sich an vielen seiner Äußerungen und vor allem auch an seinem praktischen Handeln ablesen. So beschwor er Anfang Mai 1859, inzwischen aus Frankfurt am Main nach St. Petersburg „verbannt", auf dem Höhepunkt des militärischen Konflikts zwischen Österreich und Frankreich über die piemontesische Frage, die Möglichkeit einer territorialen Erweiterung Preußens mit den Worten, die „gegenwärtige Lage" habe „wieder einmal das große Los für uns im Topf, falls wir den Krieg Oestreichs mit Frankreich sich scharf einfressen lassen, und dann mit unserer ganzen Armee nach Süden aufbrechen, die Gränzpfähle im Tornister mitnehmen und sie entweder am Bodensee oder da, wo das protestantische Bekenntnis aufhört vorzuwiegen, wieder einschlagen". Von Deutschland oder von einer deutschen Nation und deren Wünschen war hier mit keinem Wort die Rede, und das galt generell bis 1866.

Und auch danach spielte das nationale Prinzip in seinen Äußerungen kaum eine Rolle. Den eigentlichen Prozess der deutschen Einigung 1870/71 legte er sehr bewusst als ein „Bündnis der Fürsten und Freien Städte" an, das, nominal mit einem „deutschen Kaiser" an der Spitze, als der kollektive Träger der gesamtstaatlichen Souveränität erschien. Auch der Name „Reich" war ihm insofern willkommen, als er den Unterschied zu einer wesentlich von einem gemeinsamen nationalen Willen getragenen und herbeigeführten Einigung – mitsamt deren machtpolitischen Konsequenzen – deutlich machte und stattdessen die Gemeinsamkeit einzelstaatlicher Souveräne betonte, wie sie der deutschen historischen Entwicklung entspreche.

Bezeichnenderweise hat er sich auch im Weiteren nachhaltig gegen die symbolische Verkörperung der Nation und damit zugleich ihres angeblichen Willens zur Wehr gesetzt: Als Denkmalspläne entworfen und in der öffentlichen Diskussion vor allem auf Seiten des Bürgertums auf breite Zustimmung stießen, die die Gestalt der Germania als eine solche symbolische Verkörperung der Nation und ihres Einheitswillens in den Mittelpunkt rückten, da hat er sich gegen jede Beteiligung des Reichs und seiner Person an der Verwirklichung solche Pläne gewandt und ist etwa der Einweihung des Niederwalddenkmals im Rheingau bewusst ferngeblieben. Das Reich als von der Nation getragener und dann auch zunehmend bestimmter Nationalstaat – diesem Gedanken stand er im Prinzip durchaus fern. Und wenn er ihn auch gelegentlich innen- wie außenpolitisch propagandistisch benutzte, um politische Gegner zu bekämpfen, so wenn er von „uns Deutschen“ sprach und gleichzeitig dabei seine politischen Gegner im sozialistischen und im katholischen Lager, dann auch im Lager der Linksliberalen ausklammerte – eine übergreifende, integrierende Einheit mit eigenem Willen war damit nie gemeint.

Diese Einheit wurde für ihn nur vom Staat, vom monarchisch regierten Staat verkörpert, sei es von dem in seiner Souveränität auch nach 1871 wesentlich fortbestehenden einzelnen deutschen Staat, sei es von der im Reich verbundenen Gemeinschaft dieser Staaten. Noch im Alter erklärte er in einem Gespräch dezidiert: „Es genügte, wenn die Könige von Bayern, Württemberg, Sachsen und so weiter so viel von ihren Rechten abtraten, als gerade nötig war, um das Deutsche Reich unter Berücksichtigung der berechtigten Überlieferungen und Forderungen zu begründen. Anders wäre es nicht gegangen, anders wollte ich es auch nicht.“ Mit anderen Worten, die Verschmelzung der historisch gewachsenen Teile, genauer gesagt: Staaten Deutschlands zu einer einheitlichen Nation mit einem eigenen und am Ende mehr und mehr dominierenden einheitlichen Willen war ihm von seiner monarchisch-obrigkeitsstaatlich geprägten und bestimmten Staatsidee her Zeit seines Lebens zutiefst suspekt.

Von daher geht eine schon unter den Zeitgenossen weitverbreitete, einen guten Teil seines politischen Prestiges und seiner Wirkung auf die Massen ausmachende Deutung seiner Person und seines Werks, die ihn nicht nur als einen der Schöpfer, sondern als einen der Hauptträger und Repräsentanten des Nationalstaatsgedankens in Deutschland ausmacht, in entscheidenden Punkten in die Irre.

Man kann ihn im Gegenteil als einen Mann bezeichnen, der alle mit der nationalen Idee ursprünglich verbundenen und aus ihr entwickelten Ziele von früh auf nachdrücklich bekämpfte. In ihr sah er eine Kraft, die dem überlieferten Staatsgedanken, der im aufgeklärten Absolutismus eines Friedrich des Großen in Preußen einen Höhepunkt erreichte, schrittweise seine Basis zu entziehen drohte und den Staat am Ende der Gesellschaft und den in ihr wirkenden, ständig schwankenden und höchst diffusen Kräften und Stimmungen ausliefern und so schließlich in seiner bisherigen Form zerstören würde.

DIE SPANISCHE OFFERTE

Im Sommer 1870 heizt Bismarck die Spannungen mit Frankreich an. Ein Krieg soll die deutsche Einheit bringen.

Von Karen Andresen

Am Kurhaus flattert die große Königsflagge, als Wilhelm I. am 20. Juni 1870 in Bad Ems eintrifft. Passanten begrüßen den 73 Jahre alten preußischen Herrscher mit Blumen, und auch sonst deutet alles auf eine vergnügliche Sommerfrische hin. Die besten Hotels am Platze sind ausgebucht, im Kurpark und auf der Promenade lustwandeln allerlei Berühmtheiten oder solche, die sich dafür halten. „Nichts fröhlicher, nichts friedlicher als die Mittsommerzeit der 70er Saison im schönen Ems", beschreibt Theodor Fontane die Stimmung jener Ferientage.

Doch die Beschaulichkeit trügt. Hinter den Kulissen ringen Frankreich und Preußen um ihre Stellung im europäischen Machtgefüge. Kriegsgefahr liegt in der Luft.

Am 8. Juli nimmt Vincent Graf von Benedetti im Hotel „Stadt Brüssel" Quartier. Der französische Botschafter in Preußen ist von seiner Regierung nach Bad Ems geschickt worden, um mit Wilhelm I. über die Thronfolge in Madrid zu sprechen.

Dort ist zwei Jahre zuvor die Bourbonen-Königin Isabella II. durch einen Putsch spanischer Militärs gestürzt worden. Seither suchen die Generäle einen geeigneten Nachfolger. Nach einigem Hin und Her erklärt sich am 19. Juni 1870 Leopold, Erbprinz aus dem Hause Hohenzollern-Sigmaringen, zur Übernahme des vakanten Postens bereit.

Für Frankreich ist das ein Affront: Ein süddeutscher Prinz, verwandt mit dem preußischen Königshaus, als Ersatz für eine Herrscherin aus der französischen Bourbonenlinie. Das aufstrebende Preußen, so fürchtet man in Paris, ist im Begriff, die Grande Nation einzukreisen. Vor dem Parlament spricht der französische

Außenminister, Herzog Antoine de Gramont, ein Vertreter der antipreußischen napoleonischen Rechten, von der bedrohten Ehre seines Landes und davon, dass Frankreich es nicht hinnehmen könne, wenn mit einem Hohenzollern auf dem iberischen Thron das europäische Gleichgewicht gefährdet werde. Eilends wird Botschafter Benedetti zu dem kurenden Preußenkönig geschickt, um bei ihm die Rücknahme der Kandidatur Leopolds zu erwirken.

Wilhelm I. ist sich der Brisanz der spanischen Nachfolgeregelung bewusst und hat der Bewerbung ohnehin nur widerwillig zugestimmt. Ebenso zögerlich ist der Erbprinz selbst. Allenfalls aus „höherem Staatsinteresse“, so Leopolds Vater, Fürst Karl Anton, in einem Brief an Wilhelm I., sei sein Sohn bereit, dieses „Opfer“ zu bringen.

Dass Leopold das spanische Angebot schließlich doch offiziell annimmt, ist vor allem Otto von Bismarck zuzuschreiben. Der preußische Ministerpräsident hat die Zögernden – vom Erbprinzen bis zum Monarchen – immer wieder zur Zustimmung gedrängt. Von „politischer Nötigung“ ist im Briefwechsel zwischen Vater und Sohn Hohenzollern-Sigmaringen sogar die Rede.

Tatsächlich ist Bismarck, als die Offerte aus Madrid vorliegt, entschlossen, die spanische Karte zu spielen. Die Spannungen mit Paris, die dadurch ausgelöst werden, kommen ihm sehr gelegen. „Nicht durch Reden und Majoritätsbeschlüsse werden die großen Fragen der Zeit entschieden, sondern durch Eisen und Blut“, hat er Anfang der sechziger Jahre vor preußischen Abgeordneten verkündet. Kriege hält der spätere Reichskanzler für ein geeignetes Mittel, wenn die europäische Ordnung auf andere Art nicht in seinem Sinne zu bestimmen ist.

Wie gut das gelingen kann, zeigt 1866 ein Waffengang gegen Österreich. Am 3. Juli schlagen preußische Truppen die österreichische Armee bei Königgrätz. Mit der Vormachtstellung der Habsburger Monarchie in Mitteleuropa ist es danach vorbei, Preußen beschert der Sieg die unumschränkte Herrschaft über Norddeutschland. Für Bismarck ist damit jedoch nur ein Etappenziel erreicht. Nun gilt es, auch Bayern, Baden und Württemberg unter preußische Führung zu bringen und den kleindeutschen Nationalstaat zu vollenden.

Mit Duldung Napoleons III. ist dieses Vorhaben allerdings kaum zu erreichen. Der französische Kaiser beobachtet ohnehin schon argwöhnisch, wie Berlin nach dem Sieg von Königgrätz im Konzert der europäischen Mächte an Einfluss gewonnen hat. Und noch etwas spricht dagegen, dass die deutsche Einheit auf friedlichem Wege gelingen kann: Die katholischen Länder jenseits des Mains finden es keineswegs attraktiv, sich der „Säbelherrschaft“ der protestantischen „preußischen Ketzer“ unterzuordnen. Mit einem Krieg und der damit verbundenen Aufwallung nationaler Gefühle wachsen jedoch die Chancen, diese Skepsis zu vertreiben.

Aus all dem zu schließen, Bismarck habe dem Nachbarland geradewegs den Krieg erklären wollen, wäre falsch. Der gewiefte Machtpolitiker möchte den Gegner so reizen, dass dieser den Waffengang beginnt. Und mit der spanischen Thronfolge bietet sich eine gute Gelegenheit.

Zunächst schickt Paris jedoch keine Soldaten, sondern nur seinen Botschafter zum preußischen König nach Bad Ems. Wilhelm I. ist für die französische Demarche gut präpariert: Die preußische Regierung habe mit der ganzen Sache nichts zu tun, lautet seine seit langem mit Bismarck abgesprochene Verteidigungslinie. Allein aus familiären Gründen sei er eingeweiht worden.

Benedetti glaubt ihm kein Wort, und auch Wilhelm I. weiß insgeheim, dass er die Krise so nicht beilegen kann. Anders als Bismarck beunruhigt ihn die heraufziehende Kriegsgefahr. Deshalb schreibt er Karl Anton im Anschluss an das Treffen, „die Lage“ zwischen Frankreich und Preußen sei „mehr wie ernst“, Leopold möge den Entschluss, nach Madrid zu gehen, nochmals überdenken. Im Hause Hohenzollern-Sigmaringen scheint man auf so ein Signal nur gewartet zu haben. „Der Gedanke eines nahen Kriegsfalls“ sei ihm unerträglich, antwortet der Fürst, sein Sohn trete die Thronfolge nicht an. Zufrieden glaubt Wilhelm I., den Konflikt beendet zu haben.

Aber die französische Regierung will mehr. Wilhelm I. soll sich nun sogar verpflichten, niemals wieder seine Zustimmung zur Kandidatur eines Hohenzollern für den spanischen Thron zu geben. Auf der Kurpromenade passt Benedetti den Preußenkönig ab, um ihm diese neue Forderung vorzutragen. So weit aber will auch Wilhelm I. Frankreich nicht entgegenkommen. Am 13. Juli 1870 wird der Vorgang Bismarck in einem ausführlichen Telegramm geschildert – der berühmten Emser Depesche.

Der preußische Ministerpräsident hat zunächst gar nicht mitbekommen, was sich da in Ems und Sigmaringen alles gegen ihn und seine Pläne zusammengebraut hat. Schon vor Wochen ist er auf sein Gut Varzin im fernen Hinterpommern gefahren. Dort bricht er am 12. Juli in frohgemuter Kriegsstimmung Richtung Berlin auf. Er will die preußische Mobilmachung vorbereiten. Mit der guten Laune ist es jedoch schnell vorbei, als er in der Hauptstadt von Wilhelms Gesprächen mit Benedetti und von Leopolds Entscheidung erfährt. „Mein erster Gedanke war, aus dem Amt zu scheiden", schreibt er in seinen „Gedanken und Erinnerungen".

Dann aber erreicht ihn die Emser Depesche, und alle Rücktrittsgedanken sind wieder verflogen. „Seine Majestät stellt Eurer Exzellenz anheim", heißt es darin, die „neue Forderung Benedettis und ihre Zurückweisung sogleich" zu veröffentlichen. Bismarck erkennt sofort, welche Chance dieser Satz ihm bietet, Napoleon III. erneut herauszufordern. Umgehend kürzt er den Bericht derart rigoros, dass die Depesche wie eine Absage an jede weitere Verhandlung mit Frankreich klingt.

Die Reaktion in Paris ist wie erwartet. Der Kaiser ist düpiert, auf den Straßen skandieren die Menschen „Nieder mit Bismarck", am 19. Juli 1870 erklärt Frankreich Preußen den Krieg. Der Waffengang, der ein halbes Jahr später zu der Proklamation des Deutschen Reiches im Spiegelsaal des Versailler Schlosses führen wird, beginnt.

Er habe nicht geglaubt, gesteht Bismarck im August 1870 dem preußischen General Albrecht von Stosch, „dass die Franzosen so rasch anbeißen würden".

„SCHREIBEN FÜR DAS WIR-GEFÜHL"

Von Bismarck geschmiert oder schikaniert, trägt die Presse der Kaiserzeit dazu bei, das Reich zu einen – und zugleich das Volk zu spalten.

Von Jochen Bölsche

Der Reichskanzler, der sich nach eigenem Eingeständnis lieber auf „Blut und Eisen" als auf „Geschwätz" verlässt, verachtet Schreiberlinge ebenso wie Parlamentarier. Journalisten hält er für staatsfeindliche „Reptilien", mindestens aber für gescheiterte Existenzen, die ihren „Beruf verfehlt" haben.

Das Medium Zeitung jedoch schätzt – und nutzt – Otto von Bismarck wie kaum ein anderer Staatsmann seiner Zeit. Um sich selbst zu heroisieren, um Propaganda zu streuen oder Desinformationen zu lancieren. Dank beispielloser technischer Innovationsschübe, von der Erfindung des Telegrafen bis hin zum Einsatz von Rotationsdruck- und Setzmaschinen, ist das Medium Zeitung während Bismarcks Amtszeit zum Massenmedium geworden; allein während der zweiten Hälfte des 19. Jahrhunderts wächst die Anzahl der deutschsprachigen Periodika von rund 1500 auf 4000.

Die „Beeinflussung der Presse" sei für die Regierung in Berlin ein „Politikum ersten Ranges" gewesen, urteilt der Historiker Thomas Nipperdey. Das gedruckte Wort war für Bismarck „immer ein zentrales Feld seiner Strategie wie Taktik".

So wie Bismarck der erstarkenden Arbeiterbewegung mit dem Zuckerbrot der Sozialgesetze und mit der Peitsche des Sozialistengesetzes zu begegnen versucht, bestimmt eine Zangenstrategie auch seinen Umgang mit der Presse: Wer nicht für ihn ist, wird gekauft; wer nicht käuflich ist, wird kujoniert. Das Gros der Zeitungen folgt schließlich dem Kurs des märkischen Junkers. Seit dem Rausch der Reichsgründung jubeln ihm die Skribenten zu, weil er die begehrte Einheit mit militärischen Mitteln und diplomatischer Ranküne herbeigezwungen hat.

Typisch für die von Historikern konstatierte allmähliche „Verbismarckung" des liberalen Bürgertums und seiner Presse ist der politische Weg des Schriftstellers Theodor Fontane. Noch 1848 hat er Mut vor Fürstenthronen gezeigt und als „rother Republikaner" für die Selbstbestimmung des Volkes gefochten. Bald aber lässt er sich als preußischer Regierungsjournalist anheuern: „Ich habe mich heute der Reaction für 30 Silberlinge im Monat verkauft", schreibt Fontane 1851 an seinen Freund Bernhard von Lepel.

Fortan huldigt der einstige Liberale dem halbfeudalen Bismarck-Staat und stilisiert den schwachen Wilhelm I. zum Barbarossa-Nachfolger „Kaiser Weißbart" empor. Bedacht auf die Stärkung des Reiches, betont er freilich, es sei wichtig, die Herzen der einverleibten Elsässer und Lothringer zu gewinnen durch „Lehre, Wissenschaft, Predigt, Lied". Anders als er höhnen Blätter wie die „Augsburger Allgemeine Zeitung" über Forderungen nach einer Volksabstimmung jenseits des Rheins: „Hübsch! Die Kinder sollen abstimmen, ob sie Kinder ihrer Mutter seien!" Auch sonst unterscheidet sich Fontane durch sein schriftstellerisches Format und verbliebene Skrupel von anderen Wendehälsen – jenem Typus, den Gustav Freytag 1852 in seinem Lustspiel „Die Journalisten" in der Figur des Schmock verewigt hat. Schmock, seither Synonym für korrupte Journalisten, lässt er bekennen: „Ich habe geschrieben links, und wieder rechts. Ich kann schreiben nach jeder Richtung."

Immer wieder lässt Bismarck Mittel aus schwarzen Kassen fließen, um Verleger und Schreiber zum Mitjubeln zu bewegen. Mit Geld aus dem sogenannten Reptilienfonds – das Wort wird 1869 geprägt – finanziert er eine Reihe der seinerzeit einflussreichsten Publikationen.

Nach einer schweren Wahlniederlage der Konservativen und Nationalliberalen im Jahre 1881 etwa erscheinen als Beilage zur ländlichen Heimatpresse plötzlich die „Neuesten Mittheilungen": geschickt aufbereitete Regierungspropaganda, deren Herkunft und Finanzierung konsequent verschleiert werden. Die Gazette löst die bereits 1863 gestartete konservative „Provinzial-Correspondenz" (PC) ab, die laut einer Analyse der Staatsbibliothek Berlin eine ähnlich „herausragende publizistische Rolle" spielte –

als „agenturähnliche Korrespondenz, amtliches Anzeige-, Publikations- und Dokumentationsorgan und wöchentliche Beilage der Kreisblätter".

Als Bismarcks Sprachrohr hat die „PC" so die 1863 erlassene „Preßverordnung" zur Knebelung preußischer Zeitungen gerühmt: Das Gesetz sei „nicht etwa aus despotischem Gelüst, sondern aus Wohlmeinung für den Thron und das Land hervorgegangen". Die Einschränkung der Pressefreiheit, so die Speichellecker Ihrer Majestät, sei notwendig zur „Zurückführung der aufgeregten und verirrten Gemüther zur Ordnung, Gesetzlichkeit und Mäßigung".

Schon bald steht Bismarck ein kunstvoll konstruiertes System der Meinungslenkung zur Verfügung. Dazu zählen neben den geschmierten Redaktionen auch ein „Literarisches Büro" im Innenministerium, ferner das regierungsnahe Wolffsche Telegrafenbüro, eine Garde von „Leibjournalisten" und spezielle Agenten etwa zur Beeinflussung der süddeutschen Presse. Dieses Instrumentarium bewährt sich beispielsweise im deutsch-französischen Krieg. Die Darstellung dieses Krieges in Zeitungen und Grafiken, auf Gemälden und Panoramen erweist sich nach der Reichsgründung in Versailles als „Geburtshelfer des Nationalstaats", wie der münstersche Historiker Frank Becker urteilt. Die immer wieder reproduzierte Heldensaga von den vereint siegenden Söhnen der zuvor getrennt marschierenden deutschen Stämme wird zum Kern des deutschen Einigungsmythos.

Der Reptilienfonds

Nach der Annexion Hannovers beschlagnahmt Bismarck das Privatvermögen des abgesetzten Königs Georg V., um es unter dem Vorwand, damit welfische Umtriebe zu bekämpfen, für eigene politische Zwecke einzusetzen. Dem Verdacht, der Geheimfonds diene vor allem der Korrumpierung der Presse, hielt Bismarck 1869 entgegen, die Mittel würden verwendet, um „bösartige Reptilien zu verfolgen, bis in ihre Höhlen hinein". Im Sprachgebrauch der Bismarck-Kritiker erfährt das Wort Reptilien eine Umdeutung: Es dient als Synonym für kriecherische, regierungsfromme Soldschreiber.

Beckers Kollege Christian Rak vom Tübinger Uni-Sonderforschungsbereich „Kriegserfahrungen“ hat anhand der Aufzeichnungen von Feldgeistlichen nachgewiesen, wie sehr die offiziellen Kriegsdarstellungen jener Jahre von der Kriegsrealität abweichen. Dieselben Pastoren, die in Briefen an Verwandte die grausame Wirklichkeit ungeschönt schildern, schwärmen „wie Kriegsberichterstatter“ vom „Zusammenstehen der Kameraden bis in den Tod“, wenn ihre Texte für Vorgesetzte oder für Zeitungen bestimmt sind.

Karikaturen und Gemälde zeigen das neue Deutschland stereotyp als „heil‘ge, reine“ Mutter Germania, mit blankem Schwert und schimmernder Brustwehr. Der welsche Feind erscheint mal als dürrer, feminisierter Lüstling, der von Germania im Tanz erdrückt wird, mal als fetter Schoßhund, der über ihre Klinge springt. „Die Nation entsteht in Abgrenzung gegen die Feinde“, weiß Rak.

So trägt die Presse dazu bei, dem von Bismarck aus 25 Staaten und Kleinstaaten geformten Reich allmählich zu einer eigenen Identität zu verhelfen – wenngleich das neue Wir-Gefühl im Laufe der Zeit zunehmend imperialistisch getönt ist und gegen Ende der Bismarck-Ära mehr und mehr mit blankem Chauvinismus und offenem Antisemitismus einhergeht.

Während die Presse – nicht zuletzt mit hasserfüllter Polemik gegen den „Erzfeind“ Frankreich – das Reich eint, dividiert Bismarck mit ihrer Hilfe das Volk auseinander. Mit „geradezu pathologischem Hassbedürfnis“ (so der Historiker Lothar Gall) verfolgt er nun Gegner und Kritiker im Innern, vom politischen Katholizismus über nationale Minderheiten wie Polen und Dänen bis hin zu den angeblich vaterlandslosen Sozialdemokraten, die vom Reichskanzler als „Reichsfeinde“ geschmäht werden.

Als der Lotse Bismarck 1890 von Kaiser Wilhelm II. von Bord gejagt wird, hinterlässt er ein zwiespältiges politisches Erbe. Die bürgerliche Mehrheit in den zum Reich vereinten einstigen Kleinstaaten fühlt und denkt – nicht zuletzt aufgrund der anhaltenden Berieselung durch die Bismarck-Presse – mittlerweile deutschnational. Hunderte von Bismarck-Denkmälern, Bismarck-Türmen und Bismarck-Säulen werden für den Fürsten errichtet, der selbst als Ruheständler im Sachsenwald bei Hamburg sein Mediennetzwerk zur Selbstvermarktung und zur Mythenbildung nutzt.

Im Zentrum steht nun der hanseatische Verleger Emil Hartmeyer, der stolz darauf ist, Bismarck „das gesamte weiße Papier der ‚Hamburger Nachrichten' zur Verfügung" zu stellen. Bismarck lässt seine Texte als redaktionelle Meinungsäußerungen tarnen, um keine Rückschlüsse auf den Urheber zuzulassen.

Unterdessen ist das Volk durch Bismarcks Kampagnen gegen Linke und Linksliberale, religiöse und nationale Minderheiten tief gespalten – was sich 1895 zeigt, als der Reichstag einen Antrag, dem Fürsten eine Grußbotschaft zu dessen 80. Geburtstag zu schicken, mit der Stimmenmehrheit von Linksliberalen, Zentrum und Sozialisten sowie Vertretern der Polen, Welfen und Elsässer abschmettert. Die Zeitungen der Konservativen und Nationalliberalen, die Bismarck mittlerweile in pseudoreligiösen Feiern („Horch, Weihegesang! Horch, Waffenklang") zum Symbol der „Einheit" und „Stärke" des Reichs verklären, reagieren mit antiparlamentarischen Ausfällen und hasserfüllten Attacken.

Nach Bismarcks Tod kommt der Chauvinismus vollends zur Blüte. Den Ton geben Bürgerliche an wie Bismarcks politischer Ziehsohn Diederich Hahn, niederelbischer Junker-Lobbyist und fanatischer Judenhasser, Direktor des Bundes der Landwirte und Vorbild für die Figur des Diederich Heßling in Heinrich Manns Roman „Der Untertan" – ein schneidiger Säbelrassler, der am liebsten die Hufe der kaiserlichen Kutschpferde geküsst hätte.

Hat Bismarcks Innenpolitik die Weichen dazu gestellt? „Keine Mahnung des Gründerkanzlers rief die Antisemiten in den siebziger und achtziger Jahren seines Jahrhunderts zur Vernunft", konstatiert der Publizist Klaus Harpprecht. Pazifistische und humanistische Gegenkräfte waren neutralisiert, eine „fortschreitende Demokratisierung des Reichs blockiert", der deutsche Liberalismus „gründlich korrumpiert".

Für das heraufdämmernde 20. Jahrhundert ließ das kaum Gutes erwarten.

AUFBRUCH INS MÄRCHENLAND

Im 19. Jahrhundert suchten Literaten, Komponisten, Architekten und auch Herrscher in den germanischen Heldengeschichten und in der Ästhetik des Mittelalters den Ursprung der eigenen Identität.

Von Susanne Beyer

Sie hatten auf einmal ihre Leidenschaft fürs Mittelalter entdeckt, für Minnesänger und deren Heldengeschichten. Mit philologischem Feuereifer sammelten die bedeutenden Literaturprofessoren Johann Jakob Bodmer und Johann Jakob Breitinger mittelhochdeutsche Lyrik. Sie gaben eine aufwendige und über Jahrzehnte gültige Minnesang-Anthologie heraus und auch eine Ausgabe von „Chriemhilden Rache, und die Klage“. Doch so sehr sie an mögliche Leser appellierten, sich mitreißen zu lassen von der Begeisterung für den Minnesang, die Vorurteile über das Mittelalter aufzugeben und bei der Lektüre der Verse zu erkennen, dass die damaligen Dichter keineswegs Barbaren waren – sie hatten wenig Erfolg.

1778 gestand Bodmer in einem Brief: „Zum Manessischen Codex hab ich nicht 6 Subscribenten in Deutschland aufgejagt.“ Und 1781 beklagte er sich: „Alle meine Bemühungen haben das Aufsehen und den Beyfall unsrer Dichter nicht erhalten können. Ein ganzer Theil der reichen und schönen manessischen Sammlung liegt in der Verleger Gewölben und Chriemhildens Rache beynahe ganz. Ich bin zu frühe in die Welt gekommen.“

Das stimmte. Bodmer und Breitinger waren ihrer Zeit voraus. Sie teilten ihre Lust am Mittelalter zwar mit einigen Literaten, Kritikern und Gelehrten in Deutschland und auch in England, wo 1764 die erste „Gothic Novel“ erschien, und doch blieben die meisten Menschen im Zeitalter der Aufklärung skeptisch gegenüber dem Mittelalter.

Doch schon am Anfang des 19. Jahrhunderts wimmelte es auf einmal in der Unterhaltungs- und Hochliteratur von Burgen, Minnesängern und kühnen Recken, das vermeintlich Dunkle des Mittelalters löste wohlige Schauer aus. Erstaunt schrieb der Dramatiker Heinrich von Kleist am 14. September 1800 nach dem Besuch einer Würzburger Leihbücherei an seine Braut: „Rittergeschichten, lauter Rittergeschichten, rechts die Rittergeschichten mit Gespenstern, links ohne Gespenster, nach Belieben."

Das Interesse nicht nur an Spuk und Waffengängen, sondern an wahrhaftigen Überlieferungen war eine Reaktion auf Napoleons Griff nach der Weltmacht. Nun regte sich das Bedürfnis, den Franzosen etwas entgegenzusetzen und im Mittelalter den Ursprung der eigenen Nation, der eigenen Identität zu erkennen. Die Menschen suchten nach geistiger Zusammengehörigkeit, nach einer gemeinsamen kulturellen Vergangenheit, die sie literarisch und auch wissenschaftlich aufarbeiteten und zum Fundament für einen neuen Patriotismus machten.

Vor allem die Dichter der deutschen Romantik beargwöhnten französische Einflüsse und setzten etwa der Säkularisierung eine religiöse Inbrunst entgegen. Sie misstrauten dem Gebot der Vernunft, das seit der Aufklärung die Geisteswelt bestimmte, und begaben sich auf die Suche nach verborgenen Ängsten und Träumen. Auf diese Weise definierten sie, was sie als typisch deutsch empfanden: Innigkeit und Tiefe, Empfindsamkeit, Gottgläubigkeit und Tapferkeit – für all diese angeblich deutschen Tugenden fanden sie Vorbilder in den germanischen Heldensagen.

Goethe-Freund Heinrich Meyer schrieb einen Aufsatz über die „Neu-deutsche religiös patriotische Kunst", die sich „während der Epoche feindlichen Drucks und Kränkungen durch ganz Deutschland" verbreitete und sich durch eine „Vorliebe für alles Alt-Nationale" auszeichnete. Johann Gottfried Herder appellierte an seine Landsleute: „Der Französische Parnaß ist zerstört, der Italienische ist lange dahin, der Britische trägt mäßige Früchte, laßet uns unsre eignen Aecker, die Felder unsrer Väter und Urväter bauen; hier blühet uns Glück."

Dieser Aufforderung kamen neben den Dichtern auch die Germanisten nach. Die Brüder Grimm gaben alte deutsche Märchen heraus; Wilhelm Grimm sah in diesen Volksepen „ein großes alles umfassendes Bild der deutschen Vorzeit, von den größten Heldenthaten und Kriegen bis zum häuslichen Leben herab". August Wilhelm Schlegel dachte ähnlich und formulierte 1806 angesichts der napoleonischen Besatzung in Deutschland, es sei gerade jetzt, in einer Zeit, da Deutschlands „nationale Selbständigkeit, ja die Fortdauer des deutschen Namens so dringends bedroht wird", die Aufgabe des Dichters, Stoffe zu bearbeiten aus „Epochen der deutschen Geschichte, wo gleiche Gefahren uns drohten, und durch Biedersinn und Heldenmuth überwunden wurden".

Vor allem einer unter den Romantikern brauchte keinen Ansporn, um sich in die Welt des Mittelalters zu versenken, es war Ludwig Tieck. Er spürte alte Volksbücher und Märchen auf und dichtete sie so um, dass sie neu verstanden werden konnten. Tieck widmete sich der Edition des Nibelungen-Epos und brachte einen epochemachenden Band mit „Minneliedern aus dem Schwäbischen Zeitalter" heraus. Für den Minnesang interessierte sich ein breites Publikum, denn die Kunst der mittelalterlichen Meistersinger galt als Vorläufer der aktuellen romantischen Liedästhetik.

Unter den Epikern machte sich Friedrich Baron de la Motte Fouqué einen Namen. Fouqué (1777 bis 1843) erdachte abenteuerliche, märchenhafte Geschichten, schilderte eine phantastische Ritterwelt und höfische Pracht. Sein Idealbild war der dichtende Ritter, und er versuchte diesem Ideal selbst nahezukommen. Die Gelegenheit dafür ergab sich für ihn in der Zeit von 1813 bis 1815, in der „Leyer und Schwert"-Zeit der Befreiungskriege von der napoleonischen Herrschaft. Voller Enthusiasmus stürzte Fouqué sich in das Kriegsgeschehen. Obwohl er in einer kalten Nacht mit seinem Pferd in einem Wassergraben landete und sich dabei eine langwierige Krankheit zuzog, blieb seine Begeisterung für den Krieg und fürs Vaterland ungebrochen.

Im Oktober 1813 endete mit der Völkerschlacht bei Leipzig die napoleonische Herrschaft in Deutschland. Dennoch wirkten Romantik und Mittelalterbegeisterung noch weit ins 19. Jahrhundert hinein. Es war Richard Wagner, der 1813 schon zum Ende der literarischen Hochromantik erst geboren wurde, der mit seinen musikalischen Bühnenstücken, in denen er meistens früh- und mittelalterliche Motive aufgriff, die Begeisterung für die ferne Epoche noch einmal kräftig anfachte. Wieder wurde sie getragen von der Sehnsucht nach nationaler Größe.

Wagner hatte sich inspirieren lassen von der Fülle mittelhochdeutscher Texte, die von Literaten und Wissenschaftlern in der ersten Hälfte des 19. Jahrhunderts entdeckt, überarbeitet und herausgebracht worden waren. Der Komponist fand, dass für eine Oper nicht die Originalquelle, nicht der tatsächliche historische Vorgang, sondern vielmehr der Mythos entscheidend sei.

So wurden seine Opern – „Der Ring des Nibelungen“, „Lohengrin“ oder „Tristan und Isolde“ – zu Verwirrspielen aus echter und imaginierter Geschichte. Die meisten seiner Zeitgenossen durchschauten dieses Spiel nicht und nahmen zum Beispiel seine „Meistersinger von Nürnberg“ als „ein Stück altdeutschen Lebens“ wahr, in dem sich „realistische Wahrheit und nationale Wärme“ zeige, wie ein Kritiker nach der Uraufführung im Jahr 1869 schrieb.

Wagners Bühnenstücke kamen auf doppelte Weise an: Sie konnten dazu verhelfen, aus den Mühen des Alltags in eine phantastische Vergangenheit zu fliehen, aber auch dazu anspornen, aus der imaginierten Vergangenheit Kraft zu schöpfen und im Hier und Jetzt nach Größe, nach Absolutheit zu streben, Vernunft und menschliches Maß zu sprengen.

So lieferte der Leipziger die passende Begleitmusik für das Ende des 19. Jahrhunderts, als im Zuge der Industrialisierung die Moderne mit all ihren Widersprüchen aufbrach. Die auseinanderstrebenden Kräfte zusammenzuhalten, dafür konnte die mythische Heldenwelt dienlich sein – als Identifikationsort, zumindest für eine Weile.

Zu denjenigen, die sich in Wagners Vergangenheitszauber flüchteten, zählte der bayerische König Ludwig II. (1845 bis 1886). Er wollte für sich eine Art mittelalterliches Gotteskönigtum etablieren, und da er davon überzeugt war, dass Wagner in seinen Werken faktische Geschichte bearbeitet hatte, baute er nach dem Vorbild der Bühnenbilder ganze Schlösser, die dann als Kulisse für seine Idealherrschaft dienten – und heute in der architektonischen Übersteigerung mittelalterlicher Elemente weltweit als Inbegriff des Deutschen gelten.

Am 13. Mai 1868 schrieb Ludwig dem 54-jährigen Richard Wagner: „Ich habe die Absicht, die alte Burgruine Hohenschwangau bei der Pöllatschlucht neu aufbauen zu lassen im echten Styl der alten deutschen Ritterburgen." Er freue sich jetzt schon, Wagner als „angebetenen Gast" dort begrüßen zu können. Das Schloss solle „ein würdiger Tempel für den göttlichen Freund" sein, „durch den einzig Heil und wahrer Segen der Welt erblühte. Auch Reminiscenzen aus ‚Tannhäuser' und ‚Lohengrin' werden Sie dort finden".

Tatsächlich wurde Schloss Neuschwanstein äußerlich nach einem Bühnenbild des zweiten Akts der Wagnerschen Oper „Lohengrin" entworfen, im Inneren fanden sich Elemente aus dessen „Tannhäuser". Ludwigs mächtigen Kritikern galt die Bauwut als Beleg für Realitätsverlust. Am Ende wurde er vom bayerischen Kabinett entmündigt, musste die Regierungsgeschäfte abgeben und starb 1886 auf ungeklärte Weise im Starnberger See.

In dessen Todesjahr brachte Felix Dahn in einem Gedicht Ludwigs Mittelalterbegeisterung und sein tragisches Schicksal zusammen:

Es steht ein Schloß auf stillen Bergeshöh'n
Wie Dichtertraum, wie Königswunsch so schön;
Ein Schlafgemach wie für Held Lohengrin,
Ein Lehensaal, drin könnte Roland knien,
Wie für Tannhäusers Lied ein Sängersaal,
Ein Trinksaal wie für Rodensteins Pokal.

(...)

Zugbrück' und Graben schließt die Felsburg ein –
Und dennoch drang ein stummer Gast hinein;
Der Wahnsinn glitt in den umtürmten Ort
Und trug den königlichen Burgherrn fort!

Die deutschen Kaiser waren ein wenig nüchterner, bedienten sich aber ebenfalls mittelalterlicher Symbole, um ihre Herrschaft zu stabilisieren. Wilhelm II. (1859 bis 1941) war wie der 14 Jahre ältere Ludwig von den Ideen eines romantischen Königtums beseelt. Er ließ im Elsass, das seit 1871 zum Reich zählte, die Hohkönigsburg bei Schlettstadt nach spätgotischen Grundsätzen wiedererrichten.

Mit der Restaurierung der Burg wollte er auf die jahrhundertelange deutsche Geschichte im Elsass verweisen und damit die Legitimität der neuen deutschen Herrschaft begründen.

Der Monarch beauftragte den Architekten Bodo Ebhardt mit der Rekonstruktion. Ebhardt erforschte in Archiven den ursprünglichen Zustand der Hohkönigsburg zur Zeit der Gotik und idealisierte dann den mittelalterlichen Bauplan. Er versah die Burg mit fünf Toren, Zwinger und Brunnen. Zur Einweihungsfeier im Mai 1908 reisten Majestät persönlich an, und es wurde ein pseudomittelalterliches Schauspiel mit kostümierten Komparsen gegeben. „Eine feste Burg – ein festes Reich" lautete der Wappen- und Heroldsspruch.

Wilhelm II. sorgte für eine wahre Denkmalmanie im Reich. In seiner Amtszeit entstanden weit über tausend Monumente, viele von ihnen waren mit mittelalterlichen Attributen versehen und wurden so zu weithin sichtbaren Zeichen der Erinnerung an die Vergangenheit und an die nationalen Mythen. Mehrere hundert Denkmäler zeigten Kaiser Wilhelm selbst und wiederum mehrere hundert Reichskanzler Bismarck, der die Einheit der Nation zustande gebracht hatte. Von über 700 beabsichtigten Bismarckdenkmälern – Standbildern, Büsten, Gedenksteinen, Reliefs – wurden immerhin über 550 realisiert.

Das größte Bismarckdenkmal entstand auf dem Mühlenberg am Millerntor in Hamburg. Im Juni 1901, drei Jahre nach Bismarcks Tod, wurde ein Wettbewerb für dieses Denkmal ausgeschrieben, und der erste Preis ging im Januar 1902 an den Bildhauer Hugo Lederer und den Architekten Emil Schaudt für das Entwurfsmodell „Dankesopfer", das Bismarck als reckenhaften Rolandriesen zeigte, der auf einem wuchtigen Unterbau steht. Das Urteil des Preisgerichts lautete: „Jene Auffassung verkörpert die sich im Volksbewusstsein allmählich vollziehende Steigerung der Gestalt Bismarcks ins Heldenhafte. Die Schwierigkeiten, welche die Tracht unserer Zeit in einem Kolossalbilde bereiten, sind hier durch die mittelalterliche Rüstung vermieden."

1898 beschloss die Deutsche Studentenschaft, „Bismarcksäulen" mit „ehernen Feuerbehältern" zu errichten. Der Aufruf der Studentenschaft lautete: „Wie vor Zeiten die alten Sachsen und Normannen über den Leibern ihrer gefallenen Recken schmucklose Felsensäulen auftürmten, deren Spitzen Feuerfanale trugen, so wollen wir unserm Bismarck zu Ehren auf allen Höhen unserer Heimat, von wo der Blick über die herrlichen deutschen Lande schweift, gewaltige granitene Feuerträger errichten. Überall soll, ein Sinnbild der Einheit Deutschlands, das gleiche Zeichen erstehen, in ragender Größe."

Der Bau von Monumenten, das war die Emphase. Aber auch mittelalterliche Ruinen, Schlösser, Kirchen, Stadttore und Türme wurden restauriert und von Fachleuten der neu entstandenen Disziplin der Denkmalpflege inventarisiert und geschützt. Und schließlich wurden auch neue Baudenkmäler errichtet, nicht nur Schlösser wie Neuschwanstein, sondern auch historistische Anlagen wie etwa Carl Schäfers Marburger Universitätsgebäude oder Ruinen, die im Sinne einer vermeintlichen oder tatsächlichen Bauintention vollendet wurden: große Dome wie der Kölner (1880), aber auch Burgen am Rhein. Die Architekten imitierten alte Stilformen, um den Betrachtern Tradition und Kontinuität zu vermitteln. Neogotik und Neoromanik eroberten die Stadtbilder.

So schlugen die Kölner 1911 eine neue Eisenbahnbrücke über den Rhein, die auf den gotischneugotischen Dom ausgerichtet war. Die Brücke wurde aus modernem Eisenfachwerk konstruiert, an ihren beiden Enden aber war sie mit neoromanischen Toranlagen verziert, davor standen jeweils zwei Reiterstandbilder mit Hohenzollernmonarchen.

Das Neue durch das Alte zu legitimieren, zu diesem Zwecke war im Jahr 1896 auch das Kyffhäuserdenkmal eingeweiht worden, das

Kyffhäuser-Denkmal

Der Sage nach schläft der mittelalterliche Kaiser Barbarossa im Mittelgebirgsmassiv Kyffhäuser in Thüringen. Als 1871 der weißbärtige Wilhelm I. Kaiser des neuen deutschen Reiches wurde, kürten ihn seine Anhänger bald als „Barbablanca" zum Wiedergänger des Staufers. Der Reichstag beschloss nach Wilhelms Tod den Bau einer Erinnerungsstätte auf dem Kyffhäuser; sie wurde 1896 eingeweiht.

an die Barbarossasage erinnerte und eine Verbindung zwischen dem hochmittelalterlichen Herrschergeschlecht der Staufer und den neuen Herrschern, den Hohenzollern, herstellte.

So waren in hundert Jahren mittelalterliche Türme, Tore, Verse, Heldenstoffe zum Inbegriff des Deutschen geworden. Eine Nation suchte sich selbst, und bei dieser Suche, so zeigte sich, war alles möglich: mit der Vergangenheit zu spielen, sich an fremd-vertrauten Reimen und Klängen und an der Klarheit der Formen, dem Ebenmaß gotischer und romanischer Architektur zu ergötzen. Es war aber auch möglich, Macht zu sichern und auszubauen. Und es war möglich, im Wahn zu versinken.

LEBT DENN DER ALTE HOLZMICHEL NOCH?

Der „Wander-Forscher" Wilhelm Heinrich Riehl entfacht eine kollektive Waldschwärmerei und wird zum Wegbereiter des Naturschutzes, aber auch des Nationalismus.

Von Jochen Bölsche

Der Professor hasst „Stubensitzer" wie die Pest. Er selbst, der die Wechselwirkungen zwischen Land und Leuten ergründen will, betreibt Feldforschung im Wortsinne – in Feld und Flur, im Wald und auf der Heide. Wie kaum ein anderer Wissenschaftler des 19. Jahrhunderts durchmisst Wilhelm Heinrich Riehl sein Fachgebiet vagabundierend und lesend zugleich. Wortgewaltig mokiert er sich über weniger vielseitige Kollegen: „Es gibt Volksforscher, die blasen vortrefflich, können aber das Reiten nicht vertragen: das sind die Stubengelehrten; es gibt andere, die reiten prächtig über Berg und Tal, haben aber das Blasen schlecht gelernt und kommen im Galoppieren aus dem Ton und Takt: das sind die Touristen."

Vor allem der Wald hat es dem „Wander-Forscher" angetan, der vom Meer bis zum Alpenrand den Glauben und Aberglauben des Volks, dessen Bräuche und Mythen erkundet. Allein der Wald, schwärmt er, „lässt uns Kulturmenschen noch den Traum einer von der Polizeiaufsicht unberührten persönlichen Freiheit genießen. Ja, ein gesetzter Mann kann daselbst noch laufen, springen, klettern nach Herzenslust, ohne dass ihn die altkluge Tante Schicklichkeit für einen Narren hält". Dabei verdient der 1832 bei Wiesbaden geborene studierte Theologe seinen Lebensunterhalt in der Stadt: als Theaterdirektor in Wiesbaden, als Redakteur in Augsburg, als Rektor der Universität und Generalkonservator der Altertümer Bayerns in München.

Im Jahre 1856 postuliert Riehl ein „Recht der Wildnis" – eine Forderung, die ihm 150 Jahre später den Ruf einbringen wird, ein „Wegbereiter des modernen Naturschutzes“ gewesen zu sein, wie 2006 die Verwaltung des Nationalparks Harz den altgrünen Pionier feiert. In den Augen der Nachgeborenen sollten Riehls Verdienste als Vorkämpfer der Nationalparkidee allerdings durch ein negatives Prädikat überlagert werden: Der Waldschwärmer und Begründer der Volkskunde gilt manchem zugleich als einer der Vordenker der Nazi-Ideologie.

Bei genauerem Hinsehen aber, so die Augsburger Riehl-Forscherin Andrea Zinnecker, sei es dem Wandergelehrten „um die, modern gesprochen, ökologische Schutzfunktion des Waldes“ gegangen, auch wenn er „reale Sachverhalte irrationalisiert“ habe. Die Vieldeutigkeit seiner Texte habe sich jedoch für einen Missbrauch von Riehl-Worten durch die Nazis geradezu angeboten.

Tatsächlich weisen Riehls Lehre von den Wechselbeziehungen zwischen „Land und Leuten“ und der Nazi-Glaube an „Blut und Boden“ auf den ersten Blick mancherlei Schnittmengen auf. In Riehls Werk reiht sich Weises an Wirres. Fragwürdig etwa wirkt seine pauschale Charakterisierung komplexer sozialer Gebilde wie der Stadt. Der Erzkonservative, in Bayern geadelt und zum Geheimrat befördert, sieht in urbanisierten ländlichen Zonen Brutstätten von „heimat- und besitzlosen Aposteln des Umsturzes“ und einen „Nährboden für den socialistischen Geist der Gleichmacherei“.

Ganz anders der geliebte Wald. Ihn samt der Waldbauern verklärt Riehl nicht nur zum Symbol urdeutscher Tugenden, sondern auch zum Garanten der Zukunft: „Ein Volk,“ schreibt er, „muss absterben, wenn es nicht mehr zurückgreifen kann zu den Hintersassen in den Wäldern, um sich bei ihnen neue Kraft des natürlichen, rohen Volkstumes zu holen.“

Riehls Schriften finden reißenden Absatz. Volksschullehrer tragen die Waldschwärmerei in den Unterricht, Lehrbücher und Festredner greifen das Thema auf. Der Waldideologe, so erweist sich, hat den Nerv der Zeit getroffen. Der aufkommende Nationalismus verlangt nach Nationalsymbolen – und der Wald, schon von dem römischen Historiker Tacitus im Jahre 98 nach Christi Geburt in der „Germania“ als Wesensmerkmal des Landes beschrieben, kommt da gerade recht.

Der Boden für die Waldbegeisterung der Deutschen war bereits ein Jahrhundert zuvor bereitet worden. Schriftsteller und Liedermacher priesen die „Waldeslu-hu-hust", und 1797 prägte Ludwig Tieck den Begriff „Waldeinsamkeit", der, wie die Gebrüder Grimm festhielten, zum „Schlagwort der Romantik" reüssierte.

Die Romantisierung des Walds war schon damals, so der Historiker Albrecht Lehmann, „eine Erfindung von Stadtbewohnern, von Dichtern und Malern", die damit eine „Erfahrung des Verlustes" zu verarbeiten trachteten: Natürliche Wälder waren in weiten Teilen Europas, vom schottischen Bergland bis zum Mittelmeer, längst unwiderruflich abgeholzt worden.

Der Nationalsozialismus übernahm aus dem umfangreichen, auch in sich widersprüchlichen Riehlschen Erbe den bornierten Glauben, ein waldreiches Land wie Deutschland produziere eine höherwertige Rasse als etwa das waldarme Frankreich. Nazi-Ideologen wie Hermann Göring und Heinrich Himmler machten den Wald zum „genuinen Sinnbild germanischdeutscher Kultur" und zur „offiziell sanktionierten Grundlage der NS-Politik", wie Johannes Zechner vom Deutschen Historischen Museum in Berlin nachgewiesen hat. Zechner: „Mit den ihm zugeschriebenen Prinzipien der Unveränderlichkeit, Ungleichheit und Unterordnung verkörperte der ‚Deutsche Wald' das Gegenbild zur Gesellschaftsordnung der Französischen Revolution mit ihren Werten von Demokratie und Menschenrechten."

So ließ das Hitler-Reich – zum Teil bis heute erhaltene – „Hakenkreuzwälder" pflanzen und einen Film mit dem Titel „Ewiger Wald" drehen. Der Wald wurde, so Zechner, zur „ideologischen Chiffre für eine Vielzahl modernitätsfeindlicher, nationalistischer, rassistischer und biologistischer Denkmuster".

So sehr identifizierte die NS-Propaganda das deutsche Volk mit dem Wald, dass NS-Gegner den Vergleich aufgriffen und abwandelten, um ihrerseits die Deutschen zu charakterisieren. Der französische Autor Michel Tournier etwa beschrieb die Holzplantage deutscher Art als eine „Zwangsgemeinschaft", die an Konzentrationslager erinnere. Tournier: „Die Waldluft ist gesättigt vom Hass der Pflanzen." Und in seinem Buch „Masse und Macht" charakterisierte Elias Canetti den deutschen Michel 1960 mit den Worten:

„Das Massensymbol der Deutschen war das Heer. Aber das Heer war mehr als das Heer: Es war der marschierende Wald." Canettis Buch ist ein halbes Jahrhundert alt. Und heute? Lebt denn der alte Holzmichel noch?

Womöglich haben Reste der einst von Riehl gesäten Waldverliebtheit dazu beigetragen, dass die Deutschen in den achtziger Jahren auf die ersten Anzeichen großflächiger Waldschäden durch Luftverschmutzung besonders beherzt reagiert haben. Mittlerweile aber scheint der Wald politisch out. Der allgemeine Prozess der Individualisierung, mutmaßt der Volkskundler Lehmann, habe zu einer „Abwertung des Symbols ‚Wald' und einer Aufwertung der Bäume als Einzelwesen" geführt. Heute, konstatiert die „Süddeutsche Zeitung", sei es nur mehr „ein Vorurteil bei den angrenzenden Nationen, dass die Deutschen ein waldverliebtes Volk seien".

Beleg: Knapp 110 Jahre nach dem Tod des Waldideologen Riehl im Jahre 1897 ergab eine Umfrage unter zehnjährigen Schülern in Hamburg, dass jeder fünfte von ihnen noch niemals einen Wald betreten hat.

SPOTT IM EXIL, UND UMGEKEHRT

Mit einer Scharfsicht, die ihresgleichen sucht, sezierte der deutsche Dichter Heinrich Heine von Paris aus die Zustände in seinem Vaterland.

Von Elke Schmitter

Die längste Zeit seines bewussten Lebens war Heine draußen. Er ging 1831 mit Anfang dreißig nach Paris und blieb dort bis zu seinem Tode 1856; Deutschland, das Vaterland, war ein Besuchsziel. Wie weit er jemals drinnen war, ist ohnehin schwer zu sagen: Kann ein jüdisch geborener Händlersohn, aus Anpassungsdruck katholisch erzogen, aus Ehrgeiz protestantisch getauft, jemals ganz dazugehören? Kann ein Außenseiter mit Selbstbewusstsein, ein empfindsamer Mensch mit Stolz, einer Ständegesellschaft angehören? Könnte ein wacher politischer Kopf, der buchstäblich nichts zu verlieren hat, die deutsche Restaurationszeit ohne Verkrümmung überstehen?

Heine hat seine Zeitgenossen, seine zeitweiligen Weggefährten in Paris gelesen und empfangen, hat ihre Biografien verfolgt oder, wie im Fall Ludwig Börnes, sogar geschrieben: Es war nicht viel Ermutigendes dabei. Ob langjährige Freunde wie Rahel Varnhagen von Ense und ihr Mann, ob kurzfristige Bundesgenossen wie Börne oder Arnold Ruge, ob solide Feinde wie August Graf von Platen-Hallermünde oder die entfernten Bekannten des Vormärz, Georg Herwegh, Franz von Dingelstedt, Ferdinand Freiligrath: Tiefe Depression wechselte mit enthusiastischem Wahn, anhaltende Revolutionssehnsucht mit Feigheit im Augenblick, unsichere persönliche Brüderschaften mit absurden politischen Koalitionen. Und schließlich dachten sie alle, und schrieben das, was sie dachten, unter den Bedingungen der Zensur.

Das verdarb vielleicht nicht den Charakter, aber doch mit Sicherheit den Stil: „Der Mann", heißt es bei Heine über den Frankfurter Publizisten, Ratsherren und gescheiterten Politiker

Börne, „der sich, in seiner anständigen, geschniegelten Schreibart, immer selbst inspizierte und kontrollierte und der jede Silbe, ehe er sie niederschrieb, vorher abwog und abmaß …“ Dieser ach so Vorsichtige und Genaue, der schließlich doch, von der politischen Schwärmerei erfasst, in edler Einheit von Gedanken und Sprache endlich ein Delikt machen wollte – „der ehemalige Polizeiaktuar von Frankfurt am Main stürzte sich jetzt in einen Sanskulottismus des Gedankens und des Ausdrucks, wie man dergleichen in Deutschland noch nie erlebt hat. Himmel! welche entsetzliche Wortfügungen; welche hochverräterische Zeitwörter! welche majestätsverbrecherische Akkusative! welche Imperative! welche polizeiwidrige Fragezeichen! welche Metaphern, deren bloßer Schatten schon zu zwanzig Jahr Festungsstrafe berechtigte!“

Das war der Spott eines Autors, der es immerhin zum Totalverbot gebracht hatte: In Preußen fing es mit den „Reisebildern II“ an, dann wurden alle Bücher Heines verboten, sogar die noch nicht geschriebenen.

Wie vieldeutig seine Position in Deutschland damals lange Zeit war, geht aus der Tatsache hervor, dass der so berühmte wie berüchtigte Autor sich unmittelbar vor seinem Exil noch um eine Stelle als Hamburger Ratssyndikus bewerben wollte: Vielleicht stand ihm Börne vor Augen, der, als Radikaler abgewickelt, doch immerhin auf ein Amt zurückschauen und eine Pension verzehren konnte. Vielleicht war es der späte Trotz des Jurastudenten wider Willen, der für die Mühsal einer strategisch vernünftigen Ausbildung einmal belohnt werden wollte.

Sicher aber war es nicht der Traum, zum Märtyrer zu werden: Die Pose war ihm zu lächerlich. Und er war zu selbstbewusst, um eine Nachruhmsicherung dieser Art zu brauchen. „Ich zieh mich aus der Politik zurück“, schrieb er aus Paris sofort seiner Mutter: „Das Vaterland mag sich einen anderen Narren suchen.“

Kaum war er wirklich draußen, sah er nach Deutschland mit einem so klaren Blick wie keiner sonst. Er kannte die geistige Elite, er hatte Georg Wilhelm Friedrich Hegel gehört, bei Varnhagens am Teetisch gesessen. Er hatte als Student die deutschen Burschenschaften und ihren Antisemitismus kennengelernt und durch seinen Onkel, einen wirklich reichen Hamburger, die glänzende Welt des Geldes befühlt. Und er kannte, seit er als Harry Heine in Düsseldorf auf den Straßen spielte, das Volk – das er liebte und dem er nicht traute.

Heine, der eine deutsche Revolution herbeisehnte, fürchtete sie auch. Er misstraute der Güte, der Weisheit, dem Empfinden des Volkes. Er war kein Verächter der Recht- und Mittellosen, und seine allgemeine Menschenliebe war keine Attitüde. „Die schlesischen Weber", sein berühmtestes politisches Gedicht, war eine emphatische Reaktion auf den Weberaufstand im schlesischen Eulengebirge 1844; keine drei Monate später ging es als fliegendes Blatt von Ort zu Ort, ganze Pakete wurden in den Schenken verteilt, die Verse öffentlich verlesen: „eine in aufrührerischem Ton gehaltene und mit verbrecherischen Äußerungen angefüllte Ansprache an die Armen im Volke", so der preußische Innenminister.

Aber zu einer Idealisierung der Armen und Ungebildeten, eben weil sie dies waren, mochte es doch nicht reichen. „Es ist vielleicht metaphorisch gemeint, wenn Börne behauptet: Im Fall ihm ein König die Hand gedrückt, würde er sie nachher ins Feuer halten, um sie zu reinigen; es ist aber durchaus nicht bildlich, sondern ganz buchstäblich gemeint, daß ich, wenn mir das Volk die Hand gedrückt, sie nachher waschen werde. Man muß in wirklicher Revolutionszeit das Volk mit eignen Augen gesehen, mit eigner Nase gerochen haben, man muß mit eignen Ohren anhören, wie dieser souveräne Rattenkönig sich ausspricht, um zu begreifen, was Mirabeau andeuten will mit den Worten: ‚Man macht keine Revolution mit Lavendelöl.'„

1830, kurz vor der Übersiedlung nach Paris, hatte Heine in Hamburg noch ein Pogrom erlebt. Auch sein Onkel Salomon, der Millionär, für seine Wohltätigkeit berühmt, musste am nächsten Tag seine Fensterscheiben ersetzen lassen. Heine brauchte nicht erst zu lernen, dass aus dem Volk der Pöbel werden kann. „Die Zukunft", lautet ein düsterer Satz von ihm zum Sieg des Kommunismus, „riecht nach Juchten, nach Blut, nach Gottlosigkeit und nach sehr vielen Prügeln."

Heine fühlte sich wohl im Exil. So wohl, dass er in einem seiner frühen Briefe von dort schrieb: „Fragt Sie jemand wie ich mich hier befinde, so sagen Sie: wie ein Fisch im Wasser. Oder vielmehr, sagen Sie den Leuten; daß, wenn im Meer ein Fisch den anderen nach seinem Befinden fragt, so antworte dieser: ich befinde mich wie Heine in Paris.“ Die französische Höflichkeit gefiel ihm, die Leichtigkeit in dieser Stadt, trotz Revolution und Restauration. Er blieb allerdings nicht mit den Parisern allein. „Ich bin umgeben von Preußischen Spionen; obgleich ich mich den politischen Intriguen fern halte, fürchten sie mich doch am meisten“, berichtete er den Varnhagens schon kurz nach seiner Ankunft. (Wobei die Spitzel des Regimes nicht nur Banausen waren: Wäre Heine nach London gegangen, hätte Theodor Fontane sein Partner sein können.)

Das Fernhalten half ihm ebenfalls nicht: Der satirische Autor Heine, der bekannte Lyriker und Polemiker war für die deutschen Ausgewiesenen, die politischen Flüchtlinge und Emigranten eine Instanz, Autorität und Mythos zugleich. „Germania, die alte Bärin“, schrieb er 1835 an den Komponisten Giacomo Meyerbeer, „hat alle ihre Flöhe auf Paris ausgeschüttet und ich Ärmster werde davon am unaufhörlichsten zernagt.“

Er wollte sich nicht nötigen lassen, von den Republikanern, „daß ich mich für oder gegen sie erklären müsse, wovon ich das erstere aus Überzeugung und das andere aus Klugheit bis jetzt unterlassen. Ich bin nicht der Mann, der sich zwingen läßt“. In den engen deutschen Kreisen von Paris mussten die Exilanten am Ende vorsichtiger taktieren als in Hamburg, Göttingen oder Berlin: So wurde der Gemäßigte, der aus seiner Sympathie für die französische Monarchie nie ein Geheimnis machte, sogar verdächtigt, für Klemens Fürst von Metternich zu intrigieren. Er zeigte zwar schriftlich immer wieder, dass er „kein bezahlter Schuft“ sei, aber der Hysterie jener Freunde, die man sich als Feinde nicht wünschen mochte, war die Wirklichkeit nicht gewachsen.

Politische, auch menschliche Sympathien waren ihm im Zweifel weniger wichtig als der Stil, der Geist, genauer: der Witz. Heines Humor war ein deutscher Sonderweg von Anfang an – durch sein Temperament und seine Rücksichtslosigkeit; Witz war seine Konstitution. Die Erfahrung zwang Heine darüber hinaus, auf allen Spielflächen zu brillieren: mit ihm ging niemand Bündnisse ein, er war in niemandes Partei und deshalb allen gefährlich – auch natürlich sich selbst, mit seiner Begabung, sich Feinde zu schaffen.

Er spottete über das Volk und seine Regierung, über Reaktion und Revolution, über Feiglinge und über Helden. Beiläufig verhöhnte er das gesittet Übliche, mit Lust verätzte er die Herrschenden, satirisch gab er die Wohlmeinenden der Lächerlichkeit preis, und erbarmungslos stellt er Kollegen aus. Als die Verse August Heinrich Hoffmanns von Fallersleben (dem die Deutschen ihre Nationalhymne verdanken), zusammen mit anderen Werken, Anlass für ein umfassendes Publikationsverbot für Heines Verleger geworden waren, kondolierte er Julius Campe mit sachlicher Herzlosigkeit: „Die Gedichte von Hoffmann von Fallersleben, die Ihnen zunächst diese Not eingebrockt, sind spottschlecht, und vom ästhetischen Standpunkte aus hatte die preußische Regierung ganz recht, darüber ungehalten zu sein: schlechte Späßchen, um Philister zu amüsieren bei Bier und Taback."

Heine arbeitete mit allen Mitteln, von der sorgsam geschliffenen Pointe bis zum Pennälerscherz; er war auch gern rüdeflegelhaft, wenn es der Ärger gebot: „In Schwaben besah ich die Dichterschul, / Gar liebe Geschöpfchen und Tröpfchen! / Auf kleinen Kackstühlchen saßen sie dort, / Fallhütchen auf den Köpfchen." Wenig war ihm derart zuwider wie die, wie man heute sagen würde, politisch korrekte Empörung.

Es war nicht nur das Illusionäre, das er bespöttelte. Es war vor allem das Pathos der „eisernen Lerchen" Deutschlands, das politische Dummheit nicht nur verriet, sondern durch Phrasen noch befestigte: „Herwegh, du eiserne Lerche, / Weil du so himmelhoch dich schwingst, / Hast du die Erde aus dem Gesichte / Verloren – Nur in deinem Gedichte / Lebt jener Lenz den du besingst."

Er hatte wenig Geduld mit den Kollegen des Vormärz, daheim. Denn sie verkörperten eine Tradition, die das Wort schon für die Tat nimmt: das idealistische Selbstmissverständnis einer politischen Kultur, deren Vereinzelte keine Erfahrung machen konnten mit dem heiklen Verhältnis von Wunsch, Theorie und Erfahrung.

Heines einzigartige Position zwischen den Welten, zwischen Frankreich und Deutschland, als Vermittler und als Journalist, als politischer Analytiker und als gepriesener Lyriker war konstituiert ohne Pensionsberechtigung, ohne parteiliche Bündnisse. Nach der „Denkschrift" auf Ludwig Börne 1840 erreichte der Hass auf den undeutschen Heine seinen Höhepunkt; im „Telegraph für Deutschland" las er zum Beispiel die Verse: „Sie sollen ihn nicht haben / Den freien deutschen Rhein; / Doch einen könnt ihr haben, / Das soll der Heine sein!"

Deutschland, das Vaterland, blieb für ihn notwendigerweise Gegenstand von Traum und Spott. Heines rücksichtsloser Humor hat ihm nicht nur viel Ärger eingebracht, sondern auch seinen Nachruhm beschädigt. Einen besser informierten, einen klügeren, gewitzteren Kommentator haben die Deutschen niemals gehabt, doch sie hätten ihn gern anders gehabt – würdiger und berechenbar, weniger unerbittlich und nicht so frivol, im Ganzen: weniger Heine.

„GEFÜHL DER EINTRACHT“

Es war ein Besuch von historischer Bedeutung: Im September 1876 reiste der Kaiser nach Leipzig, um die Parade eines sächsischen Heeresverbands abzunehmen. Das Militär wurde zur Schule der Nation.

Von Ralf Beste

Die Musterung der Sachsentruppe Anfang September 1876 durch Kaiser Wilhelm I. sei eine „Bürgschaft für das Wohl des Vaterlandes“, jubelte der offizöse Berliner „Provinzial-Correspondent“. Sie bezeuge, „dass die nationale Rüstung sich immer dichter und undurchdringlicher an den deutschen Reichskörper anschließt“ und das „Gefühl der Eintracht zu einer Festigkeit erstarkt, welche gegen alle Anfechtungen äußerer und innerer Feinde ein sicheres Bollwerk bildet“.

Auch der Korrespondent der „Norddeutschen Allgemeinen Zeitung“ war beeindruckt. In den preußischen Provinzen werde dem Monarchen lediglich die „Erneuerung althergebrachter Anhänglichkeit entgegengebracht“. In Sachsen aber gelte die Begrüßung „dem Deutschen Reiche, seiner wiedergewonnenen Einheit und seiner hoffnungsreichen Zukunft“. Die Nation in Waffen, endlich vereint. Als besonders aufsehenerregend empfanden es die Zeitgenossen, dass der preußische König und deutsche Kaiser zum ersten Mal einen nicht-preußischen Teil der Armee besuchte – und das fünf Jahre nach der Reichsgründung.

1870 hatte die Kooperation der königlichen Heere von Preußen, Bayern, Württemberg und Sachsen den Sieg über Frankreich und damit die politische Einigung des Landes ermöglicht. Doch das Verschmelzen der verschiedenen Verbände zur Armee des Kaiserreichs erwies sich als schwierig und erfolgte Schritt für Schritt – symbolisiert durch die Inspektionsreisen des Kaisers. Wilhelm besuchte Truppen in Karlsruhe, Straßburg und Ludwigsburg. Eine

Parade bayerischer Verbände sollte erst sein Nachfolger Wilhelm II. abnehmen.

Das Militär des Kaiserreichs steht gleich in doppelter Hinsicht für die schwierige Entdeckung der deutschen Identität. Im Innern verkörperte die Truppe die föderale Tradition. Nach außen aber wirkte sie zugleich als Schmiede eines einheitlichen Nationalgefühls.

Die allgemeine Wehrpflicht und die Möglichkeit für Bürgerliche, als sogenannte Einjährige freiwillig die Reserveoffiziersausbildung zu absolvieren, einte die Deutschen im Dienst an der Waffe. Denn die anfangs etwa 600 000 Mann starke Truppe führte „Individuen aus allen Regionen des Reiches und aus allen Klassen der Bevölkerung" zusammen, analysiert der Historiker Hans-Ulrich Wehler. Lange vor den Zeiten des Massentourismus machte die Versetzung eines Rheinländers nach Pommern oder eines Brandenburgers ins Elsass „die Nationsbildung konkret erfahrbar".

Dabei galt das Militär vor der Reichsgründung 1871 als Garant der Kleinstaaterei, als Erfüllungsgehilfe der antinationalen Restauration der alten Fürstenhäuser. Doch das Image änderte sich mit den erfolgreichen Einigungskriegen Otto von Bismarcks. Die Siege gegen die Dänen 1864, Österreich 1866 und Frankreich 1871 gruben den Kritikern des preußischen Militarismus das Wasser ab. Plötzlich war das Militärische en vogue. Innerhalb der Bevölkerung hatte ein regelrechter Bewusstseinswandel stattgefunden – die Armee wurde zum Garanten für den Bestand des Reichs nach innen und außen.

In den ersten Jahrzehnten nach der Reichsgründung entstanden 30 000 örtliche Kriegervereine. Der Kyffhäuserbund organisierte nach der Jahrhundertwende rund drei Millionen Mitglieder. Die „Parole", Zeitschrift des Deutschen Kriegerbundes, bejubelte 1889 „die Fortpflanzung der glorreichen Überlieferungen unserer Armee in das bürgerliche Leben".

Anschaulich schildert der Historiker Jakob Vogel anhand der Militärfeiern und Paraden der Kaiserzeit, wie ein „nationaler Armeekult" fern von den politischen Auseinandersetzungen „Kaiser und Armee als zentrale Integrationsinstanzen der Nation präsentieren sollte". Galten die Paraden ursprünglich der Machtdemonstration des Monarchen auf dem Exerzierfeld, wurden sie zunehmend zu Veranstaltungen, die die breite Masse in ihren Bann schlug. Auf den Paradeplätzen wurden große Tribünen aufgestellt, die Presse berichtete. In Berlin gehörten die Paraden „Unter den Linden“ bald zum regelmäßigen Repertoire der Massenunterhaltung.

Das „Volk in Waffen“ wurde so zum Kristallisationspunkt der Nation. In ihrem Buch „Die kasernierte Nation“ beschreibt die Historikerin Ute Frevert, wie junge Rekruten in der „Schule der Männlichkeit“ den Dienst an der Waffe und für die Nation zugleich erlernten.

Für den Künstler August Macke zum Beispiel kam die Zeit beim Militär gerade recht. Daheim reichte das Geld nicht, und die Geliebte war schwanger. „Es hat etwas Großartiges, so nur für seine Gesundheit zu leben ein ganzes Jahr“, schwärmte der junge Maler genügsam. In seinem Bonner Infanterieregiment, zu dem er 1908 stieß, erlebte der 21-Jährige eine nahezu romantische Zeit. Das Marschieren schien die reine Wonne: „Unterwegs haben wir Äpfel von den Bäumen geklaut“, berichtete er. Abends ging es „von einer Weinkneipe in die andere. Die ganze Kompanie angeheitert, im Arm schöne Moselanerinnen“. Selbst die Manöverberichte Mackes lesen sich eher wie Erzählungen aus dem Zeltlager. Nach dem Aufstehen „gießt einer dem anderen das kalte Wasser über den Leib, man isst Kommissbrot mit guter Butter und Honig… dann geht's mit Musik hinaus an hohen Tannen vorbei“.

Der später berühmte Gelehrte Max Weber dagegen tat sich zunächst schwer mit dem Dienst fürs Vaterland. Der Sold war knapp, die Märsche lang, jeder Tag bei seinem Regiment schien eine Tortur. Über „entsetzlichen Stumpfsinn“ klagte der Mann, später einer der Mitbegründer der modernen Soziologie. Ständig müsse man „sich von den elendesten Halunken unzählige Frechheiten sagen lassen“. Auch als Korporalschaftsführer, der selbst Rekruten schinden konnte, entwickelte der dickliche Weber („zudem verzehrt ein Soldat ein Drittel mehr als ein Mensch“) kein entspannteres Verhältnis zum Barras. Zwar habe er sich „zwei bis drei Tage lang als Vorgesetzter bedeutend gefühlt“, aber dann seien „Bauchgrimmen und Appetitlosigkeit die einzigen Resultate einer gewissenhaften Korporalschaftsführung“ gewesen. Doch je näher der begehrte Rang des Reserveoffiziers rückte, desto größer erschienen dem angehenden Akademiker die Vorteile des Dienstes für das Vaterland. Zufrieden berichtete er seinem Vater 1884 über den „erfreulichen“ Einfluss, den das „deutsche Militärwesen“ im annektierten Elsass auf „eine fremde, möglichst ablehnend sich verhaltende Bevölkerung“ ausübe. So fand Deutschland, wie Karl Marx und Friedrich Engels spotteten, „seine Einheit in der preußischen Kaserne“.

Vor allem Wilhelm II., ab 1888 auf dem Thron, nutzte den Militärkult, um das Reich und seine eigene Stellung darauf zu festigen. Bei der „Zentenarfeier“ zum 100. Geburtstag seines Großvaters Wilhelm I. ließ Wilhelm II. am 22. März 1897 ein riesiges Reiterstandbild des Reichsgründers enthüllen. Die Hauptrolle – neben dem Kaiser selbst – spielten Veteranen des Einigungskriegs 1870/71, die einen Ehrenplatz neben dem Denkmal des verstorbenen Monarchen bekamen. Die Krieger- und Marinevereine durften den „Bürger-Festzug“ durch die Innenstadt anführen, der an die glänzende Militärparade anschloss.

Passend zum Festtag verfügte der Kaiser zwei symbolische Maßnahmen. Zu Militärparaden sollte künftig stets die sogenannte Kaiserhymne „Heil Dir im Siegerkranz“ gespielt werden. Und die deutschen Soldaten sollten nach dem Wunsch ihres obersten Dienstherrn an ihren Kopfbedeckungen einheitlich die schwarz-weiß-rote „Reichskokarde“ tragen – zusätzlich zu den Farben ihres jeweiligen Heimatlands.

Was die einen bejubelten, fanden die anderen abstoßend. Der Historiker Friedrich Meinecke erkannte rückblickend auf seine Jugend im Kaiserreich einen „merkwürdig penetranten“ Militarismus, der „auf das ganze bürgerliche Leben“ eingewirkt und „in keinem Nachbarland seinesgleichen“ gefunden habe.

Der Militarismus einte das Land nicht nur, er führte auch zu neuen Spaltungen. Entschlossen bemühte sich das Militär, den Einfluss des Bürgertums in der Truppe gering zu halten. Am liebsten zog man leicht zu drillende Bauernsöhne ein. Sozialdemokratisches Gedankengut sollte möglichst ferngehalten werden. Immerhin habe die Armee in Planspielen der Monarchie immer auch als Rückversicherung gegen Arbeiteraufstände im Innern gedient, so der Historiker Gerhard P. Groß: „Erst die Marine musste auf Arbeiter zurückgreifen, weil die besser mit der modernen Technik der Schlachtschiffe zurechtkamen."

Kurz vor Beginn des Ersten Weltkriegs wurde deutlich, wie groß die Spannungen zwischen Teilen der Gesellschaft und der alten Militärmacht in Wirklichkeit geworden waren. Im elsässischen Zabern beschimpfte der preußische Leutnant Günther von Forstner die Einheimischen als „Wackes" – ein abfälliger Begriff für Elsässer, der sogar dienstlich verboten war. Als der kleine Vorgang im Herbst 1913 in der Lokalpresse öffentlich wurde, erwuchs daraus rasch eine regelrechte Staatskrise – denn das preußische Militär hatte auch noch ohne Rechtsgrundlage Verhaftungen in der erregten Zivilbevölkerung vorgenommen. Die „Zabern-Affäre" führte zu tumultartigen Debatten im Reichstag und sogar einem Misstrauensvotum gegen Reichskanzler Theobald von Bethmann Hollweg, doch das Militär blieb stur und sprach die angeklagten Offiziere in einem dubiosen Militärverfahren frei.

Ein Jahr später versammelte sich die Nation wieder einmütig um die kaiserliche Kriegsflagge. Die Sozialdemokratie schloss sich dem Burgfrieden des Kaisers an. Zwar marschierten preußische und bayerische Armeen noch getrennt an die Westfront, doch im Schützengraben verschwammen zusehends die Grenzen zwischen den Landsmannschaften. Vor dem Tod waren alle gleich.

„Kinder, wir haben in der Nacht gebetet", schrieb August Macke im Spätsommer 1914. „Unser halbes Bataillon ist weg." Am 26. September fiel er in der Champagne, im Alter von 27 Jahren.

„VERGIFTUNG DER SEELEN“

Nach der Gründung des Reiches 1871 begann preußischer Drill auch den Schulalltag zu prägen. Trotz Widerspruchs vieler Pädagogen bereiteten wilhelminische Lehrer den Boden für aggressiven Nationalismus.

Von Johannes Saltzwedel

Wenn er nicht gerade das Pensum abfragt, kann Doktor Marotzke schon mal von den philosophischen Stellen der Bibel schwärmen. Aber bei der Heftkontrolle zählt anderes. Da mustert der Oberlehrer „die Front der strammstehenden Schüler mit kritischem Blick“ und verlangt „kurze und scharfe Antworten“ – denn er ist Reserveoffizier, „und zwar mit Begeisterung“.

Meisterhaft knapp karikiert Thomas Mann, der hier den Chemielehrer seines lebensuntüchtigen Jung-Helden Hanno Buddenbrook schildert, eine ganze Generation: Den Typus des schneidigen Zuchtmeisters. Als Reservist beim allgewaltigen Direktor „aufs beste angeschrieben“, repräsentiert Dr. Marotzke die Jüngeren im Schulkollegium, Pädagogen, die so durch und durch national denken, dass sie oft noch stolz den zackigen „Es ist erreicht“-Schnurrbart ihres forschen Regenten nachahmen.

Schon vor der Gründung des Kaiserreichs 1871 hatte sich diese Entwicklung angebahnt: Romantischer Volksgeist, wie ihn die Sprach- und Märchenforscher Jacob und Wilhelm Grimm gepflegt hatten, vermischte sich wie selbstverständlich mit den rigiden Erziehungswerten Johann Gottlieb Fichtes und der preußisch-straffen Maschinerie von Inspektion, Gehorsam und Strafe, die – zumindest nördlich des Mains – an der Tagesordnung war, seit in Preußen Johannes Schulze das Schulwesen (1818 bis 1859) organisierte.

„Der Staat war ein Schulstaat geworden“, konstatierte der Historiker Thomas Nipperdey lapidar, „Ordnung und Disziplin“ im

Dienst des Vaterlandes standen ganz obenan. Mit der Ausrufung des Deutschen Reichs rückte nun auch inhaltlich die Nation ins Zentrum. Deutschlehrer etwa fanden in den „Allgemeinen Bestimmungen über Einrichtung, Aufgabe und Ziel der preußischen Volksschulen“ von 1872 vorgeschrieben, dass die Schüler „besonders Proben aus den Hauptwerken der vaterländischen, namentlich der volkstümlichen Dichtung“ auswendig lernen sollten.

Nicht jeder biedere Pauker allerdings ließ sich bedenkenlos auf den neuen Kurs ein. Aufgewachsen in der weltbürgerlich-humanistischen Sphäre und geprägt von den Ideen Immanuel Kants und Wilhelm von Humboldts, waren vor allem Gymnasialpädagogen viel zu sehr vom Antike-Ideal der deutschen Klassik geprägt, als dass sie auf einmal in Schülern Untertanen hätten sehen wollen.

Doch der Anspruch des Vaterlands war unüberhörbar. Es komme darauf an, dass „die Begriffe Mensch und Deutscher sich möglichst decken“, schrieb der Lehrer Hugo Weber 1872. Auch ältere, ehedem liberal gesinnte Schulmeister wollten nun bei der inneren Reichsgründung nicht abseitsstehen: „Die Lehrer erinnern nicht an 1848, sondern stilisieren sich gern als Sieger von Königgrätz und Sedan [...] Nation, das ist das Moderne, was die Lehrer wollen“, so hat Thomas Nipperdey die damalige Stimmung resümiert.

Mit einem überraschenden Auftritt vor der Berliner Schulkonferenz machte Wilhelm II. dann zwei Jahre nach seinem Amtsantritt 1890 alles klar: „Es fehlt vor allem an der nationalen Basis“, monierte der junge Monarch. Wozu Latein oder gar Griechisch? „Das Deutsche wird Mittelpunkt des gesamten Unterrichts“, verkündete wenig später eine Kabinettsordre; auch dem Geschichtsunterricht sei klare „Richtung auf die Gegenwart zu geben“, vor allem gegen die verderbliche Sozialdemokratie.

Solche Parolen gaben nicht nur den neuen Realgymnasien und Oberrealschulen Auftrieb, sie animierten bisweilen auch krasse Germanentümelei. In seinem anonym erschienenen Bestseller „Rembrandt als Erzieher“, der nichts Geringeres als eine neue deutsche Kultur forderte, eiferte der Publizist Julius Langbehn: „Goethedienst kann Götzendienst sein“ – die Iphigenie des Weimarer Klassikers etwa behalte „doch für ein nationales Empfinden stets etwas Missliches“, denn sie sei „eine Deutsche, die sich griechisch gebärdet; aber sie würde besser tun, sich deutsch zu gebärden".

Mochte das sicher den meisten zu weit gehen, ihre Träume von deutscher Zucht und Ordnung setzten viele Lehrer nun desto ruppiger in die Tat um. „Gerade sitzen! Ruhe! Mund halten! Griffel hoch! Hände hoch! Hefte zeigt!" Diesen Kommandoton lehrte ein erfolgreiches Handbuch „der evangelischen Volkserziehung". Unter dem Motto „Lerne vom Militär!" erschien dort der Pädagoge als Offizier des Wissens. „Setzen zum Singen! – Dritte Abteilung – vor (an die Lesetafel)!" Der Klassenraum wurde zum Exerzierplatz der Nation. Gerade im Gymnasium, Eliteschule für weniger als fünf Prozent eines Jahrgangs, trat neben dröge Stubengelehrsamkeit der „schneidig patriotische Stil" (Nipperdey).

„Wozu gehen wir in die Schule? – Wir gehen in die Schule, damit man uns examinieren kann! – Und wozu examiniert man uns? – Damit wir durchfallen. – Sieben müssen ja durchfallen, schon weil das Klassenzimmer oben nur sechzig fasst", ließ der Dramatiker Frank Wedekind um 1891 ein entmutigtes Opfer dieses Regimes stöhnen. Die Lehrer in seiner Tragikomödie „Frühlings Erwachen" heißen Hungergurt, Knochenbruch, Fliegentod oder Knüppeldick.

Die zunehmende Deutschtümelei indessen stieß bei vielen Didaktikern auf Skepsis. Geschichtsunterricht könne keine Gesinnung erzwingen, warnte 1893 ein Historikerkongress. „Amtlich vorgeschriebene laute Sedan- und Gedächtnisfeste" und „ruhmredige Nationaldenkmäler" brächten keine treueren Staatsbürger

Sedantag

Der Sedantag am 2. September war der inoffizielle Nationalfeiertag des Kaiserreichs, zur Erinnerung an den Sieg über Frankreich 1870/71. Das preußische Kultusministerium ordnete Festlichkeiten an Schulen und Universitäten an, Turnerschaften und andere Vereine marschierten durch die Straßen. Allerdings boykottierten viele Katholiken die Feierlichkeiten. Auch die Arbeiterschaft blieb abseits, obwohl 1895 Reichsbetriebe und Reichsverwaltung einen unbezahlten Urlaubstag gewährten.

hervor, mahnte der Schulpraktiker Ludwig Gurlitt. „Schulen sind keine Brutstätten für sogenannten Patriotismus“, schrieb selbst der Reaktionär Paul de Lagarde; das Vaterlandsgetrommel sei „geradezu Vergiftung der jungen Seelen“.

Früh hatte auch Friedrich Nietzsche, selbst ein Zögling des Eliteinternats Schulpforta, die Risiken der neuen Bildungsziele erkannt: „Nicht einmal Persönlichkeiten, geschweige denn freie, sondern lauter ängstlich verhüllte Universal-Menschen“, ja den schwatzhaften „Bildungsphilister“ bringe das System hervor, schrieb der Philosoph. „Erzieher tun not, die selbst erzogen sind … nicht die gelehrten Rüpel, welche Gymnasium und Universität der Jugend heute als ‚höhere Ammen‘ entgegenbringt.“

Tatsächlich entstanden um die Jahrhundertwende etliche Reformbewegungen, die vom intellektuellen Drill nichts mehr wissen wollten: Landerziehungsheime, Arbeitsschulen, neue Kunstpädagogik und Volksbildung, alle lehnten die Uniformierung des Geistes ab. An die 400 pädagogische Zeitschriften allein in Deutschland suchten nach neuen Wegen.

Doch einstweilen blieb die erfolgreiche „Vaterländerei“ (Nietzsche) die Grundmelodie im schulischen Alltag. Nicht einmal Friedrich Schiller, Deutschlands Zitatenlieferant Nummer eins, blieb vom Chauvinismus verschont. Zwar hatte ausgerechnet er seinen Landsleuten ins Stammbuch geschrieben: „Zu Nation euch zu bilden, ihr hoffet es, Deutsche, vergebens; / Bildet, ihr könnt es, dafür freier zu Menschen euch aus.“ Doch 1902 fand sich im Nachlass des Klassikers ein Gedichtentwurf aus politisch verworrenen Tagen. Darin erscheint neben dem Franzosen, der auf „Witz und Lorbeer“ aus ist, und dem Briten, der „auf seiner Insel“ Schätze häuft, der Deutsche als „der Kern der Menschheit“, als „die goldne Frucht“, während andere nur „die Blüte und das Blatt“ sind: „Jedes Volk hat seinen Tag in der Geschichte, doch der Tag des Deutschen ist die Ernte der ganzen Zeit.“ Prompt nannte der Herausgeber das Fragment „Deutsche Größe“ – und Schiller, der revolutionsbegeisterte Ästhet, ließ sich wieder als Mitbläser auf dem nationalen Horn vereinnahmen.

Militaristen kamen sowieso längst ohne poetische Schützenhilfe aus. 1904 erschien in Leipzig ein Buch mit dem Titel „Wehrkraft durch Erziehung", wo vorzugsweise Freiheitskrieger des frühen 19. Jahrhunderts als Vorbilder herhalten mussten für das Ziel, „wehrfreudige Fertigkeit und waffenstarken Nachwuchs heranzubilden".

Zu einem versöhnlichen Ende eigneten sich die immer schrilleren Parolen kaum, und doch blieben nicht einmal Zweifler von der Vaterlandsmanie unberührt. Derselbe Ironiker, der nur dreizehn Jahre zuvor seinen Dr. Marotzke die Schülerparade hatte abnehmen lassen, derselbe Thomas Mann ließ sich im November 1914, drei Monate nach Ausbruch des Weltkriegs, zu den Worten hinreißen: „Krieg! Es war Reinigung, Befreiung, was wir empfanden, und eine ungeheure Hoffnung."

Er konnte nicht ahnen, welche Höllen das Jahrhundert noch bereithalten würde.

SEHNSUCHT NACH DEM GROSSEN MARKT

Vom Deutschen Zollverein bis zur Deutschen Bank: Im 19. Jahrhundert bereitete die industrielle Revolution den Weg für die politische Einheit des Reiches. Erst der wirtschaftliche Erfolg schärfte das Nationalbewusstsein.

Von Alexander Jung

Selbst die Deutsche Bank fing einmal klein an: in einem unscheinbaren Mietshaus in der Französischen Straße 21 in Berlin. Im April 1870 eröffnete sie dort ihr erstes Domizil. Vom internationalen Finanzgeschäft hatte ihr erster Vorstandssprecher nur wenig Ahnung, das gab er freimütig zu. Er tue bloß sehr gelehrt, bekannte Georg Siemens, gerade 30-jährig und Spross der Elektrodynastie, zu Hause aber lese er heimlich „Die Kunst, in 24 Stunden Bankier zu werden".

So war eben der Geist in jener Zeit, den Gründerjahren, unbekümmert bis überschwänglich, vor allem aber voller Leidenschaft fürs Vaterland. Die Gründung der Deutschen Bank sei „ein weiterer Schritt, dem deutschen Namen in ferneren Gegenden Ehre zu machen", hieß es schon im ersten Statut des Geldhauses. Sie sei einem „wahrhaft patriotischen Gedanken" entsprungen, wie ein Bankverwaltungsrat dem preußischen Ministerpräsidenten Otto von Bismarck schrieb, nämlich der Sehnsucht nach einem „einig und stark dastehenden Deutschland".

Nur Monate später erreichte Bismarck dieses Ziel, als er Wilhelm I. am 18. Januar 1871 zur Mittagszeit im Spiegelsaal von Versailles zum Deutschen Kaiser ausrufen ließ. Endlich war Deutschland politisch geeint – und die Wirtschaft hatte in den Jahrzehnten zuvor den Weg bereitet.

Dies geschah zwar selten so deutlich wie im Fall der Deutschen Bank, bei der schon der Name Programm war. Gleichwohl hat die ökonomische Entwicklung, der phänomenale Aufstieg der

Industrie, die politische Einigung enorm beflügelt. Insbesondere der Deutsche Zollverein von 1834 und der Aufbau eines Eisenbahnnetzes waren wichtige Voraussetzungen dafür, dass ein großer, nationaler Markt entstehen konnte – und dann das neue Deutsche Reich.

Erst kam also die ökonomische Integration, die politische Einigung folgte später. Im Ausland verhielt es sich umgekehrt: In England erwuchs der Nationalgedanke schon aus der Geografie, der Insellage. In den USA einte die Siedler ein „Manifest Destiny", der Glauben an eine göttliche Bestimmung. Und in Frankreich ließ die revolutionäre Idee von Freiheit, Gleichheit, Brüderlichkeit früh ein kollektives Bewusstsein entstehen.

In Deutschland dagegen war der Nationalstaat nicht nur eine Herzensangelegenheit, sondern vor allem eine Sache des Geschäfts. Erst der ökonomische Erfolg entfaltete Bindungskräfte, er mobilisierte Bürger, die sich bisher bloß als Preußen und Bayern, als Sachsen und Württemberger verstanden hatten, er integrierte sie und grenzte sie zugleich ab von den ausländischen Konkurrenten, die es noch einzuholen galt: Frankreich, mehr noch England.

Heute wie damals begreift sich das Land als Wirtschaftsnation: Deutschland – das sind Mercedes und Siemens, Porsche und Bosch. Das ist der Exportweltmeister, der sogar die USA oder China überflügelt, und das sind hochproduktive Mittelständler, die in ihrer Nische den globalen Markt dominieren. Noch immer geht von „Made in Germany" eine identitätsstiftende Wirkung aus. Erfindungsreich, ordnungsliebend, qualitätsbewusst: So sehen sich die Deutschen, so werden sie wahrgenommen, eben seit jener Zeit.

Dass ausgerechnet die Wirtschaftskraft einmal das nationale Bewusstsein prägen könnte, war zu Beginn des 19. Jahrhunderts keineswegs absehbar. Damals rollten noch Pferdefuhrwerke über unbefestigte Wege, die Bauern, die gerade erst von der Leibeigenschaft befreit wurden, praktizierten die wenig effiziente Drei-Felder-Wirtschaft. München war eine Stadt von 30 000 Einwohnern und Gelsenkirchen nicht mehr als eine Ansammlung von Bauernhöfen.

Das Gebiet, aus dem Deutschland erwachsen sollte, bestand aus mehr als 300 einzelnen Territorien, ein unübersehbarer

Flickenteppich aus Königreichen, Fürstentümern, Grafschaften und Reichsstädten. Wer mit dem Schiff über Rhein und Main von Mainz nach Bamberg fuhr, der musste mehr als 30-mal Zoll entrichten: Ob Dukaten, Gulden, Taler oder Fuder, Eimer, Imi – ständig wechselte die Währung oder die Maßeinheit. Das alles kostete Geld, Zeit und Nerven.

In seinem „Wintermärchen" beschreibt der Romantiker Heinrich Heine, wie beschwerlich das Reisen dadurch wurde. Preußische Zöllner hätten sein Gepäck durchwühlt und alles beschnüffelt, so Heine: Sie „kramten herum in Hemden, Hosen, Schnupftüchern. Sie suchten nach Spitzen, nach Bijouterien, auch nach verbotenen Büchern". Auf deutschem Boden, so lautete damals ein Spott, gedeihe nichts so prächtig wie der Schlagbaum.

Auch der Deutsche Bund von 1815, der die Zahl der Staaten auf 38 Monarchien und vier freie Städte reduzierte, änderte nichts an der Zersplitterung, die Kleinstaaterei hemmte die industrielle Entwicklung. Deutschland war zu Beginn des 19. Jahrhunderts noch hauptsächlich ein Agrarland, drei Viertel der Bevölkerung lebten von der Land- und Forstwirtschaft. Ökonomisch lag es gegenüber England fast hoffnungslos zurück. Und in der Wirtschaftspolitik blieb es ganz dem Merkantilismus verhaftet.

Das änderte sich erst, als die liberalen Ideen des schottischen Moralphilosophen Adam Smith in Preußen Verbreitung fanden. In den Berliner Amtsstuben nahmen die Beamten die Lehre von offenen Märkten, von freiem Handel, Wettbewerb und Fortschritt begierig auf – und setzten sie um in eine neue Handelspolitik. Einen Staat nach dem anderen banden die Preußen in ihr Zollgebiet ein, bis sich die Partner 1834 in einem komplizierten Vertragssystem zum Deutschen Zollverein zusammenschlossen. Für Preußen, Bayern, Württemberger, Sachsen, Kurhessen und Hessen-Darmstädter sowie 15 kleinere Teilnehmer, für fast 24 Millionen Menschen fielen in der Silvesternacht die Zollschranken.

Das Ereignis selbst war längst nicht so spektakulär, wie es der im selben Jahr geborene Historiker Heinrich von Treitschke später geschildert hat. Er beschrieb die „fröhlich lärmenden Volkshaufen", den „Jubelruf und Peitschenknall" so lebhaft, als wäre er dabei gewesen. Tatsächlich aber hat das Gros der Bevölkerung die Zollunion zunächst wohl eher mit Skepsis betrachtet. Sie bemerkte vor allem, dass Kolonialwaren wie Kaffee, Tabak, Zucker oder Alkohol erheblich teurer wurden.

Den Zeitgenossen war allerdings klar, dass der Zusammenschluss das Land politisch verändern würde. Der preußische Finanzminister Friedrich von Motz hatte schon 1829 in einer Denkschrift die Erwartung geäußert, dass ein solcher Verbund die „Einigung zu einem und demselben politischen System mit sich führt". Die nationale Einheit zu erreichen, war freilich gar nicht seine Absicht gewesen – es ging ihm ums Geld.

Mit einer gemeinsamen Außengrenze, so sein Kalkül, konnten die Mitgliedsländer Personal einsparen, das bisher damit beschäftigt war, die Grenzen zu bewachen oder die Reisenden an den Zollstellen abzufertigen. In Hessen-Darmstadt etwa verschlang die Verwaltung mehr als 90 Prozent der Einnahmen. Der größere Wirtschaftsraum versprach zudem eine eigene Dynamik zu entfalten, und den Schmugglern wurde mit der Zollunion der Boden entzogen.

Die Rechnung ging auf. Die Kosten für die Verwaltung der knapp 8000 Kilometer langen, gemeinsamen Zollgrenze sanken beträchtlich, gleichzeitig stiegen die Einnahmen: Von 1834 bis 1845 verdoppelten sich die Nettoerlöse im Zollverein auf fast 25 Millionen Taler. Es zahlte sich aus, der Union anzugehören.

Solchen Argumenten konnten sich die Mittelstaaten und Städte kaum verschließen. Gerade die kleineren Mitglieder profitierten besonders von der Gemeinschaft, weil die Einnahmen nach Einwohnerzahl und nicht nach Größe des Territoriums verteilt wur-

Der Weg zur Währungsunion

Anfang des 19. Jahrhunderts verfügte fast jedes Fürstentum über eine eigene Währung, die Münzen unterschieden sich in Prägung und Metallgehalt, meist waren sie aus Silber. Im Norden dominierte der preußische Taler, im Süden der österreichische Gulden. Spätestens mit dem Sieg Preußens 1866 war vorentschieden, dass der Taler zum beherrschenden Zahlungsmittel wurde. 1873 wurde er ersetzt durch eine einheitliche Währung, die Mark, dezimal unterteilt in 100 Pfennige. Wie das britische Pfund war sie eine Goldwährung.

den; die Zölle machten bald einen wesentlichen Teil ihres Etats aus. Gleich im ersten Jahr des Beitritts konnte das Großherzogtum Baden zum Beispiel die Einkünfte verdoppeln.

Die Steigerung des öffentlichen Einkommens erwies sich als „finanzieller Kitt", wie es der Gesellschaftshistoriker Hans-Ulrich Wehler beschreibt. Dafür nahmen die Mittelstaaten in Kauf, dass Preußen nun unbestritten die Führungsrolle zukam – und Österreich, der größte Staat im Deutschen Bund, isoliert war.

War der Weg zur kleindeutschen Lösung damit vorgezeichnet? Österreichs Staatskanzler Metternich sah voller Sorge, was auf die Habsburger zukommen sollte. Er betrachtete den Zollverein als „Staat im Staate", der die „höchst gefährliche Lehre der deutschen Einheit" beförderte.

Tatsächlich hängten Preußen und seine Verbündeten das Kaiserreich ökonomisch ab. Innerhalb des Zollvereingebiets verflochten sich die regionalen Wachstumszentren an Rhein und Ruhr, in Sachsen, Oberschlesien und an der Saar immer enger miteinander. Es entstand ein großer, nationaler Absatzmarkt, den die Zeitgenossen bald mit „Deutschland" gleichsetzten.

Hersteller von Textilwaren aus Sachsen gelangten nun leichter auf den preußischen Markt, umgekehrt fanden preußische Eisenproduzenten neue Abnehmer in Sachsen, und süddeutsche Baumwollspinnereien drangen in den Norden vor. Der offene Wirtschaftsraum vergrößerte die Handelsströme, aber er konfrontierte bislang behütete Unternehmen auch mit neuer Konkurrenz und beschleunigte so den Strukturwandel: 1865 lebten in Österreich noch immer 70 Prozent der Bevölkerung von Landwirtschaft, in Preußen waren es nur 45 Prozent.

Der Zollverein verstärkte eine Entwicklung, die ohnehin im Gang war. Deutschland wäre wohl auch zu einer Wirtschaftsnation aufgestiegen, wenn die Binnenzölle fortbestanden hätten, vermutlich aber nicht so schnell, meint der Jenaer Historiker Hans-Werner Hahn: Der Übergang von der agrarisch-kleingewerblichen Wirtschaft zum Industriestandort wäre gewiss „mühsamer und hindernisreicher abgelaufen".

Besonderen Anteil an der Popularisierung der wirtschaftsnationalen Idee hatte Friedrich List, ein Tausendsassa aus Reutlingen, geboren 1789, Staatsbeamter, Wirtschaftstheoretiker, Zeitschriftengründer und Eisenbahnpionier. List gehört zu jenen Menschen, die im Leben scheitern, deren Gedanken aber noch lange fortwirken.

Schon 1819, als er Geschäftsführer des neuen Deutschen Handels- und Gewerbs-Vereins wurde, rief er den Bundestag, die Versammlung der Vertreter des Deutschen Bundes, in einer Petition dazu auf, die Binnenzölle aufzuheben. „Nur aus der Einheit der materiellen Interessen erwächst die geistige und nur aus beiden die Nationalkraft“, lautete seine Philosophie.

Gleichzeitig forderte er, gegenüber dem Ausland sogenannte Erziehungszölle zu erheben. Die jungen Industrien in Deutschland, etwa die Textilfabrikation oder die Eisenproduktion, könnten sich nur entfalten, argumentierte er, wenn man sie vor den englischen Wettbewerbern schützte – zumindest so lange, bis sie ebenbürtig waren.

Freiheit nach innen, Schutz nach außen: Damit setzte sich List von Smiths Freihandelstheorie deutlich ab – und verknüpfte als erster deutscher Gelehrter wirtschaftliche Interessen mit patriotischen Gedanken. Seine Lehre fand allerdings erst Jahre nach seinem Freitod 1846 eine breite Anhängerschaft. Bismarck etwa nahm später oft Bezug auf Lists Hauptwerk „Das nationale System der politischen Ökonomie“.

List vermochte aber auch ganz praktisch Einfluss auszuüben. In den USA hatte er eine Eisenbahngesellschaft mitaufgebaut, zurück in Deutschland propagierte er den schnellen Ausbau des Schienennetzes, damit „mein deutsches Vaterland“, wie er schrieb, „gleicher Wohltaten teilhaftig werde“. Wahre Wunder versprach er sich davon: Die Eisenbahn werde die Völker erlösen „von der Plage des Krieges, der Teuerung und der Hungersnot“. In seiner Zeitschrift, dem „Eisenbahn-Journal“, entwarf er 1833 ein Streckennetz von sechs Hauptlinien, die jeweils von Berlin ausgingen. Damit zeichnete List vor, wie die Routen später tatsächlich verlaufen sollten.

Es dauerte noch eine ganze Weile, bis Preußen auf die Schiene setzte; der König hatte schließlich schon viel Geld in den Straßenbau investiert. „Kann mir keine große Seligkeit davon versprechen, ein paar Stunden früher in Berlin oder Potsdam zu sein“, argwöhnte Friedrich Wilhelm III. Auch König Ernst August I. von Hannover war es zuwider, dass bald „jeder Schuster und Schneider so rasch reisen kann wie ich".

Doch die ökonomischen Vorteile verdrängten schnell alle Vorbehalte. Die Kosten für den Warentransport sanken dramatisch: von 1850 gut zehn Pfennig pro Tonne und Kilometer auf 1873 weniger als fünf Pfennig. Erst die Verkehrsrevolution ermöglichte es, dass sich alle industriellen Zentren innerhalb des Zollvereingebiets verbinden konnten. Mit Hilfe der Bahn vernetzten sich die Märkte, die Geschäftsbeziehungen verdichteten sich. 1848 war das Streckennetz schon doppelt so groß wie das Frankreichs und viermal größer als das Österreichs. Zudem verschafften die neuen Handelswege größere Unabhängigkeit von teuren Lieferungen aus dem Ausland. „Man verbinde Elberfeld, Köln und Duisburg mit Bremen oder Emden", so der Ruhrgebiets-Industrielle Friedrich Harkort, „und Hollands Zölle sind nicht mehr."

Zollverein und Eisenbahn waren, wie List einmal bemerkte, die „siamesischen Zwillinge" der Modernisierung Deutschlands. Sie boten quasi die Infrastruktur dafür, dass sich die Volkswirtschaft von Mitte des Jahrhunderts an beinahe explosionsartig entwickeln konnte. Gemessen am Vorreiter England erfolgte Deutschlands Industrialisierung später, aber dafür „schnell und gründlich", so der Londoner Soziologe Ralf Dahrendorf. Der Eisenbahnbau selbst war dafür die treibende Kraft, er löste einen Aufschwung in anderen jungen Branchen aus: der Metallindustrie, die die Schienen lieferte, dem Steinkohlebergbau, der die Energie zur Verfügung stellte, und dem Maschinenbau, der die Anlagen und Fahrzeuge konstruierte.

Die ersten Dampflokomotiven mussten die Bahngesellschaften noch aus England importieren, bei der Jungfernfahrt zwischen Nürnberg und Fürth 1835 standen sogar noch Briten im Führerhaus. Schon nach wenigen Jahren aber hatte die deutsche Industrie mächtig aufgeholt. Bald fuhren in Deutschland mehr Loks aus heimischer Produktion als aus ausländischer Fertigung, seit Mitte der sechziger Jahre kamen sie sogar ausschließlich von Unternehmen wie Borsig, Henschel oder Maffei, die ihre tonnenschwere Ware überdies in alle Welt verschifften.

Die Entwicklung des Lokomotivbaus zeigt beispielhaft, wie rasch Deutschland in den fünfziger und sechziger Jahren zu einer ökonomischen Führungsmacht aufstieg. Jahr für Jahr legte die Wirtschaft zu. Allein die Förderung von Steinkohle versiebenfachte sich von 1850 bis 1870 auf 26,5 Millionen Tonnen, ähnlich rasant entwickelte sich die Produktion von Roheisen. Die Leistungskraft aller Dampfmaschinen verzehnfachte sich sogar auf 2,5 Millionen PS. Einen solch lang anhaltenden Aufschwung hatten die Deutschen noch nicht erlebt, die Hochkonjunktur schien zum Normalzustand zu werden.

Befeuert wurde sie durch den expandierenden Außenhandel. Bereits 1855 hatten die Unternehmen ihre Ausfuhren innerhalb von nur fünf Jahren fast verdoppeln können, bald darauf überstieg ihr Wert erstmals den der Importe: Deutschland war zu einer Exportnation geworden.

Überall im Land wurden neue Unternehmen gegründet, viele von ihnen auf Aktienbasis, 920 Gesellschaften waren es bis 1873. Ihr Vorteil: ein schier unerschöpfliches Reservoir an günstigen Arbeitskräften. Deutschland war damals, verglichen etwa mit England, ein regelrechter Billiglohn-Standort. Gleichzeitig profitierten die Betriebe von ihrem Know-how-Vorsprung. Ein neuer Typus von Unternehmer veränderte die Firmenlandschaft: Industrielle mit technischer Kompetenz, die eigene Labore unterhielten und beseelt waren vom Glauben an die Kraft des Fortschritts.

In den „Neuen Industrien“ – der Chemie, der Elektrotechnik und der Metallverarbeitung – eroberten Unternehmen wie Siemens, Krupp oder BASF rasch die Weltmärkte. Natürlich hatten Werner Siemens, Friedrich Krupp oder Friedrich Engelhorn ihre Firmen nicht gegründet, weil es ihnen ein nationales Bedürfnis war. In erster Linie wollten sie Innovationen entwickeln und in alle Welt verkaufen – und prägten damit unwillkürlich den Ruf vom Hightech-Aufsteigerland, nach außen wie nach innen.

Die Deutschen waren stolz auf die außergewöhnlichen Produkte, die in ihrem Land entstanden: auf nahtlose Röhren, auf nicht rostenden Stahl oder auf das Schmerzmittel Aspirin, das bald in jeder Apotheke zu finden war. Oder darauf, dass die ganze Welt Stoffe mit Farben behandelte, die BASF, Bayer oder Agfa hergestellt hatte.

Ein Wir-Gefühl entwickelte sich, ein Selbst-Bewusstsein, zu dessen Entstehung indirekt auch England beigetragen hatte: Nichts eint so sehr wie ein Rivale, mit dem man sich messen kann – vor allem, wenn der Abstand zu ihm von Jahr zu Jahr schrumpft.

Die Gründerjahre waren deshalb auch Jahre der permanenten Aufholjagd. Aus dem Wunsch, die eigene Wirtschaft zu modernisieren und die Rückständigkeit gegenüber der „Werkstatt der Welt“ zu überwinden, erwuchs eine ganz eigene Antriebskraft. „Die Verdrängung der westeuropäischen Konkurrenz“, so Wehler, „wurde als ein Sieg ‚deutscher‘ Leistungsfähigkeit gefeiert.“

Der Wohlstand wuchs merklich, die Hausse hob die Stimmung, am Aktienmarkt gelangten Glücksritter zu schnellem Reichtum. Die neuen Kaufhäuser wie Karstadt oder Tietz (später Kaufhof) boten exotische Waren aus Fernost und Fernwest an. Die Deutschen waren fixiert auf den ökonomischen Erfolg – bis er plötzlich ausblieb: Im Herbst 1873 überhitzte die Konjunktur, der Börsensturz löste eine Pleitewelle aus. Der Nationalismus zeigte seine andere, seine hässliche Seite.

„Deutschland den Deutschen“, lautete nun der Kampfruf, oder: „Schutz der nationalen Arbeit“. Mit hohen Zöllen versuchte das junge Kaiserreich, sich die ausländische Konkurrenz fernzuhalten. Der Freihandel war diskreditiert, Protektionismus wurde zum wesentlichen Gestaltungselement der Wirtschaftspolitik. Zunehmend bekam der Wettkampf der Wirtschaftsnationen einen aggressiven Charakter, die Auseinandersetzung gipfelte letztlich in der Mobilmachung 1914.

So verläuft die Geschichte des Wirtschaftsnationalismus im langen 19. Jahrhundert ausgesprochen wechselvoll. Der ökonomische Aufbruch jener Zeit verhalf dem Reich zu politischer Einheit, und manchmal beflügelte der Nationalgedanke sogar die Unternehmen, wie im Fall der Deutschen Bank. Eine zielgerichtete Politik darf dahinter freilich nicht vermutet werden, schon gar nicht eine zwangsläufige Entwicklung.

Richtig ist zwar, dass der Zollverein eine wichtige Voraussetzung für die Industrialisierung Deutschlands darstellte – aber er wurde gewiss nicht gegründet, damit später einmal das Bismarckreich entstehen sollte. Und der Bau der Eisenbahnen diente in erster

Linie der Verbindung der Regionen – und nicht der Herstellung von politischer Einheit. So gab die Wirtschaft am Ende eher unabsichtlich dem Nationalgedanken Auftrieb, die politische Einheit Deutschlands war quasi ein Nebeneffekt der industriellen Revolution.

Welche Bedeutung ihr gleichwohl in der deutschen Frage zukommt, hat schon der britische Ökonom John Maynard Keynes 1919 scharfsinnig festgestellt. Bismarck habe die deutsche Einheit weniger durch Blut und Eisen geschaffen, meinte der Wissenschaftler, als durch Eisen und Kohle.

VON WIEN NACH VERSAILLES

1814/15 Napoleon hat Europa durcheinandergewirbelt, also muss nach seinem Sturz eine Neuordnung her – sie wird auf dem Wiener Kongress beschlossen, an dem rund 200 bis dahin eigenständige Territorien teilnehmen.

1819 Der Germanist Jacob Grimm, mit seinem Bruder Wilhelm der bekannteste Märchensammler („Grimms Märchen"), legt den ersten Band seiner „Deutschen Grammatik" vor. Das vierbändige, 1837 abgeschlossene Werk ist ein Grundstein der deutschen Sprachgeschichte.

1832 Rund 30 000 Menschen – vom Handwerker bis zum Abgeordneten – ziehen im Mai hinauf zum Hambacher Schloss in der Pfalz, um für Einheit, Freiheit und Demokratie zu werben.

1833/34 Unter Preußens Führung organisiert sich die erste Wirtschaftseinheit – der Deutsche Zollverein. Er umfasst eine Länderfläche von rund 425 000 Quadratkilometern, also knapp 70 000 mehr als die heutige Bundesrepublik.

1837 König Ernst August von Hannover entlässt sieben Göttinger Professoren, unter ihnen die Gebrüder Grimm. Sie hatten gegen die Aufhebung einer recht fortschrittlichen Verfassung protestiert.

1840 Frankreich unterstützt Ägypten im Kampf gegen das Osmanische Reich, wird aber von anderen Nationen dafür gemaßregelt. Folge ist die „Rheinkrise" – Paris beansprucht, gewissermaßen als Revanche für die diplomatische Niederlage, linksrheinische Gebiete. Das scheitert, befördert aber den Franzosenhass.

1842 Mit dem ersten Kölner Dombaufest beginnt die Vollendung (1880) der größten deutschen Kathedrale. Friedrich Wilhelm IV., der protestantische Preußenkönig, bekennt sich in den katholischen Urlanden zur Versöhnung der Konfessionen.

1848 Der Funke der Revolution springt aus Paris nach Deutschland (und Österreich) über, ab Mai tagt in der Frankfurter Paulskirche das erste demokratisch gewählte gesamtdeutsche Parlament, die Nationalversammlung. Karl Marx und Friedrich Engels geben das „Kommunistische Manifest“ heraus.

1849 Im März verabschiedet die Nationalversammlung eine Reichsverfassung, die das Erbkaisertum festlegt. Friedrich Wilhelm IV. von Preußen lehnt die Kaiserkrone ab, weil er nur ein Monarch von Gottes Gnaden sein will. Damit ist die Revolution gescheitert.

1864 Unterstützt von Österreich, zettelt Preußen einen Krieg gegen Dänemark an. Auf den „Düppeler Schanzen“, einer Verteidigungslinie am Alsensund, kommt es zur Entscheidungsschlacht. Die Dänen verlieren – und büßen die Herzogtümer Schleswig, Holstein und Lauenburg ein.

1866 Nach Konflikten um die ehemals dänischen Gebiete verlässt Preußen den Deutschen Bund und erklärt Österreich den Krieg. Bei Königgrätz, etwa hundert Kilometer von Prag entfernt, werden die Österreicher vernichtend geschlagen; als Folge entsteht der Norddeutsche Bund, der vom heutigen Saarland bis nach Ostpreußen reicht (30 Millionen Einwohner).

1869 August Bebel und Wilhelm Liebknecht gründen die „Sozialdemokratische Arbeiterpartei“, eine Vorläuferin der SPD (1890).

1870 Beginn des Kriegs gegen Frankreich. Die süddeutschen Länder schließen sich dem Norddeutschen Bund an; Gründung der katholischen Zentrumspartei.

1871 In Versailles lässt sich Wilhelm I. zum Deutschen Kaiser ausrufen. Bismarck wird erster Kanzler im neuen Reich.

TEIL 5

DER LANGE MARSCH IN DEN ABGRUND

DEUTSCHLAND, EINE JAHRHUNDERTFRAGE

Einig und frei, so hatten sich die Bürgerrevolutionäre von 1848 die deutsche Nation erträumt. Doch im Kaiserreich galt Demokratie als undeutsch, und die Hetze gegen innere „Reichsfeinde" bereitete der NS-Ideologie den Boden.

Von Heinrich August Winkler

Sonderausgaben der Zeitungen brachten die Nachricht des Tages in alle Teile des eben gegründeten deutschen Kaiserreichs: Die Kapitulation von Paris stand unmittelbar bevor. Man schrieb den 27. Januar 1871. In Bonn griff ein 53jähriger Historiker zur Feder, der zu den liberalen Vorkämpfern der deutschen Einheit gehörte: Heinrich von Sybel. In einem Brief an seinen Kollegen Hermann Baumgarten, der in Karlsruhe Geschichte lehrte, bekannte er sich zu seinen Freudentränen: „Wodurch hat man die Gnade Gottes verdient, so große und mächtige Dinge erleben zu dürfen? Und wie wird man nachher leben? Was 20 Jahre der Inhalt alles Wünschens und Strebens gewesen, das ist nun in so unendlich herrlicher Weise erfüllt! Woher soll man in meinen Lebensjahren noch einen neuen Inhalt für das weitere Leben nehmen?"

Die deutschen Liberalen hatten Grund zur Freude. „Einheit und Freiheit" war ihre Forderung in der Revolution von 1848/49 gewesen. Erreicht hatten sie damals keines der beiden Ziele. Immerhin war seit jener Zeit vielen bewusst, dass es zwischen dem Wünschenswerten und dem Möglichen zu unterscheiden galt. Ein „Großdeutschland" unter Einschluss Österreichs mochte man wünschen, aber gegen den Willen der Herrschenden im habsburgischen Vielvölkerreich war es nicht durchsetzbar. Folglich musste man auf eine bescheidenere Art von deutscher Einheit hinarbeiten: ein „Kleindeutschland" ohne Österreich und mit einem preußischen Erbkaiser an der Spitze.

1849 war diese Lösung daran gescheitert, dass der König von Preußen, Friedrich Wilhelm IV., gar nicht daran dachte, ein deutscher Kaiser von Volkes Gnaden zu werden. 17 Jahre später, 1866, schuf der preußische Ministerpräsident Otto von Bismarck durch einen siegreichen Krieg gegen das Habsburgerreich und dessen Verbündete in Süd- und Mitteldeutschland die Voraussetzungen für eine Lösung der deutschen Frage im kleindeutschen Sinn. Zeitgenossen aus allen politischen Lagern empfanden Bismarcks Politik als „revolutionär“ oder sprachen von einer „Revolution von oben“.

Um einen deutschen Nationalstaat zu gründen, musste jedoch noch ein weiteres Hindernis, das Veto des Kaisers der Franzosen, Napoleon III., beseitigt werden. Das geschah im Verlauf eines weiteren Waffengangs: jenes deutsch-französischen Krieges von 1870/71, über dessen Ausgang die meisten Deutschen ähnlich begeistert waren wie Heinrich von Sybel.

Auch die deutschen Katholiken, die 1866, nach dem entscheidenden preußischen Sieg bei Königgrätz, die Trennung vom katholischen Österreich lebhaft beklagt hatten, und die preußenfeindlichen Demokraten in Württemberg und anderen Staaten des „dritten Deutschland“ begrüßten Anfang 1871 in ihrer großen Mehrheit die Gründung des kleindeutschen Kaiserreichs. Abseits standen nur die Sozialdemokraten, soweit sie auf August Bebel und seine Ratgeber im englischen Exil, Karl Marx und Friedrich Engels, hörten. Sie waren die einzigen erklärten Gegner der Annexion von Elsass-Lothringen, und am 28. November 1870 stimmten ihre vier Abgeordneten (zusammen mit vier Anhängern des verstorbenen Arbeiterführers Ferdinand Lassalle) im Norddeutschen Reichstag, dem Parlament des kurzlebigen Norddeutschen Bundes, gegen die Bewilligung weiterer Kriegskredite.

Als sich Wilhelm I., der König von Preußen, am 18. Januar 1871 im Spiegelsaal des Schlosses von Versailles zum Deutschen Kaiser proklamieren ließ, war eines der beiden großen Ziele von 1848, das der Einheit, erreicht. Die andere Forderung, die nach Freiheit, erfüllte Bismarck aber nicht. Er konnte es auch gar nicht, weil weder Preußen noch die anderen Bundesstaaten bereit waren, ihren Einfluss zugunsten des Reichstags aufzugeben.

Ein kräftiges Stück Demokratie gewährte Bismarck den Deutschen, soweit sie männlichen Geschlechts waren und das 25. Lebensjahr vollendet hatten, dennoch: Für die Wahlen zum Reichstag galt das allgemeine, gleiche, direkte und geheime Wahlrecht, wie es 1849 die Deutsche Nationalversammlung in der Frankfurter Paulskirche beschlossen hatte. Es war ein sehr viel fortschrittlicheres Wahlrecht, als es liberale Mustermonarchien wie Großbritannien oder Belgien damals kannten. Der Reichstag hatte in der Gesetzgebung ein gewichtiges Wort mitzureden. Eine parlamentarisch verantwortliche Regierung gab es in Bismarcks Deutschland jedoch nicht. Das Deutsche Reich war nach seiner Verfassung keine parlamentarische, sondern nur eine konstitutionelle Monarchie.

Die Liberalen, die zur Zusammenarbeit mit Bismarck bereit waren – die „Nationalliberalen", wie sie sich seit 1867 nannten – betrachteten die Gründung des Deutschen Reichs als großen historischen Fortschritt und hielten es für ausgemacht, dass sich das gebildete und besitzende Bürgertum im deutschen Nationalstaat viel besser würde entfalten können als in den deutschen Fürstenstaaten der älteren und jüngeren Vergangenheit. „Ist denn die Einheit nicht selbst ein Stück Freiheit?", fragte Ludwig Bamberger, ein ehemaliger 48er Demokrat und jetzt ein führender Kopf der Nationalliberalen, im Dezember 1866 in einem Aufruf an die Wähler in Rheinhessen anlässlich der Landtagswahlen im Großherzogtum Hessen-Darmstadt.

Als Gegner von Einheit und Freiheit nahmen die Nationalliberalen die „Ultramontanen" wahr: Die Loyalität der deutschen Katholiken, so lautete der Vorwurf, gelte eher dem Papst „jenseits der Berge" (ultra montes) als dem Deutschen Kaiser, mehr der angeblich universalen Kirche als dem deutschen Nationalstaat. Der Katholizismus erschien aus liberaler Sicht als feudal und rückschrittlich, der Protestantismus als zumindest vergleichsweise fortschrittlich und liberal. Folglich kam das neue Reich nicht darum herum, jenen „großen Kulturkampf" gegen den weltlichen Machtanspruch der katholischen Kirche zu führen, von dem der linksliberale Parlamentarier und berühmte Mediziner Rudolf Virchow am 17. Januar 1873 im preußischen Abgeordnetenhaus sprach.

Konservative Protestanten äußerten sich mitunter ähnlich militant. Der spätere Hof- und Domprediger Adolf Stoecker, der sich seit Ende der 1870er Jahre als antisemitischer Agitator hervortat, schrieb wenige Tage nach der Kaiserproklamation von Versailles an einen befreundeten Professor: „Das heilige evangelische Reich deutscher Nation vollendet sich … In dem Sinn erkennen wir die Spur Gottes von 1517 bis 1871."

Von der Reformation zur Reichsgründung: Für die deutschen Katholiken gab es im Kaiserreich nur dann einen gesellschaftlich anerkannten Platz, wenn sie die kulturelle Hegemonie des Protestantismus und die politische Hegemonie Preußens anerkannten. Das Wort vom „evangelischen Kaisertum" machten sich auch Reichskanzler Otto von Bismarck und der nationalliberale Parteiführer Rudolf von Bennigsen zu eigen. Der „Kulturkampf" im ersten Jahrzehnt des Kaiserreichs war zwar alles in allem ein Fehlschlag: Die Katholiken scharten sich um ihre verfolgten Geistlichen und strömten bei den Wahlen vermehrt der katholischen Partei, dem Zentrum, zu. Aber das Gefühl, Deutsche zweiter Klasse zu sein, überdauerte die Zeit der Kampfgesetze, die in den 1880er Jahren durch mehrere Milderungs- und Friedensgesetze abgelöst wurden. Nicht wenige Katholiken meinten in der Folgezeit, ihr Deutschtum durch einen besonders ausgeprägten Nationalismus beweisen zu müssen.

Der Kulturkampf war, soweit es nach Bismarck und den Nationalliberalen ging, ein Versuch, aus der sehr viel älteren und größeren deutschen Kulturnation, der auch Österreich zugehörte, eine engere, kleindeutsche Staatsnation herauszuentwickeln. Im Zei-

Kulturkampf

Durch strikte Trennung von Kirche und Staat versuchten Bismarck und liberale Politiker, den Katholizismus zu schwächen. Fortschritte wie die Zivilehe (1875) standen neben Repressionen: Kleriker wurden mit Haft bedroht („Kanzelparagraf"), die Jesuiten verboten, die polnische Minderheit bedrängt. Weil die harte Linie der katholischen Zentrumspartei starken Zulauf bescherte, lenkte Bismarck schließlich ein.

chen des gemeinsamen evangelischen Glaubens und des Gegensatzes zu „Rom" und den „Römlingen" konnten sich Preußen und Nichtpreußen, Liberale und Konservative treffen. Der Preis dieser Art von konfessionell geprägter Nationsbildung war die Ausgrenzung eines Drittels der Deutschen: der romtreuen Katholiken. Doch sie galten nicht als die einzigen „Reichsfeinde". Mit dem gleichen herabsetzenden Namen wurden die nationalen Minderheiten bedacht: die Polen in den preußischen Ostprovinzen, vor allem im „Großherzogtum Posen", die annektierten Elsässer und Lothringer und die Dänen in Nordschleswig.

Als noch gefährlichere „Reichsfeinde" galten die Sozialdemokraten, die sich 1875 in Gotha zu einer einzigen Partei zusammenschlossen und von Wahl zu Wahl mehr Stimmen auf sich vereinigen konnten. Als im späten Frühjahr 1878 kurz hintereinander zwei anarchistische Einzeltäter Attentate auf Kaiser Wilhelm I. verübten (wobei der greise Monarch beim zweiten schwer verletzt wurde), machte der „Eiserne Kanzler" wahrheitswidrig die Sozialdemokratie für die Anschläge verantwortlich. Dem von ihm unterbreiteten „Gesetz gegen die gemeingefährlichen Bestrebungen der Sozialdemokratie" stimmten im Oktober 1878 unter massivem politischem und publizistischem Druck auch die Nationalliberalen zu.

Das Sozialistengesetz ordnete das Verbot sozialistischer Vereine, Versammlungen und Druckschriften an und erlaubte die Ausweisung sozialdemokratischer Agitatoren sowie die Verhängung des „kleinen Belagerungszustandes" in besonders „gefährdeten" Bezirken. Zunächst auf zweieinhalb Jahre befristet, bis 1890 aber viermal verlängert, war das Sozialistengesetz der klassische Fall eines Ausnahmegesetzes. Es widersprach damit krass liberalen Vorstellungen vom Rechtsstaat. Die Zustimmung der Nationalliberalen bedeutete also nicht mehr und nicht weniger als eine Kapitulation des rechten Flügels des Liberalismus vor Bismarcks innerstaatlicher Machtpolitik.

Die Entliberalisierung des Nationalliberalismus war mit dem Sozialistengesetz noch nicht abgeschlossen. Im Jahr 1879 stimmte eine starke Minderheit der nationalliberalen Reichstagsfraktion Schutzzöllen für Eisen und Getreide zu und verabschiedete sich damit vom Freihandel. Die Parole, mit der die Schwerindustrie die Wende in der Handelspolitik betrieb, lautete „Schutz der nationalen Arbeit".

Die Wortwahl war bezeichnend. Vor 1871 hatte „national" etwas völlig anderes bedeutet als Ende der 1870er Jahre. Als „national" galten bis zur Reichsgründung die Kräfte, die für Einheit und Freiheit eintraten. „National" und „liberal" oder „fortschrittlich" waren fast auswechselbare Begriffe. „National" zu sein hieß soviel wie „antifeudal" und „antipartikularistisch" zu sein. Nach der Reichsgründung wanderte der Begriff „national" allmählich von links nach rechts. 1878/79 hieß „national" vor allem „anti-international", nämlich gegen die internationale Sozialdemokratie, gegen das internationale Freihändlertum und sehr häufig auch schon gegen das „internationale Judentum" zu sein.

Der Aufstieg des „modernen", nicht mehr in erster Linie religiös, sondern wirtschaftlich, kulturell und rassisch argumentierenden Antisemitismus im ersten Jahrzehnt des Kaiserreichs hing mit der sogenannten Gründerkrise zusammen. Am 9. Mai 1873 war in Wien die Börse zusammengebrochen. Der anschließende „große Krach" kam einem Erdbeben gleich, das ganz Europa erschütterte. Die Schuldigen am Bankrott zahlreicher Banken und Firmen waren rasch gefunden: Es waren nach Meinung der Antisemiten internationale „Börsenjuden", die sich in allen europäischen Ländern, so auch in Deutschland, des Liberalismus als politischen Instruments bedienten. Von internationalen Juden gelenkt war angeblich auch die Sozialdemokratie, die aus ihrem Bekenntnis zur internationalen Solidarität des Proletariats ja auch gar keinen Hehl machte.

Im Herbst 1879 tauchte im Umkreis des Publizisten Wilhelm Marr erstmals der Begriff „Antisemitismus" auf. Um dieselbe Zeit wurde in Berlin von Anhängern desselben Autors die „Antisemitenliga" gegründet. Träger der Judenfeindschaft waren nicht nur verängstigte kleine Kaufleute, Handwerker und Bauern, sondern auch Studenten und Akademiker, die sich vor jüdischen Konkurrenten, besonders in den freien Berufen, fürchteten. Ihnen allen gab ein angesehener Historiker, der bis Juli 1879 auch Mitglied der nationalliberalen Reichstagsfraktion gewesen war, das zündende, noch lange nachhallende Stichwort: Heinrich von Treitschke. In den von ihm herausgegebenen „Preußischen Jahrbüchern" beschwor er die Gefahr, die von den unaufhaltsam über die Ostgrenze nach Deutschland einströmenden, beharrlich nach oben strebenden Juden ausgehe: „Bis in die Kreise der höchsten Bildung hinauf ... ertönt es heute wie aus einem Munde: Die Juden sind unser Unglück."

Acht Jahre nach Treitschke bezeichnete der bekannte Orientalist Paul de Lagarde, der ursprünglich Paul Anton Bötticher hieß, die Juden als „wucherndes Ungeziefer", das es zu zertreten gelte. „Mit Trichinen und Bacillen wird nicht verhandelt. Trichinen und Bacillen werden auch nicht erzogen, sie werden so rasch und so gründlich wie möglich vernichtet."

Eine radikalere Lösung der „Judenfrage" als die physische Vernichtung der Juden war nicht denkbar. Dass für die Juden auf der Welt kein Platz mehr sein sollte, ergab sich für extreme deutsche Antisemiten scheinbar von selbst aus ihrer Überzeugung, dass die Juden überall auf der Welt und damit nirgends zu Hause waren. Die Juden waren aus dieser Sicht entweder keine Nation oder eine Nation in der Nation, in jedem Fall aber ein Fremdkörper. Ihr eigenes „Weltbürgertum" hatten die Deutschen spätestens mit der Errichtung eines Nationalstaats hinter sich gelassen. Von den Juden hingegen nahmen viele Deutsche an, sie seien hierzu nicht willens oder in der Lage.

Vermutlich war es so, dass die Deutschen, die der Philosoph Helmuth Plessner eine „verspätete Nation" genannt hat, sich nach 1871 ihrer nationalen Identität zutiefst unsicher waren. Nachdem sie Frankreich, den äußeren „Erbfeind", überwunden hatten, war für viele die Versuchung groß, sich einen inneren Erbfeind zu erschaffen, der die Frage beantworten half, was deutsch und was undeutsch sei. Das „internationale Judentum" eignete sich für diese Rolle besonders gut, weil es mit fast allem in Verbindung gebracht werden konnte, was eher konservativ gestimmte Deutsche fürchteten. Da Protestanten und Katholiken, gläubige und nicht gläubige Christen in diesem Punkt übereinstimmen konnten, schien das Judentum als innerer Feind für den nationalen Zusammenhalt sogar noch mehr zu leisten als das ultramontane Rom.

Nur eine Minderheit der Deutschen folgte während der Kanzlerschaft Bismarcks, die am 20. März 1890 mit der Entlassung des Reichsgründers durch Kaiser Wilhelm II. endete, den Parolen der radikalen Antisemiten. Aber diejenigen, die zum Kampf gegen die Antisemiten aufriefen, waren auch nur eine Minderheit. Die Mehrheit war von den Aktivitäten der Judenfeinde nicht sonderlich beunruhigt und von Vorurteilen gegenüber den Juden nicht frei. Als in den 1890er Jahren eine neue Hochkonjunktur einsetzte, ließ der Zulauf zu den in den späten siebziger und den achtziger Jahren gegründeten Antisemitenparteien rasch nach. Aber inzwischen war die Judenfeindschaft längst „gesellschaftsfähig" und Teil der Programmatik der Deutschkonservativen Partei und des ihr nahestehenden, einflussreichen Bundes der Landwirte geworden. Wer sich in der Wilhelminischen Ära zur politischen Rechten zählte, stand dem Antisemitismus in der Regel nicht fern.

Nichts war der antisemitischen Agitation der Rechten so förderlich wie der Aufstieg der Linken. Bei den Reichstagswahlen von 1912 errangen die Sozialdemokraten einen überragenden Sieg: Schon seit 1890, dem Jahr, in dem das Sozialistengesetz auslief, die Partei mit den meisten Stimmen, stieg die SPD nun zur stärksten Fraktion auf. Ihr Stimmenanteil belief sich auf 34,8 Prozent.

Kurz nach der Wahl erschien ein Buch unter dem Titel „Wenn ich der Kaiser wär". Hinter dem Pseudonym „Daniel Frymann" verbarg sich der Vorsitzende des Alldeutschen Verbandes, der Mainzer Rechtsanwalt Heinrich Claß. Die Juden bezeichnete er als „Träger und Lehrer des heute herrschenden Materialismus". Zur Abwehr der jüdischen Gefahr forderte er, die Einwanderung von Juden zu verbieten, die „landansässigen" Juden vom öffentlichen Leben auszuschließen, ihnen das Wahlrecht zu entziehen und den prozentualen Anteil jüdischer Studenten auf den jüdischen Bevölkerungsanteil herabzudrücken. Der Kampfruf, den Claß den Juden entgegenschleuderte, lautete: „Deutschland den Deutschen". In die Tat umsetzen sollte diese Forderung der „Führer". Der Kaiser war wohl die wünschenswerte, aber nicht unbedingt die einzig vorstellbare Verwirklichung des Führergedankens: „Wenn heute der Führer ersteht, wird er sich wundern, wie viele Getreue er hat – und wie wertvolle, selbstlose Männer sich um ihn scharen."

Zählte man die Reichstagssitze der Sozialdemokraten, der linksliberalen Fortschrittlichen Volkspartei und des katholischen Zentrums zusammen, so ergab sich 1912 zwar noch keine Links-, aber doch eine Anti-rechts-Mehrheit. In einem solchen Parlament Rüstungsvorlagen durchzusetzen war äußerst schwierig. Für die nächsten Reichstagswahlen, die 1917 fällig waren, war ein weiterer Stimmenzuwachs für die Sozialdemokraten und die Linksliberalen, wenn nicht gar eine „linke" Mehrheit zu erwarten.

Auf der politischen Rechten und den Spitzen des Militärs war dieser Gedanke ständig präsent. Er trug das Seine dazu bei, dass sich nach der Ermordung des österreichischen Thronfolgerpaars in Sarajevo am 28. Juni 1914 bei den Eliten des Reichs die Stimmung des „Jetzt oder nie" verbreitete. Der Erste Weltkrieg war, was die deutsche Seite anging, eine „Flucht nach vorn". Das lag nicht nur am internationalen Rüstungswettlauf, sondern auch an der innenpolitischen Sackgasse, in die die Reichsleitung unter Reichskanzler Theobald von Bethmann Hollweg 1912 geraten war.

Die vielzitierte „Kriegsbegeisterung" von 1914 war von kurzer Dauer, und sie hatte nie das ganze Land erfasst: Sie war in den Städten größer als auf dem Land, bei den Arbeitern sehr viel schwächer als bei Bürgern, „Kleinbürgern" und Angestellten, und nirgendwo so stark wie in der akademischen Jugend. Dass im August 1914 auch die Sozialdemokraten für die Bewilligung von Kriegskrediten stimmten, entzog der Kampfparole von den „vaterlandslosen Gesellen" zwar vorübergehend den Boden. Doch je länger der Krieg dauerte, desto brüchiger wurde der „Burgfriede".

Nach dem Schwinden der Siegeshoffnungen wuchs das Bedürfnis, Schuldige namhaft zu machen. Anfang Oktober 1916 ordnete das preußische Kriegsministerium unter dem Eindruck antisemitischer Beschwerden wegen angeblicher „jüdischer Drückebergerei" eine „Judenstatistik" im preußischen Heer an. Die Unterstellungen der Judenfeinde erwiesen sich als völlig grundlos. Die Erhebung aber war nichts Geringeres als die erste staatliche Anerkennung und Legitimierung des Antisemitismus seit der Judenemanzipation im 19. Jahrhundert: Darin lag die historisch einschneidende Bedeutung dieses nicht nur von deutschen Juden als schockierend empfundenen Vorgangs.

Ende September 1918 kam auch die Oberste Heeresleitung zu dem Ergebnis, dass Deutschland den Krieg nicht mehr gewinnen konnte. Die Verantwortung für die Niederlage aber wollte sie auf die Mehrheitsparteien des Reichstags – die SPD, das Zentrum und die Fortschrittliche Volkspartei – abschieben, die sich im Jahr 1917 in einer Resolution für einen Verständigungsfrieden ohne erzwungene Gebietsabtretungen und politische, wirtschaftliche und finanzielle Vergewaltigungen ausgesprochen hatten. Die Mehrheitsparteien waren ihrerseits bereit, in die Bresche zu springen und die Regierung zu übernehmen. Ihr Kalkül war einfach: Verwandelte sich Deutschland von einer konstitutionellen Monarchie in eine parlamentarische Monarchie, mochte es leichter sein, die siegreichen westlichen Demokratien für einen milden Frieden zu gewinnen. Am 4. Oktober 1918 erhielt das Reich die erste Regierung, die sich auf das Vertrauen einer Mehrheit des Reichstags stützen konnte. Am 28. Oktober traten die entsprechenden Änderungen der Reichsverfassung in Kraft.

Die Hoffnung, durch diese „Revolution von oben" eine „Revolution von unten" zu vermeiden, erfüllte sich jedoch nicht. Als die Seekriegsleitung an der neuen zivilen Reichsleitung vorbei der Flotte den (militärisch sinnlosen) Befehl gab, gegen England auszulaufen, setzte sie die „Oktoberreformen" faktisch außer Kraft. Die Folge war ein Matrosenaufstand, der binnen weniger Tage in eine landesweite Revolution umschlug. Am 9. November 1918 rief der Sozialdemokrat Philipp Scheidemann in Berlin die Republik aus. Der letzte Herrscher aus dem Haus der Hohenzollern, der Deutsche Kaiser und König von Preußen, Wilhelm II., erlebte seine Absetzung und das Ende der Monarchie bereits außerhalb Deutschlands: im Großen Hauptquartier im belgischen Spa, wohin er sich am 29. Oktober begeben hatte.

Für die extreme Rechte stand zu diesem Zeitpunkt längst fest, wer die Schuld an der deutschen Niederlage trug. Namens des Alldeutschen Verbandes forderte Heinrich Claß schon am 3. Oktober 1918 die Gründung einer „großen, tapferen und schneidigen Nationalpartei und rücksichtslosesten Kampf gegen das Judentum, auf das all der nur zu berechtigte Unwille unseres guten und irregeleiteten Volkes abgelenkt werden muss". Zweieinhalb

Wochen später, am 19. und 20. Oktober, rief er die Spitzengremien seines Verbands auf, „die Lage zu Fanfaren gegen das Judentum und die Juden als Blitzableiter für alles Unrecht zu benutzen". In Anlehnung an Worte, die Heinrich von Kleist einst auf Napoleon I. gemünzt hatte, gab er gegen Ende seiner Rede die Parole aus: „Schlagt sie tot, das Weltgericht / fragt Euch nach den Gründen nicht."

Das Ziel, mit dem die deutschen Eliten in den Ersten Weltkrieg gezogen waren, hieß Hegemonie in Europa und Aufstieg zur Weltmacht. Am Ende stand ein Friedensvertrag, den die Deutschen als schreiendes Unrecht empfanden, obwohl er das Reich bestehen ließ und ihm die Möglichkeit einräumte, wieder zur Großmacht zu werden. Eine selbstkritische Auseinandersetzung mit der deutschen Kriegsschuld fand nicht statt, obschon bereits im April 1919 eine interne Aktensammlung vorlag, die keinen Zweifel daran ließ, dass die Reichsleitung im Juli 1914 alles getan hatte, die internationale Krise zu verschärfen. In Abwehr der alliierten These, Deutschland und seine Verbündeten trügen die alleinige Verantwortung für den Kriegsausbruch, entstand eine Kriegsunschuldlegende, die ebenso viel Unheil stiftete wie ihre Zwillingsschwester, die Dolchstoßlegende – die Behauptung, „marxistischer" (oder „jüdischer") Verrat an der Heimatfront habe das „im Felde unbesiegte" deutsche Heer um die Früchte seines heldenhaften Kampfes gebracht.

Der Vertrag war hart und stand in manchen seiner Bestimmungen im Widerspruch zum Selbstbestimmungsrecht der Völker, zu dem sich vor allem der amerikanische Präsident Woodrow Wilson in den Jahren 1917/18 immer wieder bekannt hatte. Auf dieses Recht beriefen sich Ende 1918, nach dem Untergang des habsburgischen Vielvölkerreichs, auch die Deutsch-Österreicher und die Deutschen, wobei in beiden jungen Republiken die Sozialdemokraten die lautesten Rufer im Streit waren. Sie fühlten sich als die berufenen Erben von 1848 und hielten jetzt die Stunde für gekommen, die kleindeutsche Lösung durch die Verwirklichung des großdeutschen Gedankens zu überwinden.

Bei Deutschlands bürgerlichen Demokraten und im katholischen Zentrum gab es ebenfalls noch lebhafte Erinnerungen an die ältere, großdeutsche Kulturnation, die jetzt erstmals eine Chance zu erhalten schien, sich zu einer deutschen Staatsnation zusammenzuschließen. Die Nationalliberalen und die Konservativen, die eigentlichen Kleindeutschen, lernten rasch um. Bismarcks Reichsgründung wurde „historisiert“: Sie war damals, 1866 und 1871, die einzig mögliche Lösung der deutschen Frage gewesen. Jetzt aber, nachdem es die Doppelmonarchie Österreich-Ungarn nicht mehr gab, musste die andere, größere Lösung wieder auf die Tagesordnung gesetzt werden: der Anschluss Österreichs an das Deutsche Reich.

Hätten die Alliierten diese Forderung erfüllt, wären die Besiegten als die wahren Sieger aus dem Krieg hervorgegangen: für Washington, London und Paris eine abwegige Vorstellung. Die Antwort der westlichen Verbündeten war das „Anschlussverbot“ in den Friedensverträgen von Versailles und St. Germain. In Deutschland und Österreich aber blieb die großdeutsche Idee lebendig. Im Verlauf der zwanziger und dreißiger Jahre verband sie sich immer mehr mit der Erinnerung an das Heilige Römische Reich Deutscher Nation, das sich 1806 unter dem ultimativen Druck Napoleons I. aufgelöst hatte. Das Alte Reich hatte immer etwas anderes und mehr sein wollen als ein Nationalstaat. Es hatte sich im Mittelalter als Schutzmacht der abendländischen Christenheit verstanden und eine universale, ja heilsgeschichtliche Sendung für sich in Anspruch genommen. An dieses Erbe knüpften nach 1918 und verstärkt seit 1930 Intellektuelle der sogenannten Konservativen Revolution an. Sie erhoben „das Reich“ in den Rang der europäischen Ordnungsmacht und schrieben ihm die geschichtliche Aufgabe zu, den Kontinent in eine Zukunft jenseits von östlichem Bolschewismus und westlicher Demokratie zu führen.

Ähnliches hatte man auch schon während des Ersten Weltkriegs von deutschen Intellektuellen gehört oder gelesen. Den „Ideen von 1789“ wurden die „Ideen von 1914“ gegenübergestellt: Das deutsche Wesen verlangte demnach nicht nach Freiheit, Gleichheit und Brüderlichkeit, sondern nach Ordnung, Zucht und Innerlichkeit. Deutsche Kultur statt westlicher Zivilisation: Selbst Thomas Mann war sich nicht zu schade, noch im letzten Kriegsjahr ein ganzes Buch, seine „Betrachtungen eines Unpolitischen“, diesem vermeintlichen Gegensatz zu widmen. Als Deutschland sich 1918/19 in eine parlamentarische Demokratie verwandelte, galt diese Regierungsform auf der deutschen Rechten als System der Sieger und damit als undeutsch. Thomas Mann gehörte zu jener Minderheit von Intellektuellen, die rasch erkannten, dass die erste deutsche Demokratie, die Weimarer Republik, sehr wohl an deutsche Traditionen anknüpfen konnte: an das schwarz-rot-goldene Erbe von 1848, das in der Arbeiterschaft freilich sehr viel stärker nachwirkte als im Bürgertum.

Als parlamentarische Demokratie ist die Republik von Weimar, wie sie aus Niederlage und Revolution hervorging, nur elf Jahre alt geworden. Im Frühjahr 1930 zerbrach die letzte Koalitionsregierung, die sich auf eine Mehrheit im Reichstag stützen konnte, an einem Streit um die Reform der Arbeitslosenversicherung. Es folgten drei Jahre, in denen Präsidialkabinette mit Hilfe von Notverordnungen des Reichspräsidenten regierten. Der Reichstag hatte in dieser Zeit als Gesetzgebungsorgan sehr viel weniger zu sagen als im Kaiserreich. Die Entparlamentarisierung gab mit innerer Logik antiparlamentarischen Kräften von rechts und links Auftrieb, den Nationalsozialisten noch sehr viel mehr als den Kommunisten. Adolf Hitler verstand es meisterhaft, einerseits an den seit Bismarcks Zeiten verbrieften Teilhabeanspruch des Volkes zu appellieren, der seit 1930 gewissermaßen ins Leere lief, und andererseits das verbreitete Ressentiment gegenüber der parlamentarischen Demokratie zu schüren, die ja mittlerweile tatsächlich gescheitert war. Der Führer der Nationalsozialisten wurde somit zum Nutznießer der ungleichzeitigen Demokratisierung Deutschlands: der frühen Einführung des allgemeinen

Frauenwahlrecht

Nach dem Stürz des Kaisers konnten bei den Wahlen zur Nationalversammlung im Januar 1919 erstmals Frauen ab 20 Jahren reichsweit ihre Stimme abgeben. Auch das passive Wahlrecht besaßen sie nun – von 423 gewählten Abgeordneten waren 36 weiblich. Deutschland war in Europa die achte Nation, die das allgemeine Frauenwahlrecht einführte.

und gleichen Wahlrechts (das seit 1919 auch den Frauen zustand) und der späten Parlamentarisierung des Regierungssystems im Zeichen der Niederlage von 1918.

In das Amt des Reichskanzlers, das ihm Reichspräsident Paul von Hindenburg am 30. Januar 1933 übertrug, gelangte Hitler zwar nicht aufgrund eines Wahlsiegs: Bei den Reichstagswahlen vom 6. November 1932 hatten die Nationalsozialisten sogar gegenüber der vorausgegangenen Wahl vom 31. Juli 1932 über zwei Millionen Stimmen verloren. Aber Hitler blieb Führer der mit Abstand stärksten Partei, und als solcher war er ein Machtfaktor, mit dem konservative Politiker aus dem Umfeld des Altpreußen Hindenburg rechneten und den sie für ihre Zwecke einzuspannen gedachten. Nachdem er an die Spitze einer „nationalen Regierung" berufen worden war, in der die Anhänger der monarchistischen Deutschnationalen die Nationalsozialisten weit überwogen, hätte es nur eine Möglichkeit gegeben, Hitler abzuwählen: bei der Reichstagswahl vom 5. März 1933. Tatsächlich erreichte die NSDAP damals „nur" 43,9 Prozent der Stimmen. Aber da die Koalitionspartner der „Kampffront Schwarz-Weiß-Rot" auf 8 Prozent kamen, ergab sich daraus eine eindeutige Mehrheit von 51,9 Prozent für die Regierung Hitler.

Mit Terror und Unterdrückung allein hätte Hitler sich nicht zwölf Jahre an der Macht behaupten können. Doch er wusste sich durch Erfolge zu legitimieren: erst in der Bekämpfung der Arbeitslosigkeit, wobei die Rüstungsindustrie eine zunehmend wichtige Rolle spielte, dann auch in der Außenpolitik. Nichts war in Deutschland populärer als Gesten und Entscheidungen, die geeignet waren, das Trauma der Niederlage von 1918 zu lindern. Spätestens seit dem März 1936, als Hitler die entmilitarisierte Zone des Rheinlands besetzen ließ, ohne dass die Westmächte tätig wurden, funktionierte in Deutschland der „Führermythos". Als zwei Jahre später durch den „Anschluss" Österreichs der großdeutsche Traum in Erfüllung ging, erreichte das Ansehen Hitlers schwindelerregende Höhen.

Die Angliederung des Sudetenlands im Herbst 1938 war hingegen für die meisten Deutschen bislang kein Herzensanliegen gewesen, die Zerschlagung der restlichen Tschechoslowakei und die Errichtung des „Protektorats Böhmen und Mähren" im März 1939 erst recht nicht. Dennoch waren die meisten Deutschen beeindruckt, dass auch diese Aktionen zur Steigerung deutscher Macht von den Siegermächten ohne massive Reaktionen hingenommen wurden. Und wie stets fanden sich auch jetzt Wissenschaftler, die Hitlers Taten rechtfertigten. Der österreichische, seit 1935 in Münster lehrende Rechtshistoriker Karl Gottfried Hugelmann, ein entschiedener Großdeutscher, schrieb 1940, die „Eingliederung" des tschechischen Volks in das Großdeutsche Reich sei vom Reichsbegriff her berechtigt und sinnvoll. Es müsse sogar einleuchten, „dass mit der Eingliederung des Protektorates Böhmen und Mähren in das großdeutsche Reich dessen Charakter als Reich … nur noch stärker hervortritt".

Von allen Brücken zwischen Hitler und dem gebildeten Deutschland war der Reichsmythos wohl die wichtigste. Das „Reich" brachte Empfindungen zum Schwingen, die sich einer Kontrolle durch die Vernunft zu entziehen schienen. Hitler war sich dieser Wirkung voll bewusst. Nach dem „Anschluss" Österreichs ließ er die alten Reichsinsignien, darunter Krone, Reichsapfel, Szepter und Schwert, aus Wien, der Stadt der Habsburgerkaiser, nach Nürnberg, in die Stadt der Reichsparteitage, bringen. Auf dem Reichsparteitag „Großdeutschland" erklärte er am 12. September 1938, er habe dies getan, „um nicht nur dem eigenen deutschen Volk, sondern auch einer ganzen Welt es zu bedenken zu geben, dass über ein halbes Jahrtausend vor der Entdeckung der Neuen Welt schon ein gewaltiges germanisch-deutsches Reich bestanden hat … Das deutsche Volk ist nun erwacht und hat seiner tausendjährigen Krone sich selbst als Träger gegeben."

Der Glanz des Reichs ließ viele über vieles hinwegsehen. Als im September 1935 die „Nürnberger Gesetze" verabschiedet wurden, die die staatsbürgerliche Gleichberechtigung der Juden aufhoben und die „Nichtarier" einer entwürdigenden Diskriminierung unterwarfen, gab es, wenn man den amtlichen Berichten über die Stimmung in der Bevölkerung glauben darf, nicht nur keine Proteste, sondern Erleichterung darüber, dass die „Judenfrage" nunmehr auf gesetzlichem Weg gelöst schien. Den Krieg, der am 1. September 1939 mit dem Überfall auf Polen begann, hatten die

Deutschen nicht ersehnt, sondern gefürchtet. Als aber Rundfunk und Zeitungen zunächst nur Siegesmeldungen brachten, wuchs der Stolz auf den „Führer“ und die Wehrmacht. Ihren absoluten Höhepunkt erreichte Hitlers Popularität, als im Juni 1940 Frankreich kapitulierte. Die Schmach von 1918 schien ausgelöscht, der Erste Weltkrieg im Nachhinein doch noch gewonnen.

Anders als die Feldzüge gegen Polen und Frankreich war der Krieg gegen die Sowjetunion kein „Blitzkrieg“. Er war infolgedessen bei den Deutschen auch nicht beliebt. Dennoch taten sie, was sie für ihre Pflicht hielten, und manche sehr viel mehr als das. Von evangelischen und katholischen Bischöfen erfuhr Hitler Lob und Anerkennung für seinen Kampf gegen den atheistischen Bolschewismus. Der Bischof von Münster, Clemens August Graf von Galen, der mutige Kritiker der Tötung von Geisteskranken, zitierte in seinem Hirtenbrief vom 14. September 1941 sogar zustimmend Hitlers Wort von der „jüdisch-bolschewistischen Machthaberschaft“ in Moskau. Für den Historiker Reinhard Wittram, der an der „Reichsuniversität“ Posen lehrte, war der Deutsche der „Soldat Europas“, der eine „neue Ordnung“ verwirkliche und damit Europa wieder „ein Ganzes“ werden lasse. Er tue dies im Kampf gegen den „Ungeist“ im Osten, gegen die „Widerkraft, die alles in Frage stellte, was diesem Erdteil seinen geschichtlichen Rang verliehen hat“.

Es war in der Regel nicht opportunistische Anbiederung, was deutsche Akademiker veranlasste, dem Regime ihre Feder und ihre Stimme zu leihen. Sie schrieben und sprachen nicht wider besseres Wissen; sie stellten der Führung des Großdeutschen Reichs zur Verfügung, was sie für ihr Wissen hielten und was ihr Glaube war. Sie stimmten mit Hitler wenn nicht in allem, so doch in vielem überein. In dem verballhornten deutschen Bildungsgut, aus dem er lebte und das er in Politik umsetzte, konnten sich große Teile des gebildeten Deutschland immer noch wiedererkennen – seine jüngeren Vertreter vorbehaltloser als die älteren, die in der Zeit vor 1914 aufgewachsen waren und ihre Vorbehalte gegenüber der Vulgarität des „Emporkömmlings“ nie ganz überwanden.

In den Jahren von 1933 bis 1945 erreichte der deutsche Nationalismus das Stadium seiner äußersten Perversion. Im Bismarckreich waren die radikalen Judenfeinde eine Minderheit gewesen; im Reich Adolf Hitlers waren die extremen Antisemiten an der Macht. Die Deutschen hatten in ihrer Mehrheit weder rohe Gewalt gegenüber den Juden befürwortet noch gar deren Ausrottung gefordert. Doch nachdem sie die staatsbürgerliche Entrechtung der „nichtarischen" Deutschen entweder begrüßt oder widerspruchslos hingenommen hatten, waren sie moralisch gelähmt. Über die Vernichtung der europäischen Juden wurde während des Zweiten Weltkriegs in Deutschland sehr viel mehr bekannt, als später zugegeben wurde. Doch zum Wissen gehört das Wissenwollen, und daran fehlte es bei den meisten Deutschen.

Die Ideen der Menschen- und Bürgerrechte hatten seit dem späten 18. Jahrhundert auch in Deutschland beredte Fürsprecher gefunden. Aber politisch erkämpft wurden diese Rechte von den Deutschen nicht. Am Ende war dies wohl der tiefere Grund, warum eine Bewegung wie der Nationalsozialismus 1933 die Herrschaft über Deutschland erringen und zwölf Jahre lang behaupten konnte. Als 1945 alles vorüber war, zerfiel fast schlagartig, was vom „Führermythos" noch übrig war. Den Deutschen und der Welt blieb erspart, was Hitler sich für die Zeit nach dem „Endsieg" vorgenommen hatte: die endgültige Überwindung des Christentums, in dem nach seiner Überzeugung der Geist des Judentums immer noch fortlebte.

Nach 1945 war fast alles anders als nach 1918. Die Sieger besetzten das besiegte Land, und als sie sich über seine Zukunft nicht verständigen konnten, teilten sie es. Soweit das Führungspersonal des „Dritten Reichs" den Krieg überlebt hatte und in die Hände der Alliierten fiel, wurde es zur Rechenschaft gezogen. Frühzeitig gab es auch deutsche Stimmen, die von deutscher Schuld sprachen und eine gründliche Umkehr forderten: Das „Stuttgarter Schuldbekenntnis" des Rates der Evangelischen Kirche in Deutschland vom Oktober 1945 war ein solches Beispiel. Beifall für Kriegsunschuld- und Dolchstoßlegenden war, im Unterschied zur Zeit nach dem Ersten Weltkrieg, nach 1945 nur selten zu hören. Allmählich fanden auch einige der Deutschen Anerkennung, die unter Einsatz ihres Lebens Widerstand geleistet hatten, wobei die späten Gegner Hitlers aus Adel, Militär, Beamtentum und Kirchen gegenüber den frühen Opponenten aus der Arbeiterschaft deutlich bevorzugt wurden: Aus dem Attentat vom 20. Juli 1944 wurde in den fünfziger Jahren eine Art Gründungsmythos der Bundesrepublik Deutschland. Die SS galt schon in den ersten Nachkriegsjahren als verbrecherisch; von der Wehrmacht hieß es dagegen, sie sei im Großen und Ganzen „anständig" geblieben. Der Mord an den europäischen Juden wurde nicht geleugnet, aber lange nur als ein Verbrechen unter anderen betrachtet, für das Hitler, Heinrich Himmler und ihre unmittelbaren Helfer die Verantwortung trugen. Die moralische Verurteilung des Regimes und seiner obersten Führer ging Hand in Hand mit Verständnis für die vielen, die nur „verführt" worden waren, unter massivem Druck gehandelt oder ganz einfach ihre Pflicht getan hatten.

Es bedurfte eines Generationenwechsels, damit sich im Westen Deutschlands eine kritischere Sicht der Jahre 1933 bis 1945, ja der neueren deutschen Geschichte überhaupt durchsetzen konnte. Seit Anfang der sechziger Jahre wurde die bis dahin vorherrschende apologetische Deutung des Kriegsausbruchs von 1914 und der deutschen Kriegsziele im Ersten Weltkrieg in Frage gestellt und schließlich überwunden. Seit Ende der siebziger Jahre rückte der Holocaust immer mehr ins Zentrum der Beschäftigung mit der Zeitgeschichte. Von einem überwiegend selbstkritischen Umgang mit der deutschen Vergangenheit kann man, was die Gesellschaft der Bundesrepublik angeht, aber erst seit den achtziger Jahren sprechen.

Eine zweite Chance in Sachen Demokratie erhielten nach 1945 nur die Deutschen, die in den westlichen Besatzungszonen, der späteren Bundesrepublik Deutschland, lebten. Nur hier war es möglich, aus den Erfahrungen der Weimarer Republik zu lernen und eine funktionstüchtige parlamentarische Demokratie aufzubauen, die ihren Gegnern vorsorglich den Kampf ansagte und allen Versuchen, die Verfassung mit scheinbar legalen Mitteln zu beseitigen, einen wirksamen Riegel vorschob. Das „Wirtschaftswunder" der fünfziger Jahre und die rasche Rehabilitierung durch die Westalliierten taten das ihre, um aus der Bundesrepublik eine westliche Demokratie zu machen, wie es sie zuvor in Deutschland nicht gegeben hatte.

Die Öffnung gegenüber der politischen Kultur des Westens konnte sich auch deshalb einigermaßen „organisch" vollziehen, weil die innenpolitischen Fronten in der frühen Bundesrepublik völlig andere waren als in der ersten deutschen Republik. Damals war die Rechte nationalistisch und die Linke internationalistisch gewesen. In der Ära Adenauer betrieb die rechte Mitte unter Führung der Unionsparteien eine Politik der supranationalen Integration, während die gemäßigte Linke, die Sozialdemokratie unter Kurt Schumacher und Erich Ollenhauer, für den Vorrang der Wiedervereinigung eintrat und so ein nationales Profil gewann. Der Ruf, die Partei der deutschen Einheit zu sein, half der SPD später, nach dem Machtwechsel von 1969, unter der Kanzlerschaft Willy Brandts die Westbindung durch die Politik der Ostverträge zu ergänzen und so die Folgen der deutschen Teilung und namentlich die der Berliner Mauer für die Deutschen erträglicher zu gestalten.

Den Deutschen, die in der Sowjetischen Besatzungszone, der späteren Deutschen Demokratischen Republik, lebten, wurde nach 1945 ein kommunistisches Regime aufgezwungen, das zu keiner Zeit über eine demokratische Legitimation verfügte. Sie konnten sich von der Diktatur erst im Herbst 1989 durch jene „friedliche Revolution" befreien, deren Anfänge bis in das Jahr 1980 zurückreichen, als in Polen die unabhängige Gewerkschaft „Solidarnosc" gegründet wurde. Die neugewonnene Freiheit nutzten die Ostdeutschen, um im Jahr darauf die DDR durch Beitritt zur Bundesrepublik aufzulösen.

Seit dem 3. Oktober 1990 ist die deutsche Frage in jeder Hinsicht gelöst. Erstens ist durch die Wiedervereinigung endgültig geklärt, wo Deutschland liegt, wo seine Grenzen verlaufen, was dazu gehört und was nicht. Die deutsche Frage konnte also nur im Zusammenhang und zeitgleich mit einem anderen Jahrhundertproblem, der polnischen Frage, gelöst werden: Die völkerrechtlich verbindliche Anerkennung der deutsch-polnischen Grenze an Oder und Görlitzer Neiße war eine der Voraussetzungen dafür, dass Deutschland in den Grenzen von 1945 wiedervereinigt werden konnte. Zweitens gibt es keinen Gegensatz mehr zwischen Einheit und Freiheit: Seit dem 3. Oktober 1990 ist das Doppelziel von 1848 verwirklicht. Drittens ist die deutsche Einheit zu westlichen Bedingungen, unter Beibehaltung der Mitgliedschaft der Bundesrepublik im Atlantischen Bündnis, erreicht worden. Damit hat Deutschland aufgehört, ein Problem der europäischen Sicherheit zu sein.

Die „alte" Bundesrepublik hatte sich in ihrer Spätphase nach der inzwischen klassischen Formel des Historikers und Politikwissenschaftlers Karl Dietrich Bracher zunehmend als eine „postnationale Demokratie unter Nationalstaaten" verstanden. Das wiedervereinigte Deutschland ist ein Nationalstaat, aber keiner des klassischen Typs. Es ist ein postklassischer demokratischer Nationalstaat wie die anderen Mitglieder der Europäischen Union auch. Die „neue" Bundesrepublik übt Teile ihrer Souveränität gemeinsam mit anderen Mitgliedern dieses supranationalen Staatenverbunds aus und hat andere Teile, wie die Währungshoheit, auf Einrichtungen der Union übertragen.

Vom ersten deutschen Nationalstaat, dem von Bismarck gegründeten Deutschen Reich, trennt das wiedervereinigte Deutschland vieles – nämlich alles, was für den preußisch-deutschen Militär- und Obrigkeitsstaat typisch war. Als Rechts-, Bundes- und Sozialstaat steht die „neue" Bundesrepublik aber auch in Traditionen, die weit hinter die Weimarer Republik zurückreichen. Dasselbe gilt für die parlamentarische Debattenkultur und die Parteiengeschichte. Auch in räumlicher Hinsicht gibt es eine Kontinuität zwischen dem ersten und dem zweiten deutschen Nationalstaat. Der Zwei-plus-Vier-Vertrag, die völkerrechtliche Gründungsurkunde des wiedervereinigten Deutschland, hat, wenngleich auf einem sehr viel kleineren Territorium, Bismarcks kleindeutsche Lösung insofern bestätigt, als diese ein Deutschland ohne Österreich geschaffen hat.

Das Ergebnis einer so widerspruchsvollen Geschichte wie der deutschen des 19. und 20. Jahrhunderts in einem einzigen Satz zusammenzufassen erscheint unmöglich. Doch es gibt einen solchen Satz. Er stammt aus der Rede, die Bundespräsident Richard von Weizsäcker am 3. Oktober 1990 in der Berliner Philharmonie hielt, und lautet: „Der Tag ist gekommen, an dem zum ersten Mal in der Geschichte das ganze Deutschland seinen dauerhaften Platz im Kreis der westlichen Demokratien findet."

KAHLSCHLAG RUND UM TANNENBERG

Aufstieg und Fall des deutschen Nationalstaats haben Ostpreußen erschüttert wie keine andere Provinz. Die einstige Bastion preußischer Liberalität hat sich nach 1945 nie richtig erholt.

Von Walter Mayr

Langsam verwehen die Spuren. Alte deutsche Inschriften an Kornspeichern in Memel verschwinden, verlassene Dorfgasthäuser unter Storchennestern im Samland, backsteinerne Bauernhöfe in Masuren. Burgen und Kirchen vor allem trotzen der Zeit. Von Nimmersatt über Königsberg nach Tannenberg, einmal längs durchs alte Ostpreußen, führt der Weg auf 319 Kilometern durch drei Länder. Was einmal nördlichste deutsche Provinz war, gehört heute zu Litauen, Russland und Polen. Nimmersatt, letzter Außenposten des Kaiserreichs an der Grenze zu Russland, heißt jetzt Nemirseta. Königsberg, einst „Preußische Haupt- und Residenzstadt", ist zu Kaliningrad geworden. Wo Tannenberg war, erst Schädelstätte, dann Wallfahrtsort der deutschen Nation, ist nun auf polnischen Landkarten Stebark verzeichnet.

Am Wegesrand liegen, Mahnmalen gleich, Trümmer deutscher Geschichte im Osten: Fundamente der Memeler Ordensburg von 1252, zwischen den Werkhallen einer litauischen Fabrik für Schiffsreparaturen; der Gedenkstein für die traditionsreiche Albertus-Universität, groteske Miniatur vor einer Wand aus Plattenbauten am Kaliningrader Pregel-Ufer; das Weihwasserbecken der 600 Jahre alten Marienkapelle auf dem Tannenberger Schlachtfeld, verloren zwischen Triumphstelen aus Werkstätten der polnischen Volksrepublik.

Wahr geworden ist, wiewohl anders als geplant, was Joseph Goebbels im Juli 1931 prophezeit hatte: dass das Schicksal des fern gelegenen Ostpreußen „ein guter Gradmesser für das Steigen oder Fallen unseres Volkstums" sei. Wie kein anderer Landstrich hatte die Provinz zwischen Weichsel und Memelgebiet, erst 1871 dem deutschen Staatsverband zugeschlagen, bereits die Schrecken des Ersten Weltkriegs aus der Frontperspektive erlebt. Drei Jahrzehnte später, am Ende der Träume vom Tausendjährigen Reich, wird sie von der Landkarte getilgt.

Ein Fünftel der zweieinhalb Millionen Einwohner Ostpreußens ist bei Ende des Zweiten Weltkriegs für den Führer gefallen, auf der Flucht erfroren, verhungert, im KZ erschossen oder vergast worden. 700 Jahre deutscher Geschichte im angestammten Siedlungsraum von Slawen und Balten sind seither wenn nicht ausgelöscht, so doch in Scherben geschlagen.

Geblieben ist das Erbe der jüngeren Vergangenheit, auf Ostpreußens Boden zu besichtigen in Gestalt der Ruinen von Görings Reichsjägerhof nahe Rominten und der Bunkerwelt Hitlers bei Rastenburg. Unwiederbringlich verloren, nur in Werken von Historikern und ostpreußischen Erzählern weiter beschworen, ist das ältere Erbe – aus einer Zeit, da Deutschland noch keine Nation und das Gebiet des späteren Ostpreußen Heimat von Slawen, Balten, Deutschen und Juden war. Mit einer Grenze im Norden, die ein halbes Jahrtausend lang hielt – länger als jede andere in ganz Europa.

Nimmersatt, „wo das Reich sein Ende hat", wie es früher hieß, ist nun das Zuhause von Stanislawa Griziene. Die Litauerin bewohnt mit acht weiteren Familien früherer Kolchos-Arbeiter das alte Dumbris-Anwesen, ehemals letztes Gehöft auf deutschem Staatsgebiet. Wo das Grundstück endet, stecken in der Erde noch Grenzpfosten, die bis 1917 das Herrschaftsgebiet Kaiser Wilhelms II. von dem des Zaren Nikolaus II. trennten.

Stanislawa, mit neun Geschwistern in einem Dorf hinter der Grenze aufgewachsen, war zwei Jahre alt, als die deutschen Besitzer den Dumbris-Hof verließen. Sie war zehn, als sie in den Kolchos geschickt wurde, wo sie dann ihr halbes Leben verbrachte. Jetzt ist sie Rentnerin, schlägt sich mit 80 Euro im Monat durch und weiß über die Geschichte ihres Orts nicht mehr, als dass er einmal in Deutschland lag.

Dabei galt Nimmersatt in der Kaiserzeit als Attraktion. Memelländer deutscher und litauischer Sprache mischten sich hier im

Grenzgebiet mit Juden und Polen. Dazu kamen Berliner Sommerfrischler, die den abgelegenen Ort schätzten, malerisch durch einen Kieferngürtel vom Ostseestrand nördlich Memels getrennt. Es lockten Krebsgerichte im Kurhaus Karnowsky und Dorschklopse bei Reimann kurz vor dem Schlagbaum, dazu Ausflüge ins nahe Seebad Polangen.

In Nimmersatt kostete die Grenzkarte 0,10 Mark für den Übertritt ins nahe Zarenreich, das seine Gäste, nur ein paar Minuten Fahrt mit dem Pferdefuhrwerk entfernt, durch einen Kosakenkordon an der „Tamoschnje", der Zollstation, in Empfang nahm. Nach der Rückkehr, so warben Fremdenverkehrs-Profis von damals, würde sich der Reisende um 13 Tage jünger fühlen – des in Russland geltenden Julianischen Kalenders wegen.

Mit der grenzüberschreitenden Strandidylle ist nach dem Ersten Weltkrieg schnell Schluss. Am 15. Februar 1920 wird das Memelgebiet gemäß Abschnitt X, Artikel 99 des Versailler Vertrags unter Völkerbund-Verwaltung gestellt. Drei Jahre später besetzen Truppen der jungen Republik Litauen den Sprengel, der seit 1422 unter deutscher Hoheit steht.

„Mindestens ein Jahrhundert" an Zivilisation trenne das Memelgebiet von seiner Nachbarregion, warnen die vom Völkerbund entsandten internationalen Gutachter in ihrem Abschlussbericht: „Es ist eine richtige Grenze zwischen West und Ost, zwischen Europa und Asien. Ein großer Teil der Litauer memelländischen Stammes fürchtet sich vor dem Anschluss an Litauen."

Die Annexion hat dennoch Bestand, 16 Jahre lang. Erst am 22. März 1939, nach Wochen und Monaten diplomatischen Drucks und unverhohlener Drohungen aus Berlin, geben die Litauer ihr Beutestück wieder frei. Einen Tag später fährt Adolf Hitler im offenen Mercedes-Cabrio, Kennzeichen 1A-148764, die Marktstraße von Memel aufs Ännchen-von-Tharau-Denkmal zu und verkündet vom Balkon des Stadttheaters aus die Heimkehr der Memelländer ins Reich.

Die Stadt Memel, heute Klaipeda, von Nimmersatt aus auf der Küstenstraße Richtung Süden nach 23 Kilometern erreicht, liegt an der Mündung des Kurischen Haffs in die Ostsee. Seit dem Hochmittelalter nordöstlichster befestigter Vorposten deutscher

Machthaber – der Ordensritter, preußischer Herzöge, Könige und schließlich des Kaisers –, teilt Memel das Schicksal anderer Frontstädte: ausbaden zu müssen, was weit entfernt im Hinterland beschlossen wurde.

Jeder Schlag gegen den Orden und später gegen Preußen trifft zuerst Memel, dessen Burg, noch vor der Königsbergs, errichtet wird. „Die memele war zu verne gelegen, Got der mußte ir selber pflegen", dichteten bald schon die Kreuzritter des Deutschen Ordens über die entlegene Stadt – und widmeten sich statt deren Schutz lieber der Unterwerfung heidnischer Pruzzen und Kuren sowie Kriegen mit dem Königreich Polen-Litauen. In deren Folge wird Memel ein halbes Dutzend mal geplündert oder abgebrannt.

Erst als der letzte Hochmeister des Ordens, Markgraf Albrecht von Brandenburg-Ansbach, zum Luthertum konvertiert und 1525 den Ordensstaat in ein weltliches Herzogtum Preußen überführt, brechen für Memel wie den Rest der Gebiete im späteren Ostpreußen bessere Zeiten an.

Denn Albrecht, der sich nun Herzog nennt, legt den Grundstein für jenes preußische Staatsgebäude, das bis weit ins 19. Jahrhundert hinein als Modell für ethnische Vielfalt und religiöse Toleranz gelten darf. Treu dem Fürsten und in überwiegender Mehrheit auch dem lutherischen Glauben, entwickeln Untertanen verschiedenster Muttersprachen ein Zugehörigkeitsgefühl zum preußischen Staat.

Litauer, die jenseits der Grenzen Preußens unter polnischer, ab Ende des 18. Jahrhunderts dann unter russischer Herrschaft leben

Deutscher Orden

Während des Dritten Kreuzzugs gründeten norddeutsche Kaufleute 1190 einen Krankenpflegeorden, der schon bald zu einem geistlichen Ritterorden mit Sitz in Akko (nahe Haifa) wurde. Im 13. Jahrhundert kolonisierten die Ordensritter Ostpreußen und errichteten dort einen eigenen Staat, der bis 1525 Bestand hatte. Napoleon löste den Orden 1809 in Deutschland auf; fortan wurde er von Wien aus geleitet und 1929 in einen rein geistlichen Orden umgewandelt.

und sich in ihrer Heimat an den Rand gedrängt fühlen, wandern über Jahrhunderte in bedeutender Zahl zu, in die Gegend um Tilsit und Insterburg, aber auch und vor allem ins Memelgebiet.

In umgekehrter Richtung werden Bücher in litauischer Sprache aus Preußen über die Grenze geschmuggelt – Bibelübersetzungen, Grammatiken, Versepen. An der Universität Königsberg gelangt das Litauische Seminar zur Blüte. Herder, Lessing, Hamann und Kant befassen sich eingehend mit der archaischen Sprache. Dem Litauischen entsprungen sind „deutsche" Lieder wie „Flogen einst fünf wilde Schwäne" und Sprichwörter: „Gott gab Zähne, Gott wird auch Brot geben."

Die Kehrtwende im Verhältnis zwischen Preußens Herrschern und seinen Untertanen fremder, das heißt: litauischer oder kurischer, polnischer oder masurischer, jiddischer, lettischer oder kaschubischer Zunge, kommt 1871. „Mit der kleindeutschen Reichsgründung ging ein chauvinistischer Nationalismus einher, der die multiethnischen Traditionen Preußens aus vornationaler Zeit hinwegfegte", schreibt Andreas Kossert in seinem eindrucksvollen Werk „Ostpreußen – Geschichte und Mythos".

Warnsignale hatte es schon zuvor gegeben, darunter die Tiraden des Historikers Heinrich von Treitschke, der 1862 in seinem Artikel „Das deutsche Ordensland Preußen" den Brückenschlag probt – er will das Königreich der Hohenzollern in lotrechter Linie mit Geschichte und Wertekanon des Ordensstaats verbunden sehen; mit „dem gewaltigen Schaffen unseres Volkes", so Treitschke, „als Bezwinger, Lehrer, Zuchtmeister unserer Nachbarn".

Der nationale Taumel im Gefolge der Reichsgründung 1871 führt auch im östlichen Preußen zu einer flächendeckenden Besinnung auf „deutsche" Werte. Patriotische Vereine und Verbände werden gegründet. 1873 folgt ein wegweisender Regierungserlass: Er erhebt die deutsche Sprache zur alleinigen Unterrichtssprache in den Elementarschulen, außer im Fach Religion. Für viele Kinder im Memelland bedeutet dieser Schritt den schlagartigen Wechsel hin zum vollständigen Fremdsprachenunterricht.

Die litauischen Preußen wehren sich gegen die Assimilierungspolitik heftiger als andere Minderheiten im Reich, gleichwohl vergebens. Ihre Sprache stirbt in den folgenden Jahrzehnten einen langsamen Tod. So wie nach 1945, nach Flucht und Vertreibung, das memelländische Niederdeutsch aussterben wird – eine Sprache, wie es sie nur hier im Grenzland geben konnte, wo der Mensch „rabotticken" (arbeiten, aus dem Russischen) musste, ohne viel zu „schabbern" (plaudern, ostpreußisch), damit er seine „Scheimienes" (Familie, litauisch) durchbrachte und mit ihr keinen „Zorres" (Ärger, jiddisch) bekam.

Nach der Einnahme des Memelgebiets durch die Rote Armee im Januar 1945 vergeht noch beinahe ein halbes Jahrhundert, ehe Litauen, nunmehr ein Land fast ohne deutsche, jüdische und kurische Bewohner, seine nationale Wiedergeburt feiern kann. Seither ist Klaipeda, ehemals Memel, mit seiner Kulisse aus Kopfsteinpflaster, Fachwerkhäusern und wilhelminischer Hauptpost die preußischste Stadt der jungen Republik. Selbst der granitene Gedenkstein am alten Stadtfriedhof von Memel, der nun die „Einheit der litauischen Nation" beschwört, steht für die wechselvolle Geschichte des Landstrichs – er markierte einst die Grenze unweit von Nimmersatt, am nördlichen Ende des Deutschen Reichs.

Im alten Dom von Königsberg steht ein soignierter Herr. Er trägt Hemd mit Krawatte, Seidenschal, Schiebermütze. Und, seinem Tonfall nach zu schließen, jede Menge Verantwortung. „Da vorne, das ist das Grabmal von Herzog Albrecht, das richten wir jetzt wieder her", sagt er. „Da drüben kommt die neue Orgel hin, drei Millionen Euro, hat Putin gespendet." – „Und das hier, das ist das Taufbecken von Kant."

Igor Odinzow ist Russe, pensionierter Oberst der Sowjetarmee. Archäologe, Restaurator oder Philologe ist er nicht. Aber „das Taufbecken von Kant", rekonstruiert anhand von alten Fotografien und sechs passenden Scherben, die unlängst im Bombenschutt von Königsberg, heute Kaliningrad gefunden wurden, traut er sich zu bestimmen: „Wo sonst hätte Kant getauft werden sollen, wenn nicht hier?"

Immanuel Kant, 1724 in der Vorderen Vorstadt 22 geboren, ist in der Tat im Königsberger Dom getauft worden. Mitten im Herzen der alten Stadt also, zwischen zwei Pregel-Armen geborgen, auf dem Kneiphof – einer 1327 zur Stadt erhobenen, von Domherren, Kaufleuten und Gelehrten bewohnten Siedlung, die erst nach Kants Geburt mit Königsberg vereint wird.

Derzeit steht auf dem Kneiphof nur noch ein Gebäude, der Dom auf seinen Grundmauern aus dem 14. Jahrhundert. Und der auch nur dank Sowjet-Oberst a. D. Odinzow, der sich „mit 300 Rubeln in der Tasche" Anfang der Neunziger an die Rettung des zerbombten Gotteshauses wagte und den sie heute in Kaliningrad „Dombaumeister" nennen. Oben, im zweiten Stock des Turms, hat er ein Modell des Stadtteils aufbauen lassen, wie er früher war.

Der alte Kneiphof, acht Straßen quer, fünf längs, Hunderte Häuser, stand in Königsberg für die größtmögliche städtebauliche Verdichtung von Geist und Geistlichkeit. Das Domkapitel des Deutschen Ordens hatte hier ab 1322 seinen Sitz, Luthers Abgesandter hielt gut 200 Jahre später in der Kathedrale die erste protestantische Predigt.

Im Schatten des Doms und in Sichtweite des Königsberger Schlosses am anderen Pregel-Ufer aber bevölkerten den Kneiphof immer auch weltliche Würden- und Hoffnungsträger. Hier wohnte und lehrte Simon Dach, Autor des „Ännchen von Tharau", Professor für Poesie an der Albertina. Hier las Immanuel Kant, hier sammelte Johann Gottfried Herder Volkslieder. Der große Melancholiker Johannes Bobrowski besucht noch Anfang des 20. Jahrhunderts das Stadtgymnasium Altstadt-Kneiphof am Dom.

Ausgerechnet jener Bobrowski aus Tilsit an der Memel, der später über seine Kindheitslandschaft schreiben sollte, dass dort „Polen, Litauer, Russen, Deutsche miteinander lebten, unter ihnen allen die Judenheit – eine lange Geschichte aus Unglück und Verschuldung, seit den Tagen des Deutschen Ordens". Auf Königsberg trifft dieses Urteil weniger zu als auf jeden anderen Ort Ostpreußens.

Denn Königsberg, wiewohl Krönungsstadt der Preußen von 1701 bis 1861, zeichnet sich früh als Hort freiheitlicher Gesinnung und mäßig obrigkeitsfrommen Bürgertums aus. Unter Herzog Albrecht entwickelt sich die Stadt ab 1525 zum östlichen Zentrum der Reformation. 1544 wird die Albertus-Universität gegründet. Kant findet bereits fruchtbaren Boden vor, als er hier die Forderung nach dem „Ausgang des Menschen aus seiner selbstverschuldeten Unmündigkeit“ formuliert – die Kardinalthese der Aufklärung.

Auch was der Philosoph in seinem Postulat „Zum ewigen Frieden“ reklamiert, nämlich dass „niemand an einem Orte der Erde zu sein mehr Recht hat als der andere“, stößt in Königsberg schon infolge geografischer Gegebenheiten auf offene Ohren. Polnische, litauische, preußische Untertanen werden von hieraus mit muttersprachlichen Luther-Übersetzungen versorgt, und unliebsame Besucher aus der Nachbarschaft höflich erduldet, wenn es nicht anders geht – während der über dreijährigen russischen Besetzung der Stadt erstirbt selbst Kant in Briefform als „allerunterthänigster Knecht“ in „tiefster Devotion“ vor Russlands Kaiserin.

Das Ende Königsbergs als liberale Insel inmitten strukturkonservativer, junkerlich geprägter ostpreußischer Landstriche, der Abschied vom Kantschen Prinzip der Toleranz aus Vernunft, kommt langsam. Die Freisinnigen dominieren auch nach 1871 noch im Königsberger Rathaus; Bismarcks Ausweisungsbescheide für russische und polnische Juden werden nach Kräften unterlaufen; das Neue Schauspielhaus blüht ab 1911 unter den Intendanten Leopold und Fritz Jessner und Erwin Piscator auf. Doch das Nerven- und Kraftzentrum Preußens und mit ihm des Deutschen Reichs ist nun spürbar westwärts gerückt – nach Berlin. Dort gerät das Schicksal der ökonomisch rückständigen Provinz samt ihrer widerspenstigen Hauptstadt mehr und mehr aus dem Blick.

Nach verlorenem Ersten Weltkrieg, in dem Ostpreußen als einzige deutsche Provinz verwüstet wird, nach Abdankung der Hohenzollern und Versailler Vertrag, ist der Boden auch zwischen Weichsel und Memel bereitet für die Saat völkischer Hetzer – das Gebiet wird nach dem Verlust Westpreußens von vaterländischen Leitartiklern zur „abgetrennten Insel in der brodelnden Slawenflut“ aufgewertet und in den Rang einer Schicksalslandschaft der deutschen Nation erhoben.

Die Albertina wandelt sich zur „Ostlanduniversität“. Ein Semester dort gilt nun als Ritterschlag in nationalen Studentenkreisen. Die Ernennung des Veteranen von Königgrätz, Sedan und Helden von Tannenberg, Generalfeldmarschall Paul von Hindenburg, zum Ehrendoktor aller vier Fakultäten der ehrwürdigen Bildungsanstalt verkörpert beispielhaft den Geist der Zeit. Das physische Ende des alten Königsberg kommt dann 1944, im Bombenhagel der Royal Air Force.

Was übrigblieb von früher, wird heute wieder mit Leben erfüllt. Ins alte Pfarrhaus von Juditten, wo Johann Christoph Gottsched, Erneuerer der deutschen Dichtkunst, im Februar 1700 geboren wurde, schallt nun sonntags von nebenan das flehentliche „Gospodi pomiluij“, Herr erbarme Dich – Orthodoxe sind in der ältesten Kirche des Samlands untergekommen. Und im Dom auf dem Kneiphof spielt ein Solist aus Tscheljabinsk im Ural auf der neuen Orgel Werke von Bach.

Es gibt wieder Zwischentöne. Und Menschen, die Brücken schlagen. Von Kaliningrad nach Königsberg. Oswald Goralski ist 76 Jahre alt und der Letzte in Tannenberg, Ermland, mit einem backsteinernen Bauernhof. Der Letzte auch, der hier noch Deutsch spricht. Als Wegweiser im Gewirr von mittelalterlichen Schlachtfeldern, Heldenfriedhöfen, Denkmälern und Ruinen des Tausendjährigen Reichs rund um Tannenberg ist Goralski Gold wert. Denn die Geschichte des deutschen Schicksalsorts, der nun in Polen liegt, hat er im Blut.

Mütterlicherseits stamme er von Ordensrittern ab, sagt der temperamentvolle alte Herr – ein Grund für seine beinah familiäre Beziehung zur Schlacht von 1410, in der die Truppen des Königreichs Polen-Litauen drei Kilometer von Goralskis heutiger Haustür entfernt die Ritter des Deutschen Ordens vernichtend schlugen. Goralskis leiblicher Großvater wiederum hat das „Gasthaus Tannenberg“ geführt, im vorderen Teil des Klinkerbaus von 1894, den der Alte noch heute bewohnt. Hier kehrte Oberbefehlshaber Hindenburg ein, nachdem er sein Hauptquartier aufgeschlagen hatte in der örtlichen Dorfschule – während der zweiten großen Schlacht von Tannenberg. Sie dauerte fünf Tage im August 1914, kostete 120 000 russische Soldaten das Leben und begründete den Mythos von Hindenburg als dem Retter Ostpreußens.

Er selbst schließlich, sagt Oswald Goralski, habe dann im Januar 1945 die Ehre gehabt, kaum von einem Fluchtversuch zurückgekommen, auf der Küchenbank seines Elternhauses den Sowjet-

Major Lew Kopelew vorzufinden, in Gesellschaft eines Dutzends weiterer Soldaten und eines T-34-Panzers im Vorgarten. Dass sich hinter dem fürsorglichen, fließend deutschsprachigen Major in der heimischen Wohnstube tatsächlich der spätere Dissident und wegen Nestbeschmutzung in den Gulag verbannte Kopelew verbarg, habe er freilich erst später erfahren – durch Recherchen einer Wissenschaftlerin und spätere Briefe des Schriftstellers selbst.

1410/1914/1945 – an Tannenberg, einem Flecken im südlichsten Zipfel Ostpreußens, den die Polen Stebark nennen, hat die Geschichte Exempel statuiert: Die Niederlage von 1410 war der Anfang vom Ende des Deutschen Ordens. Der Triumph über die russische Narew-Armee 1914 war ein Stück vom Holz, aus dem Nationale und Nationalsozialisten später die These vom Versailler Schandvertrag schnitzten. Der Triumph- und Raubzug der Roten Armee vom Winter 1944/45 schließlich besiegelte das Ende der Provinz Ostpreußen und also auch Tannenbergs.

Hier, wo nicht nur Oswald Goralskis Vorfahren bis ins 20. Jahrhundert das dem Polnischen verwandte Masurisch sprachen, hat spätestens die Schul- und Religionspolitik des neugegründeten Reichs ab 1871 die Verhältnisse erschüttert. Von einem deutschen Bewusstsein habe bis 1870 nicht die Rede sein können, schreibt der Historiker Kossert. „Die Deutschen hießen Kaminski, Tomaschewski und Kossakowski", spottet Johannes Bobrowski in seinem Roman „Levins Mühle", „und die Polen Lebrecht und Germann."

Im Bismarckschen Kulturkampf aber geraten gerade die seit Jahrhunderten katholischen, sozusagen von der Taufe an als polenfreundlich verdächtigen Ermländer unter Beobachtung. Schulkinder müssen Eckenstehen, wenn sie beim Polnischsprechen ertappt werden, Laienpriester werden verfolgt. Und der Hohenzollern-Kaiser gefällt sich an der Spitze der Bewegung: „Jetzt ist es wieder so weit", wettert Wilhelm II. von der ostpreußischen Ordensfeste Marienburg herab: „Polnischer Übermut will dem Deutschtum zu nahe treten."

Nach dem verlorenen Ersten Weltkrieg und der Gründung der Republik Polen votiert nichtsdestotrotz eine überwältigende Mehrheit der preußischen Masuren und Ermländer im Rahmen einer Volksabstimmung 1920 für den weiteren Verbleib im deutschen Staatsverband. Rund um Tannenberg, in den Kreisen Allenstein, Osterode und Neidenburg, stimmen zwischen 86 und 99 Prozent der Befragten gegen Polen – in der Hoffnung, die Minderheiten kämen künftig wieder zu ihren Rechten.

Die politische Klasse der Weimarer Republik aber zieht aus dem Ergebnis andere Schlüsse. Das „Ja" der Bevölkerung im südlichen Ostpreußen zu Berlin wird als Etappensieg verbucht auf dem Weg zurück zu alter nationaler Größe. Unweit Tannenbergs, beim Städtchen Hohenstein, entsteht ab 1924 das „Tannenberg-Denkmal" – ein gewaltiger, der neolithischen Kultstätte Stonehenge nachempfundener Wallfahrtstempel für Anhänger der Dolchstoßlegende.

Die „steingewordene Eiterbeule deutschen Hochmuts", wie Lew Kopelew das Denkmal später nennen wird, lockt in der Folge Besucher aus ganz Deutschland nach Ostpreußen. Als der tote Reichspräsident Hindenburg 1934 im Denkmal beigesetzt wird, stehen Reichskanzler Hitler und die NSDAP-Elite noch dicht beim Sarg. Zehn Jahre und fünf Monate später werden Hindenburgs sterbliche Überreste von Wehrmachtssoldaten ins sichere Marburg verbracht – die Rote Armee steht kurz vor Tannenberg.

Verbrannte Erde und leerstehende Häuser, sonst finden die polnischen Neusiedler am Ende des Kriegs rund um Tannenberg nicht mehr viel vor. Das historische Gedächtnis der Gegend sei durch Flucht und Vertreibung der angestammten ermländischen und masurischen Bevölkerung verlorengegangen, sagt Oswald Goralski auf seinem alten Hof am Dorfrand: „Ich bin der letzte Ostpreuße hier."

DER DEUTSCHE WEG

1871 **Nach der Reichsgründung nimmt der Druck auf Minderheiten zu. Kanzler Otto von Bismarck lässt Katholiken und ab 1878 Sozialdemokraten verfolgen; die polnische, die französische und die dänische Minderheit werden diskriminiert. Antisemitische Verbände verzeichnen wachsenden Zulauf. Schon Zeitgenossen bezeichnen die Politik der Ausgrenzung sogenannter Reichsfeinde als „innere Reichsgründung".**

22. Juli 1913 **Das „Reichs- und Staatsangehörigkeitsrecht" schreibt das Abstammungsprinzip fest: Nur in Ausnahmefällen kann man ohne deutsche Vorfahren Deutscher werden. Die Regelung soll Auswanderern die Möglichkeit zur Rückkehr geben. Es herrscht Arbeitskräftemangel, und Berlin will auf Gastarbeiter möglichst verzichten. Erst 1999 wird das Abstammungsprinzip ergänzt.**

1914 bis 1918 **Im Ersten Weltkrieg strebt das Reich nach der Herrschaft über Europa. Die deutsche Regierung will Teile Frankreichs annektieren, den Kolonialbesitz erweitern, Belgien als Vasallenstaat ausbeuten; die Ziele im Osten bleiben unklar. Aufgrund der Niederlage ruft der Sozialdemokrat Philipp Scheidemann am 9. November 1918 die Republik aus. Kaiser Wilhelm II. dankt ab.**

1919 **Mit dem Friedensvertrag von Versailles verliert das Reich 13 Prozent seines Territoriums; 3,5 Millionen ehemals Reichsdeutsche leben fortan im Ausland. Die Alliierten verbieten den Anschluss Deutsch-Österreichs.**

30. Januar 1933 **Adolf Hitler wird Reichskanzler. Er fordert, dass alle Deutschen in einem Staat leben sollen und betreibt den Anschluss Österreichs, der 1938 erfolgt. Insgeheim strebt der Diktator nach der Weltherrschaft.**

15. September 1935 **Auf einem Parteitag der NSDAP werden die „Nürnberger Gesetze" verkündet. Jüdische Deutsche sind danach nur Staatsangehörige, nicht Reichsbürger. Ihre Rechte werden drastisch eingeschränkt.**

1. September 1939 **Das „Dritte Reich" greift Polen an. Nach dem Sieg annektiert Hitler Danzig,**

Westpreußen, das Wartheland und Ostoberschlesien. Zentralpolen wird als „Generalgouvernement“ dem Reich angegliedert.

27. Juli 1941 **Hitler erklärt im Hauptquartier, große Gebiete der europäischen Sowjetunion einschließlich der Krim sollen nach einem „Endsieg“ Teil des deutschen Herrschaftsgebiets werden. Die NS-Führung plant die Ermordung von Millionen Slawen.**

25. November 1941 **Eine Verordnung legt fest, dass deportierte jüdische Deutsche die Staatsangehörigkeit verlieren. Im Holocaust sterben ungefähr 6 Millionen Menschen aus ganz Europa.**

1. November 1943 **Die Sowjetunion, Großbritannien, die USA und China vereinbaren, dass nach einem Sieg die Republik Österreich wieder errichtet werden soll.**

7./8. Mai 1945 **Das Oberkommando der Wehrmacht kapituliert. Deutschland verliert infolge des Krieges ein Viertel seines Territoriums von 1937. 14 Millionen Deutsche flüchten oder werden vertrieben, mehrere hunderttausend Deutsche sterben.**

1949 **Die Bundesrepublik Deutschland und die von der SED beherrschte DDR werden gegründet. Beide Teilstaaten bekennen sich zur deutschen Einheit und erheben den Anspruch, für alle Deutschen zu sprechen.**

13. August 1961 **Die SED-Führung beginnt mit dem Mauerbau. Sie führt später eine DDR-Staatsbürgerschaft ein und gibt den gesamtdeutschen Geltungsanspruch auf.**

9. November 1989 **Die Mauer fällt. Bei den ersten freien Wahlen zur Volkskammer im März 1990 erhalten die Parteien, die sich für eine baldige Einheit aussprechen, ungefähr drei Viertel der Stimmen.**

3. Oktober 1990 **Die DDR tritt der Bundesrepublik bei. Diese bleibt in der Nato. Das geeinte Deutschland verzichtet auf die Ostgebiete.**

SCHAUPLÄTZE DER DEUTSCHEN GESCHICHTE

DEUTSCHLAND
Deutsches Historisches Museum (DHM) in Berlin
Einst war das Zeughaus preußisches Waffenarsenal und diente der Verherrlichung der Kriegskunst; 1877 wurde es Museum. Das Kaiserreich, die Nazis und die SED haben hier ihre Sicht auf die Geschichte gezeigt. Pfingsten 2006 eröffnete das DHM die Dauerausstellung zur deutschen Geschichte. Sie beginnt in der Antike – obwohl es damals noch keine Deutschen gab.
www.dhm.de

KRÖNUNGSSTÄTTE
Aachener Dom
Karl der Große wählte Aachen um 800 zu seiner Hauptresidenz, ließ hier Reichsversammlungen und Synoden abhalten. Die Pfalzkapelle, baulicher Ursprung des heutigen Doms, blieb über sechs Jahrhunderte glanzvoller Krönungsort.
www.aachendom.de

METROPOLE DES REICHS
Dom und Altstadt Quedlinburgs
König Heinrich I. errichtete ab 920 in Quedlinburg eine Königspfalz. Die Altstadt bietet mit mehr als 1000 Fachwerkhäusern, den Kirchen und dem Domschatz einen großartigen Einblick in die Welt des Mittelalters.
www.quedlinburg.de

MORGENGABE
Dom und Kulturhistorisches Museum in Magdeburg
Königssohn Otto I., als Kaiser später der Große genannt, schenkte 929 seiner Frau zur Hochzeit die Stadt Magdeburg. Der nach einem Brand im 13. Jahrhundert neuerrichtete Dom war der erste gotische Sakralbau auf deutschem Boden. Die Exponate im Kulturhistorischen Museum, darunter der Magdeburger Reiter,

zeugen von der einstigen Bedeutung der Stadt.
www.khmmagdeburg.de

KAISERGRÄBER
Kaiserdom zu Speyer
Kaiser Konrad II. ließ um 1030 mit dem Bau beginnen, 1061 wurde das kirchliche Symbol mittelalterlichen Kaisertums geweiht. Die Krypta ist Grablege für acht Kaiser und Könige. Der Dom zu Speyer ist die größte erhaltene romanische Kirche Europas.
www.dom-speyer.de

SCHATZKÄSTLEIN
Germanisches Nationalmuseum in Nürnberg
In Nürnberg residierten mehr als 30 Kaiser und Könige. Kultur und Kunsthandwerk prägten den Ruf als des „deutschen Reiches Schatzkästlein“. Das Albrecht-Dürer-Haus und das Germanische Nationalmuseum besitzen die größte Sammlung zur Geschichte deutscher Kunst und Kultur.
www.gnm.de

VERSTECK
Wartburg in Eisenach
Der Reformator Martin Luther – vom Kaiser geächtet und vom Papst gebannt – versteckte sich 1521/22 auf der Wartburg und übersetzte hier das Neue Testament aus dem griechischen Urtext.
www.wartburg-eisenach.de

FRIEDENSSAAL
Rathaus zu Münster
1648 beendete der Westfälische Frieden – im Rathaus zu Münster verhandelt – den Dreißigjährigen Krieg, dem schätzungsweise fast die Hälfte der Deutschen zum Opfer fiel. Der Friedenssaal ist Teil des historischen Rathauses.
www.muenster.de/stadt/kongress1648

KLASSIKER
Weimar
Herzogin Anna Amalia und ihr Sohn Carl August lockten große Geister an ihren Hof: Goethe, Schiller, Herder, Wieland. Mehr als zwei Dutzend Kulturdenkmäler zählen zum klassischen Weimar.
www.klassikstiftung.de

SCHWARZ-ROT-GOLD
Hambacher Schloss in Neustadt an der Weinstraße
1832 versammelten sich 30 000 Menschen auf dem Hambacher Schlossberg. Unter schwarz-rot-goldenen Fahnen forderten sie Freiheit und nationale Einheit. Das Schloss wird zum 175. Jahrestag umgebaut und ist ab 25. Mai wieder zu besichtigen.
www.hambacher-schloss.de

REVOLUTION
Paulskirche in Frankfurt
In dem Rundbau tagte während der Revolution 1848/49 die „Nationalversammlung". Heute wird die Paulskirche für öffentliche Veranstaltungen genutzt. Eine kleine Ausstellung schildert die Geschichte des ersten deutschen Parlaments.
www.stadtgeschichteffm.de/download/paulskirche.pdf

BUCHHINWEISE

Peter Alter: Nationalismus, Suhrkamp Verlag, Frankfurt a. M., 1985.
Warum begeistern sich Menschen für die Nation? Wie breitet sich der Nationalismus aus? Alter verharrt nicht bei den Deutschen, sondern blickt in seiner ambitionierten Übersicht auch zu den europäischen Nachbarn und in die sogenannte Dritte Welt.

Johannes Fried: Der Weg in die Geschichte. Die Ursprünge Deutschlands bis 1024, Ullstein Verlag, Berlin, 1998.
Was für ein Buch! Fried zählt zu den wenigen Mittelalter-Experten, die anschaulich schreiben können. Und er hat viel zu berichten: etwa von dem Kunststaat ostfränkisches Reich, der die deutschen Stämme zu einem Volk werden ließ.

Stephan Füssel: Gutenberg und seine Wirkung, Insel Verlag, Frankfurt a. M., 2. Auflage, 2004.
Ohne Kommunikationsmöglichkeiten hätte die nationale Idee nie ein Massenpublikum erreicht. Gutenbergs Erfindung – bewegliche Lettern – machte es möglich. Füssel beschreibt kenntnisreich das Leben des Mainzers.

Lothar Gall: Bismarck. Der weiße Revolutionär, Ullstein Taschenbuch Verlag, Berlin, 1997.
Die 1980 erstmals erschienene Biografie ist ein Standardwerk. Es zeigt, wie Bismarck mit modernen Methoden konservative Ziele verfolgte – die Erweiterung preußischer Macht und den Erhalt der ständestaatlich-monarchischen Gesellschaft.

Rolf Große: Deutsch-Französische Geschichte. Band 1: Vom Frankenreich zu den Ursprüngen der Nationalstaaten 800–1214, Wissenschaftliche Buchgesellschaft, Darmstadt, 2005.
Warum verschmolzen nicht Deutsche und Franzosen zu einem Volk, obwohl sie einst in einem Reich lebten? Die lebendige Darstel-

lung ist der ideale Start für eine Beschäftigung mit den deutschen Anfängen.

Andreas Kossert: Ostpreußen. Geschichte und Mythos, Siedler Verlag, München, 2005.
Fesselnd geschrieben, leidenschaftlich, dabei aber ideologische Gräben meidend, die gemeinhin das Lager der Chronisten Ostpreußens spalten – in Kosserts Buch wird das Schicksal eines Landstrichs abgebildet, der bis hin zum Nationalsozialismus bevorzugte Bühne deutscher Geschichte war.

Dieter Langewiesche: Nation, Nationalismus, Nationalstaat in Deutschland und Europa, Verlag C. H. Beck, München, 2007.
Warum bildeten ausgerechnet Turner und Sänger das Rückgrat der Nationalbewegung? Warum kam es 1871 zur kleindeutschen Lösung ohne Österreich? Der Tübinger Historiker seziert in seinem Reader das 19. Jahrhundert.

Christian Lübke: Die Deutschen und das europäische Mittelalter. Band 2: Das östliche Europa, Siedler Verlag, München, 2004.
Ein großer Teil des heutigen Deutschland war einst von Slawen besiedelt. Lübke schildert auf gut lesbare Weise die wechselvolle Geschichte des deutsch-slawischen Zusammenlebens.

Golo Maurer: Preußen am Tarpejischen Felsen. Chronik eines absehbaren Sturzes. Die Geschichte des Deutschen Kapitols in Rom 1817–1918, Verlag Schnell + Steiner, Regensburg, 2005.
Glänzend geschriebene und recherchierte Fallstudie eines jungen Historikers über die deutsche Kolonie in Rom.

Ute Planert: Der Mythos vom Befreiungskrieg, Schöningh Verlag, Paderborn, 2007.
Voller Begeisterung zogen die Studenten gegen die französischen Besatzer in den Befreiungskrieg. So wird es seit fast 200 Jahren erzählt. Planert räumt mit diesem Mythos auf.

Germaine de Staël: Über Deutschland, Insel Verlag, Frankfurt a. M., 1985.
Von Napoleon verbannt, emigrierte sie über den Rhein und fand ein Land vor, das sie faszinierte. Staëls Buch hat das Image der Deutschen als Volk der Dichter und Denker geprägt – bis Hitler kam.

Volker Ullrich: Die nervöse Großmacht 1871–1918, S. Fischer Verlag, Frankfurt a. M., 2007.
Glänzend geschrieben, zuverlässig recherchiert. Ullrich schildert jene Mischung aus Rückständigkeit und Modernität, die das Kaiserreich prägte – und die Nationsbildung schwer belastete.

Hans-Ulrich Wehler: Deutsche Gesellschaftsgeschichte. Band 2: Von der Reformära bis zur industriellen und politischen „Deutschen Doppelrevolution“ 1815–1845/49, Verlag C. H. Beck, München, 4. Auflage, 2005.
Ders.: Deutsche Gesellschaftsgeschichte. Band 3: Von der „Deutschen Doppelrevolution“ bis zum Beginn des Ersten Weltkrieges 1849–1914, Verlag C. H. Beck, München, 1995.
Vom Bielefelder Nestor der Sozialgeschichtsforschung stammt diese anspruchsvolle Analyse. Danach waren es vor allem gesellschaftliche und ökonomische Umbrüche, die die Deutschen nach neuen Weltbildern suchen ließen – sie fanden die Nation.

Heinrich August Winkler: Der lange Weg nach Westen. 2 Bände im Schuber, Verlag C. H. Beck, München, 2002.
Ein Klassiker. Winkler vertritt die Theorie vom deutschen Sonderweg: Danach unterscheidet sich die Geschichte der Deutschen in wesentlichen Punkten vom Verlauf der britischen oder französischen Historie.

AUTORENVERZEICHNIS

Karen Andresen ist Redakteurin im Ressort Sonderthemen des SPIEGEL.

Ralf Beste ist Redakteur im Hauptstadtbüro des SPIEGEL in Berlin.

Susanne Beyer ist Redakteurin im Kulturressort des SPIEGEL.

PD Dr. Harald Biermann ist Direktionsassistent der Stiftung „Haus der Geschichte der Bundesrepublik Deutschland" in Bonn.

Jochen Bölsche ist Autor im Deutschland-Ressort des SPIEGEL.

Georg Bönisch ist Redakteur im Ressort Deutsche Politik des SPIEGEL.

Dr. Martin Doerry ist stellvertretender Chefredakteur des SPIEGEL.

Manfred Ertel ist Redakteur im Auslandsressort des SPIEGEL.

Jan Friedmann ist Redakteur im Ressort Deutsche Politik des SPIEGEL.

Professor Dr. Lothar Gall lehrte bis 2005 Mittlere und Neuere Geschichte an der Johann Wolfgang Goethe-Universität Frankfurt.

Carsten Holm ist Redakteur im Ressort Deutsche Politik des SPIEGEL.

Alexander Jung ist Redakteur im Wirtschaftsressort des SPIEGEL.

Dr. Hans Michael Kloth ist Redakteur bei SPIEGEL ONLINE.

Ulrike Knöfel ist Redakteurin im Kulturressort des SPIEGEL.

Professor Dr. Dieter Langewiesche lehrt Neuere Geschichte an der Universität Tübingen.

Walter Mayr ist Reporter im Auslandsressort des SPIEGEL.

Joachim Mohr ist Redakteur im Ressort Sonderthemen des SPIEGEL.

Dietmar Pieper ist Leiter des Ressorts Deutsche Politik des SPIEGEL.

Professor Dr. Ute Planert lehrt als außerplanmäßige Professorin Neuere Geschichte an der Eberhard-Karls-Universität in Tübingen.

Dr. Johannes Saltzwedel ist Redakteur im Ressort Sonderthemen des SPIEGEL.

Elke Schmitter ist Redakteurin im Kulturressort des SPIEGEL.

Dr. Mathias Schreiber ist Autor im Kulturressort des SPIEGEL.

Ulrich Schwarz war bis 2003 Leiter des Ressorts Deutsche Politik des SPIEGEL.

Alexander Smoltczyk ist Korrespondent des SPIEGEL in Rom.

Hans-Ulrich Stoldt ist Leiter des Ressorts Deutsche Politik des SPIEGEL.

Merlind Theile ist Redakteurin im Ressort Deutsche Politik des SPIEGEL.

Dr. Rainer Traub ist Redakteur im Ressort Sonderthemen des SPIEGEL.

Professor Dr. Hans-Ulrich Wehler lehrte bis 1996 Allgemeine Geschichte an der Universität Bielefeld.

Dr. Klaus Wiegrefe ist Autor im Ressort Deutsche Politik des SPIEGEL.

Professor Dr. Heinrich August Winkler lehrte bis 2007 Neueste Geschichte an der Humboldt-Universität in Berlin.

NAMENSREGISTER

SACHREGISTER

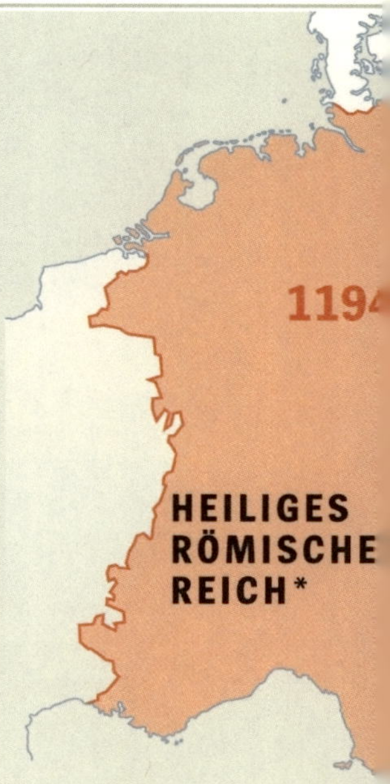

Heimat im Wandel

Das Reich der Deutschen im Lauf der Jahrhunderte

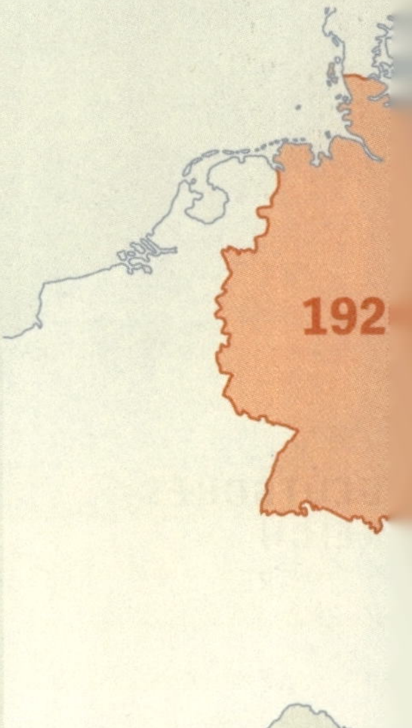